그리스도 안의 삶

성 니콜라스 카바실라스 지음

한국정교회 출판부

그리스도 안의 삶

성 니콜라스 카바실라스 지음
황애경 옮김

한국정교회 출판부

그리스도 안의 삶

교회 인가 : 2007. 5. 1

초판1쇄 인쇄 : 2008년 6월 15일
초판1쇄 발행 : 2008년 6월 15일

지은이 : 성 니콜라스 카바실라스
옮긴이 : 황애경
발행인 : 암브로시오스 대주교
발행처 : 한국정교회 출판부
　　　　121-011 서울 마포구 아현1동 424-1
　　　　www.orthodox.or.kr
　　　　orthodox@orthodox.or.kr
전　화 : (02) 365-3744, (02) 362-7005
팩　스 : (02) 392-7322
등　록 : 105-91-07984

* 이 책의 저작권은 한국정교회 출판부에 있습니다.

Ἡ παροῦσα ἔκδοση πραγματοποιήθηκε μὲ τὴν γενναιόδωρη προσφορὰ τῆς ΕΝΩΣΕΩΣ ΕΠΙΣΤΗΜΟΝΩΝ ΓΥΝΑΙΚΩΝ, Παρνασοῦ 2, 105 61 Ἀθήνα, Greece.

ISBN 978-89-92941-04-4　03230
정가 12,000원

차 례

한국어판 머리말 ·· 13
서 문 ·· 17

제1권
그리스도 안의 삶은 세례성사, 견진성사, 성체성혈성사 등 성사를 통하여 어떻게 이루어지는가?

1. 그리스도 안의 삶은 이 세상에서 어떻게 시작되는가? ······ 47
2. 그리스도 안의 삶은 그리스도와 일치를 이룬다. ··············· 48
3. 그리스도와 우리 일치의 친밀성 ································· 50
4. 이 일치 안에서 그리스도는 모든 것을 충족시킨다. ·········· 52
5. 우리는 새로운 생명에 의하여 이러한 일치에 도달한다. ··· 54
6. 그리스도께서는 당신 신비의 성사들을 통하여
   이 새로운 삶을 주신다. ·· 55
7. 새 생명의 기초인 그리스도의 구원 사업 ······················· 59
8. 구약시대의 의로운 사람들은 그리스도에 의한 구원을
   어떻게 기대하였는가 ··· 60
9. 그리스도는 어떻게 우리에게 생명의 문을 열어주시는가? ······ 63
10. 그리스도께서 우리를 위하여 지불하신 몸값 ················· 64
11. 그리스도의 구원 사업을 전유(專有)하는 수단으로서의
    신비의 성사들 ··· 67

제2권
세례성사는 그리스도 안의 삶에 어떤 기여를 하는가
1. 어떻게 성사들은 우리를 그리스도께 일치시키는가? ········ 71
2. 그리스도 안에서 새로운 탄생으로서의 세례 ·············· 73
3. 세례 전의 다양한 예식들은 그리스도 안에서의 새로운
   삶을 어떻게 준비시켜 주는가? ······················· 76
   a) 구마(驅魔)의식 ································· 76
   b) 숨결 불어넣기 ·································· 77
   c) 예비자의 옷을 벗기기 ··························· 77
   d) 포기 ··· 77
   e) 니케아 신조의 낭송 ····························· 78
   f) 세례성사 이전의 도유(塗油) ······················ 79
4. 세례의 행위와 그 의미 ·························· 80
5. 성삼위의 이름을 부르기 ························· 81
6. 세례 때에 우리는 어떻게 그리스도의 구원하시는
   활동을 전유하는가? ····························· 82
7. 세례와 원죄 ···································· 83
8. 세례가 우리를 위해 얻어주는 구원 ················ 86
9. 어떻게 세례는 그리스도 안에서 새 생명을 주는가? ········ 88
10. 부록 : 죽은 자의 부활에 대하여 ······················ 89
11. 배교(背敎)를 했다고 해서 그리스도의 선물이 파괴되지는
    않는다. ·· 92
12. 세례와 앞으로 올 세상의 능력 ······················· 94
13. 세례의 효과들은 어떻게 나타나는가 ··················· 96
14. 그리스도를 위한 순교자들의 예 ······················ 97
15. 어떻게 세례성사는 그리스도를 위하여 모든 것을 견딜
    수 있게 해주는가 ································ 98
16. 체험은 어떻게 성인들을 준비시켰는가 ················ 100
17. 어떻게 세례가 그리스도를 비웃던 자들을 회심시켰는가? ··· 101
18. 하느님 체험으로서의 세례 ························· 104

19. 어떻게 이런 경험이 하느님에 대한 사랑을 낳는가 ········· 105
20. 이 점에 대한 요한 크리소스톰 성인의 증언 ················· 108
21. 어떻게 해서 세례가 조명인가? ································· 110
22. 요약 : 세례성사의 효과 ··· 112

제3권
거룩한 도유는 어디에 도움이 되는가

1. 성서는 성령의 선물을 도유(塗油) 그리고 안수와
   연결시킨다. ·· 115
2. 어떻게 그리스도께서 친히 성령으로 기름부음을
   받으셨는가 ··· 116
3. 어떻게 그리스도께서 우리의 영적인 기름바름의 원천이
   되시는가 ·· 117
4. 견진성사는 어떻게 성령의 선물을 주는가 ··················· 119
5. 거룩한 도유의 효과 ··· 121
6. 우리 구원의 수단인 성사(聖事)들 ···························· 123
7. 요약 : 도유는 우리가 그리스도 즉, 기름부음 받은 자에게
   참여하도록 해준다 ··· 124

제4권
성체성혈성사는 어떻게 우리의 구원에 도움이 되는가

1. 신비의 성사들 중 가장 위대한 성사 ························· 127
2. 어떻게 성체성혈성사는 세례성사와 견진성사를
   완성하는가? ··· 129
3. 성체성혈성사는 다른 신비의 성사들을 완성시킨다. ········ 131
4. 부록 - 그리스도의 도유(塗油) 작업 ·························· 132
5. 구속(救贖)의 적용인 성체성혈성사 ··························· 135

6. 어떻게 이 신비의 성사는 우리를 그리스도께 일치
   시키는가 ·· 136
7. 그리스도의 몸(flesh)은 어떻게 우리를 육체의 법으로부터
   해방시켜 주는가 ··· 139
8. 성체성혈성사는 어떻게 우리가 "영과 진리 안에서" 예배할
   수 있게 해주는가 ·· 141
9. 성체성혈성사는 어떻게 우리를 하느님의 자녀로 만드는가 · 143
10. 성체성혈성사는 어떻게 그리스도 안에서 새로운
    인간을 형성하는가 ······································ 146
11. 성체성혈성사와 세례성사의 비교 ······················· 147
    a) 우리에게 주어진 정화(淨化)와 관련하여 ··········· 147
    b) 우리에게 요구되는 협력과 관련하여 ··············· 148
12. 투쟁에서 우리의 협력자가 되시는 그리스도 ·········· 151
13. 그리스도께서는 성만찬에서 어떻게 승리에 대한 보상이
    되시는가? ·· 153
14. 부록 – 순교와 세례성사의 비교 ······················· 154
15. 성체성혈성사의 성화하는 효과 ························· 156
16. 그리스도와의 이러한 일치는 어떻게 우리를 죄로부터
    구해주는가 ·· 158
17. 그리스도께서는 성체성혈성사를 통하여 어떻게 우리를
    재창조하시는가 ·· 160
18. 그리스도께서는 우리를 해방시키심으로써 어떻게 우리의
    왕이 되시는가 ·· 162
19. 우리의 몸은 어떻게 새로운 생명으로부터 유익을 얻는가 ·· 165
20. 그리스도 안에서 사는 사람들의 미래의 영광 ········ 166

제5권
거룩한 제단의 축성이 이루는 것
   1. 제단과 거룩한 신비의 성사들 ·································· 169
   2. 축성 의식들 ·· 169
   3. 예식들은 어떻게 하느님께 대한 인간의 축성을 나타내는가 171
   4. 정화(淨化)하는 의식의 의미 ······································ 172
   5. 제단에 기름을 바르는 것의 의미 ······························· 175
   6. 신성한 성해(聖骸 relic)들의 적합성 ·························· 176
   7. 다른 거룩한 예식들과 그 의미 ·································· 177

제6권
거룩한 신비의 성사들로부터 받은 은총을 어떻게 보존할 것인가
   1. 우리가 받은 은총을 보존해야 할 필요성 ····················· 179
   2. 우리는 생명의 원천이신 그리스도와 어떻게 결합해야만
      하는가 ··· 181
   3. 그리스도의 사랑은 어떻게 지상의 것들로부터 초연(超然)
      하도록 이끄는가 ·· 182
   4. 그리스도께서는 당신의 사랑 안에서 어떻게 우리와
      일치되는가 ··· 185
   5. 우리는 그리스도의 지체로서 우리 자신을 어떻게 생각
      해야만 하는가 ··· 187
   6. 그리스도의 사랑은 어떻게 참된 회개로 이끄는가 ········· 189
   7. 우리는 이러한 것들에 대해 어떻게 끊임없이 명상해야
      하는가 ··· 191
   8. 성령의 법은 사랑의 법이다. ····································· 194
   9. 우리의 마음을 어떻게 이 법에 적용시켜야만 하는가 ····· 195
  10. 그리스도를 명상함으로써 얻는 영적인 이득 ················ 197
  11. 그리스도의 지복(至福)에 관하여 ······························· 198
      a) 첫 번째 지복 – 마음(spirit)의 가난 ····················· 199
      b) 두 번째 지복 – 신성한 슬픔 ······························· 201

c) 세 번째 지복 : 온유함 ····································· 204
   d) 네 번째 지복 : 정의에 대한 배고픔과 목마름 ············· 208
   e) 다섯 번째 지복 : 연민(憐憫) ································· 208
   f) 여섯 번째 지복 : 마음이 깨끗함 ···························· 210
   g) 일곱 번째 지복 : 평화를 위하여 애씀 ····················· 211
   h) 여덟 번째 지복 : 그리스도를 위해 치욕(恥辱)을
      당하는 것 ··· 212
 12. 우리 완전성의 모범이신 그리스도 ···························· 214
 13. 명상은 어떻게 지속적인 기도에 기반을 두고 있는가? ···· 216
 14. 성체성혈을 자주 받아 모심으로써 얻는 유익 ············· 217

제7권
입문한 후에 신비의 성사의 은총을 열심히 간직한 사람들은 어떤 사람이 되는가?

 1. 덕의 완성은 의지에 달려 있다 ································ 221
 2. 신비의 성사들은 선을 향한 우리 의지에 어떻게
    영향을 미치는가 ·· 223
 3. 즐거움과 고통은 의지를 어떻게 시험하는가 ··············· 225
 4. 참된 슬픔은 어떻게 죄에 대한 미움으로 이루어지는가? · 226
 5. 하느님의 성전인 그리스도인 ···································· 230
 6. 초연(超然)함의 덕 ·· 232
 7. 우리는 죄에 대하여 마땅히 어떻게 슬퍼해야 하는가 ······ 235
 8. 참으로 거룩한 슬픔은 하느님에 대한 사랑으로부터
    솟아 나온다. ·· 237
 9. 그리스도인의 기쁨 ··· 238
10. 우리 기쁨의 원천은 하느님에 대한 사랑이다 ············· 241
11. 하느님에 대한 사랑은 자신을 내어주고 또 포기하게 한다 244
12. 자기 포기는 우리를 기쁨으로 이끈다 ························ 246
13. 하느님에 대한 사랑은 자신을 잊도록 한다 ················ 250
14. 그리스도를 아무런 사심(私心) 없이 섬긴 사람들 ········ 253
15. 그리스도 안의 삶은 사랑과 기쁨으로 요약된다. ·········· 255

한국어판 머리말

 니콜라스 카바실라스 성인(1322-1392)의 고전적인 저서 "그리스도 안의 삶"이 처음 한국어로 번역되어 출판됨에 따라 기쁜 마음으로 이 서문을 씁니다. 이 책은 그리스도교의 저서들 가운데 가장 훌륭한 작품의 하나라고 할 수 있습니다. 저자인 비잔틴 시대의 위대한 신학자 니콜라스 카바실라스 성인은 이 저서를 통해서 그리스도인의 영적 생활을 심도 있게 다루고 있습니다.

 그리스도인의 삶이란 영적 생활에 대한 그럴싸한 말이 아닌, 실제로 그리스도 안에서 생활하는 삶이라고 카바실라스는 가르치고 있습니다. 다시 말하면, 영적 생활의 가장 중요한 목적은 그리스도 안의 삶을 통해 성령을 얻는 것과 인간이 하느님과 하나가 되는, 즉 인간의 신화(神化)인 것입니다. 바로 이런 목적을 위해 곧 "하느님의 본성을 나누어 받도록"(베드로 2서 1:4) 하기 위해서 하느님께서 인간을 창조하셨습니다. 인간은 홀로 살기 위해 창조된 것이 아니라 "하느님 안에서" 살고 또 하느님의 불멸과 천국의 기쁨을 나누어 받기 위해 창조되었습니다. 인간이 타락하면서 잃어버린 이 선물들은 성령의 역사를 통해 그리스도 안에서 다시 획득될 수 있습니다.

 하지만 인간이 어떻게 신화(神化)에 도달할 수 있을까요? 이는 두 존재, 즉 하느님과 인간이 서로 협조할 때 가능해집니다.

하느님의 도움은 인간이 하나인 거룩하고 공번되고 사도로부터 이어오는 교회의 기본적인 성사들인 세례성사, 견진성사 그리고 신성한 감사의 성사에 참여할 때 제공됩니다. 첫 번째 성사인 세례성사를 통해서 타락했던 인간이 그리스도 안에서 다시 태어납니다. 다시 말하면, 세례를 받을 때 인간은 어머니의 자궁에서 태어나는 자연 출산의 형태가 아니라 참된 의미로 다시 태어나는 것입니다. 세례를 받기 전에 인간은 영적으로 제로인 상태, 즉 존재하지 않는 상태에 있었습니다. 세례성사를 통해 새로이 빛을 받은 인간은 두 번째 성사인 견진성사를 통해 성령의 은사를 선물로 받습니다. 바로 이런 의미로 그리스도께서는 니고데모에게 "정말 잘 들어 두어라. 물(=세례)과 성령(=견진)으로 새로 나지 않으면 아무도 하느님의 나라에 들어갈 수 없다"(요한 3:5)라고 말씀하신 것입니다. 그리고 세 번째 성사인 신성한 감사의 성사에 참여할 때 인간은 "하늘의 빵" (요한 6:32)과 "하느님의 어린 양" (요한 1:29)과 정교회 성찬 예배의 한 기도문에 표현된 "나뉘시지만 분리되지 아니하시고, 우리의 양식이 되시지만 결코 없어지지 아니하시는 분"이신 그리스도를 양식으로 제공 받습니다. 거룩한 주님의 몸과 피를 먹고 마시지 않으면 인간은 영양 부족에 시달리고, 항상 허기가 지고, 병들어 반쯤 죽어 있는 상태에 놓이게 됩니다. 그래서 그리스도께서는 "정말 잘 들어 두어라. 만일 너희가 사람의 아들의 살과 피를 먹고 마시지 않으면 너희 안에 생명을 간직하지 못할 것이다"(요한 6:53)라고 힘주어 말씀하신 것입니다.

하느님처럼 되기 위해 인간이 해야 할 일은 영적으로 단련하고, 기도를 드리고, 회개하고, 정신을 똑바로 차리면서, 하느님의 계명을 지키기 위해 매일같이 투쟁하는 것입니다. 정신을 똑바로 차리는 것이란, 생각을 맑게 하고 무엇보다도 영적으로 깨어 있는 것이고 어리석은 생각에 재갈을 물리고 조심하는 것입니다. 사도 바울로는 제자인 디모테오에게 "그대는 언제나 정신을 차리"(디모테오 2서 4:5)라고 충고했습니다. 또한 고린토인들에게는

"정신을 똑바로 차리고 죄를 짓지 마십시오"(고린토 1서 15:34)라고 썼습니다. 그리고 데살로니카인들에게는 "잠자는 사람들은 밤에 자고 술 마시는 사람들도 밤에 마시고 취합니다. 그러나 우리는 대낮에 속한 사람들이므로 정신을 똑바로 차립시다"(데살로니카 1서 5:7-8)라고 말했습니다. 믿는 사람이 마귀의 함정에 빠지지 않기 위해서는 "정신을 바짝 차리고 깨어 있으십시오. 여러분의 원수인 악마가 으르렁대는 사자처럼 먹이를 찾아 돌아 다닙니다"(베드로 1서 5:8)라는 말씀처럼 정신을 똑바로 차려야 합니다.

하느님을 사랑하는 독자들은 이 책 속에서 그리스도 안의 삶에 대한, 즉 각 인간의 최종 목적지인 신화(神化)에 대한 분석을 발견할 수 있을 것입니다. 그리고 교회의 성사에 참여하지 않으면서 자기 혼자 단련을 해서는 그리스도 안에서 영적인 삶을 살 수 없을 뿐만 아니라 거룩함에 도달할 수 없다는 사실을 깨닫게 될 것입니다. 선한 마음으로 "하느님의 나라와 하느님께서 의롭게 여기시는 것을"(마태오 6:33) 구하는 모든 이들에게 영적으로 도움이 되기를 간절히 기원하면서 이 책을 많은 분들께 선보입니다.

한국정교회 출판부를 위해서
한국정교회 암브로시오스 대주교 신학박사

서 문

성 니콜라스 카바실라스 : 신학과 영성*[1]

보리스 보브린스키

성사(聖事)신학과 전례신학에 대한 성 니콜라스 카바실라스의 두 저술은 그의 생애의 마지막 시기에 속한 것으로 보이며, 그 시기에 그는 정치적·종교적 열정이 수그러들고 또한 공적인 영역에서 벗어나 자신의 영적인 이상을 글로 표현하는 일에 전념할 수 있었다. 우리는 그에게서 세속적인 일에서뿐 아니라 교회의 일에서도 박애주의자, 철학자, 과학자, 곧 정치가로서의 놀라운 결합을 찾아 볼 수 있다. 웅변가, 신학자, 신비가로서 그는 "수도자도 아니고 사제도 아니며, 고독 속에서 연구하기 위해 속세에서 도피한 은둔자도 아니었다. 도리어 그는 자신이 속한 사회에서 물러나거나 혹은 인간이 공통으로 지닌 느낌에서 시선을 돌리지 않은 채 탁월한 자신의 원칙

---

* 카바실라스에 대한 보브린스키 신부의 연구중 둘째이며 주요 부분을 다시 옮긴 것으로서, 이는 소보르노스트(Sobornost) 시리즈 5 : No. 7(1968년 가을) pp. 483-505에 나온다. 카바실라스에 관한 완전한 참고도서 목록이나 그의 경력에 대한 역사적 정보를 얻고 싶다면 이 출판물을 참고하기 바란다. 그의 논문을 사용할 수 있도록 허락해 준 소보르노스트의 편집자에게 감사를 드린다.

만큼이나 풍부한 도덕적이고 지적인 자질들로써 동시대인들에게 깊은 영향을 주었다."[1]

1. 니콜라스와 헤시카즘

카바실라스의 저서를 처음 읽거나 좀 피상적으로 읽어 보면, 그의 사상이나 용어에 헤시카스트에 대한 논의가 별로 없다는 인상을 받을 것이다. 이를테면 이것은 앙드레 폰 이반카[2]와 B. 타타키스의 견해이다. 타타키스는 성 니콜라스 카바실라스가 "열렬한 팔라마스주의자이며 그 시대의 탁월한 신비적 신학자"라는 것을 인정하면서도, "그의 신비주의에는 팔라마스주의의 흔적이 거의 없다"고 주장한다.[3] 헤시카스트 논쟁이 거의 끝나가던 1354년 그는 "그레고라스의 논쟁에 반대하여"[4] 라는 소논문을 썼다. 그 글에서 그는 그레고리오스 팔라마스를 "테살로니카 사람들 중에서 가장 위대하고 거룩한 사람들 중 하나"라고 말하며 경탄을 표하고 있다. 그러나 그의 걸출한 영적 저술들에서는 팔라마스주의의 용어, 사건, 문제들에 관해 하나도 언급하지 않았으며, 특히 신적 본질과 창조되지 않은 에너지 사이의 구분에 대해서나 타볼산의 거룩한 변모시 나타난 빛에 관한 교리에 대해서도 언급하지 않았다. 그리고 팔라마스의 반대자들에 의해 '옴팔로스꼬뻬'(omphaloscopy: 이는 팔라마스와 그의 지지자들이 썼던 기도의 방식을 경멸적으로 비웃으며 한 말로서, 곧 기도를 위해 몸을 앞으로 약간 숙인 채 눈을 몸의 중심 곧, 배꼽 주위에 둔 자세로 있는 것을 '배꼽'을 가리키는 그리스어 '옴팔로스'에 빗대어 표현한 것임.)라고 불림으로써 훼손된, 순수 기도의 정신-신체적(psychophysical) 방법에 대해서도 언급하지 않았다.

이는 정말로 카바실라스가 헤시카즘에 대하여 관심이 없다는 것을 말해 주는가? 카바실라스의 사회적 인본주의와 성사적 영성 그리고 세속적 지식에 적대적인 아토스산 은수자들의 헤시카스트 신비주의 사이에서 추정되는 서로 상반된 입장이 실제로 비잔틴 종교의 객관적인 현실에 속하는가? 우리는 그렇게 생각하지 않는다. 만일 존 메이엔도르프의 말대로, 한편으로는 "대중적인 본질을 가진 모든 운동에서처럼 비잔틴 헤시카즘이 일종의 반(反)계몽주의로 항상 도피하는 것은 아니고," 다른 한편으로는 "인본주의자들이 일종의 인간 이성의 자율성과 그들이 불가해하고 다가갈 수 없다고 여기는 하느님과의 관계에서 독립적이라는 가정에서 출발한다면,"[5] 카바실라스는 말 그대로 진정한 의미에서의 인본주의자의 모범으로서 인간 정신과 마음에서 나오는 것들에 경의를 표하면서도 이 모든 가치들을 그리스도의 왕국과 사랑에 종속시켰다. "인간은 그의 본성, 의지, 정신에 의해 그리스도께 끌린다"고 카바실라스는 쓰고 있다. "....그리스도는 모든 인간 열망의 중심이고 인간 정신의 기쁨이 되신다. 어떤 생각이나 사랑의 열망을 그분 이외의 것에 두는 것은 본질적인 것에서 돌아서는 것이고 또 우리 본성에 새겨진 본래 모상(模像)을 저버리는 것이다."[6]

우리는 성 니콜라스 카바실라스의 그리스도 중심적인 성사주의가 팔라마스주의적인 헤시카즘의 영적인 메시지 한 가운데에 얼마나 근접해 있는지 알게 될 것이다.

정교회의 다양한 영적인 풍부함은 하나의 특정 체계나 신학 용어에 담겨질 수 없다. 니사의 성 그레고리오스나 아레오파기티카(Areopagitica) 저자의 신비적 성향은 성사적이고 사목적인 신학을 결코 배제하지 않는다. 성사적이고 사목적인 신학은 이를테면 성 이리네오스, 성 요한 크리소스톰, 예루살렘의 성 끼릴로스에게서 찾아볼 수 있는데, 그들의 목표는 양떼들에게 신앙과 그리스도인다운 삶의 근본원리를 가르쳐주는 것이었다. 다양한 형태의 신학 용어와 그리스도교 신앙의 여러 다른 정도와 방향 사이에는 가깝고도 유기적인 일치가 있다. 헤시카즘의 신비주의는 내적인 집중과 정신을 마음 안으로 끌어오는 것이라 할 수 있는데 이는 특별한 형태의 성소(聖

召)를 전제로 하며, 그러한 성소는 그것을 따르라고 부름받은 사람들만이 알아볼 수 있는 것으로서 금욕 생활, 세속의 포기, 수도원의 고독과 순종의 정신 안에서 의지를 단련시키는 것이다. 반면에 성사적인 이상, 곧 교회의 보편적인 신비의 성사에 참여하는 것은 모든 이들에게 열려 있는 왕도(王道)이며 금욕주의자들뿐만 아니라 모든 그리스도인들에게도 하나의 의무이다. 헤시카즘 자체는 그 목적이 아니라 완성에 이르는 특별한 길인데, 바로 이러한 사실로 말미암아 몸의 일치(the unity of the Body) 안에서 중요한 역할을 한다. 한편으로 그것은 성화(聖化)에 이르는 특별한 길이며, 다른 한편으로는 필요한 단 하나의 것을 추구함에 있어 예언적 자유와 영의 해방에 대한 근본적인 요소들을 전체 교회에 보여준다. 헤시카즘의 차원은 타볼산 빛의 이상과 순수 기도라는 경험과 함께 정교회의 영적이고 보편적인 전통에 통합되어야 한다. 만일 헤시카즘이 이러한 전통과 유리된다면 메마르고 또 열매를 맺지 못할 것이다.

그러므로 살아 있고 창조적인 14세기의 신학을 본질과 에너지에 관한 팔라마스적 교리의 교의적 진술에만 국한시키는 것은 바람직하지 않다. 오히려 살아 계신 하느님에 대해 점점 더 알게 되면서 이러한 교리의 전통적이고 존재론적인 진리를 이해할 필요가 있다. "거룩한 헤시카스트들"이라는 아토스산 전통의 원칙에 대해 옹호하고 통달했던 주요 인물인 성 그레고리오스 팔라마스의 신학 활동은 주로 그의 영성과 금욕주 그리고 교부들에 대한 심오한 지식에 의해 정당화된다.

팔라마스주의에서 그 반대자들이 가장 논쟁거리로 삼는 교리에 대해 긍정적으로만 보는 것은 바람직하지 않다. 팔라마스 성인의 사목 활동에서 주요 목적은 구원에 대한 그리스도교 신학의 두 '기둥'(poles)을 혼동도 분열도 없이 유지하는 것이었다. 곧, (a) 하느님의 존재와 삶의 절대적 초월성 그리고 그분 본질의 불가해성과 (b) 성삼위의 창조되지 않은 에너지에 의해 전체 인간(영, 영혼, 정신, 몸)이 변모하고 신화(神化)되는 데서 그 정점을 이루며, 신적인 생명의 충만함과 가장 집약된 성령의 선물들에 그리스도인들이 단지 은유적으로가 아니라 진실로 참여하게 되는 가능성이다. 인간 본성의 신화(神化)가 한편으로는 사람이 되신 말씀의 육화와 구속에 의해 그리고 다른 한편으로는 교회의 거룩한 신비의 성사들에 참여하고 기도와 금욕적인 훈련에 의해 이 지상의 삶, 곧 지금 여기에서 실현될 수 있다는 주장은 그레고리오스 팔라마스의 더 논쟁적인 저작들에서보다 "설교집 (*Homilies*)", "거룩한 헤시카스트들을 변호하는 글(*Treatise on the Defence of the Holy Hesychasts*)", "신체적이고 신학적인 장들(*Chapters Physical and Theological*)", "서한집(*Letters*)", "기도와 마음의 순수함에 관한 장들"(*Chapters on Prayer and Purity of Heart*) 등 그의 사목적이고 금욕적인 저술의 핵심적인 가르침 속에서 더 현저하게 나타난다.

팔라마스는 엄격한 수도자였을 뿐 아니라 거룩한 산(Holy Mountain)에서 가혹한 고독을 견뎌내는 헤시카스트였고 또는 논증과 변증법의 복잡함에 대해 완고하고 지칠 줄 모르는 논쟁가였다. 정교성(Orthodoxy)의 승리 이후 테살로니카의 대주교좌에 오르고 난 후인 생애 마지막 시기에 성 그레고리오스 팔라마스의 사목적 능력은 그 완전성을 드러내 보여주었는데, 그는 신앙과 경건의 근본 원리들을 설교하고 가르치는 데 헌신했다.[7] 주님의 변모에 대한 두 가지의 설교[8] 외에는 설교할 때 신적인 에너지에 대한 논쟁을 언급하지 않았다. 그는 거의 매일 행한 설교에서 신자들에게 그리스도교 신앙의 본질을 전해주었는데 육화와 구속의 헤아릴 수 없는 신비, 교회의 성사생활에 의한 구원과 하느님 은총에의 참여, 그리고 그의 성화에 이바지하는 모든 수단을 받아들이는 것 등이다.

J. 메이엔도르프는 "그러므로 헤시카스트들이 예수의 이름에 대한 신비주의와 자신들의 인간학을 이끌어낸 것은 교회 밖이 아니라 교회의 전체 전통으로부터였다. 1351년 이후 계속해서 팔라마스주의에 반대하던 소수의 예민한 지식인들이 그레고리오스가 행했던 것과 같은 방법으로 비잔틴 교회의

일상적인 현실과 대중적인 경건성의 깊은 정서를 파악하지 못하였다는 것을 팔라마스의 설교보다도 더 잘 보여주는 것은 없다"[9]라고 적고 있다.

2. 성 니콜라스 카바실라스의 성사적 신비주의

아토스산 헤시카즘의 기도 방법과 그 특별한 수도사적 경향은 성 그레고리오스 팔라마스의 설교에서도 찾아볼 수 없고 또 성 니콜라스 카바실라스의 성사적 관점에 들어가지도 않는다. 카바실라스가 헤시카즘의 교리에 대해 언급하지 않는 것은 무관심 때문도 아니고 적대감 때문도 아니다. 이는 더구나 카바실라스의 영성에 대해 가장 통찰력있는 권위자에 속하는 M. 로보로딘(M. Lot-Borodine)의 의견으로서 그는 다음과 같이 말한다. "저자(니콜라스)는 그레고리오스 팔라마스에 충분히 동의하면서 헤시카스트 방법을 확실히 실행했지만 신자들이 읽도록 쓴 저서에서는 그의 긍정적인 가르침의 핵심에 들지 않는 부분을 선호하여 공공연히 선전하기를 바라지 않았다. 곧, 그의 긍정적인 가르침은 그 자신에 의해 전적으로 소유되면서 동시에 그를 소유하고 있으며, 전적으로 희생적이어서 신적인 기쁨으로 타오르는 '사랑'(Love)의 신비주의로 향하는 가르침이다."[10]

카바실라스는 기질적으로 은수자가 아니었다. 그는 하느님과의 친교를 위해 세상으로부터 물러날 필요성을 느끼지 않았다. 『그리스도 안의 삶』 제6권에서 보는 바와 같이 그의 영성에서 기본을 이루는 것은 "사랑의 법칙"이다. "이 법을 우리 자신에게 적용하기 위해서 고생할 필요는 없다. 곤란을 겪을 필요도 없고 돈을 쓸 필요도 없으며, 불명예나 수치를 겪을 필요도 없고, 어떤 면으로든 형편이 나빠지지 않을 것이다. 이 법 때문에 우리 기술을 사용하지 못하고 썩히는 일도 없으며, 어떤 일을 하든 장애가 되지는 않을 것이다. 장군은 여전히 명령하는 위치에 있을 것이고, 농부는 땅을 경작하고, 장인은 기술을 힘껏 발휘하는 등 아무도 그 법 때문에 보통 때 하던 일에서 손뗄 필요가 없을 것이다. 외딴 곳에서 살 필요도 없고, 입에 맞지 않는 음식을 먹을 필요도 없으며, 특별한 옷을 입을 필요도 없고, 건강을 해칠 필요도 없으며, 무모한 행동을 감행할 필요도 없다. 사람은 전적으로 명상에 전념할 수 있고, 자신의 재능을 박탈함이 없이 자신 안에서 언제나 머무르기에 충분하다."[11]

여기서 카바실라스는 수도생활이나 금욕적 노력을 경시하는 것이 아니다. 그렇지만 금욕주의자들의 노력도 하느님의 은총과 성체성혈성사의 영적 양식 그리고 그리스도와의 친밀성에 계속 의지하지 않고는 유지될 수 없다. "우리의 본성은 그렇게 나약해서"라고 카바실라스는 말한다. "가장 현명한 사람이라도 세례로 거듭나고 살아있는 불의 화로인 제단에서 베풀어지는 천상(天上)의 성찬에 참여한 후에도 굳건함과 덕이 너무도 부족하게 됨으로써, 심각한 영적 빈곤 상태에 빠지지 않으려면 정화된 성혈과 높은 곳에서 오는 은총을 얻기 위해 영성체를 자주 할 필요가 있다는 사실을 알게 된다. 선을 행하고 덕을 쌓기 위해 온갖 노력을 기울일 각오가 되어 있는 사람이 나중에는 절망적인 악을 감행했음을 금욕주의자들은 증언한다. 독(獨)수도자들(anchorites)은 하느님께 전념하기 위해 역병을 피해 나온 사람처럼 온갖 방해물과 일상 생활에서 도피하여 산으로 갔다. 그리하여 인간이 할 수 있는 가장 높은 덕을 이루었고 하느님을 위하여 가장 위대한 일도 행할 수 있었다. 그런데 하느님에 대한 희망을 갖는다든지 모든 면에서 그분을 신뢰하는 데 조금이라도 나태해지자, 그들은 즉시 수치스런 행위를 감행하고 또 어떠한 악도 피하지 않게 되었다."[12]

성 니콜라스 카바실라스의 『그리스도 안의 삶』은 그리스도께 호소하는 사람들에게 더욱 가까이 다가가시는 -그분은 선하시기 때문에 우리가 죄에 빠져 있더라도 다가오신다- 무소부재(無所不在)하신 하느님과의 친밀감으로 가득한 삶을 우리에게 소개한다. "우리의 영혼이 항상 그분 안에 몰

입되고, 날마다 그분께 관심을 집중하도록, 매시간마다 우리 명상의 대상이신 그분께 호소하라. 그분께 기도하는 데는 긴 시간 준비할 필요도 없고 특별한 장소나 반복된 말도 필요 없다. 사실 그분은 어디에나 계신다. 그분은 우리 안에 계시지 않을 수 없다. 왜냐하면 그분은 당신을 찾는 모든 사람들에게 우리 자신의 마음보다 더 가까이 계시기 때문이다."[13]

헤시카즘과 카바실라스의 영성에 공통되는 매력의 실존적 중심은 바로 이 "그리스도 안의 삶"이다. 카바실라스에 따르면 그리스도와의 일치는 그야말로 글자 그대로 그리고 현실적으로 이해되어야 한다. 그는 성사들을 통하여 우리를 참된 "그리스도화"(Christification)에로 초대하곤 한다. 이러한 사상 노선은 교부 전통[14] 특히 그레고리오스 팔라마스[15]에 속했다. 성찬의 친교는 강력한 성화의 수단일 뿐 아니라 최고의 목적이고, 또한 그리스도 안에서 사는 우리 삶의 참 진수(眞髓)이다. 영성체를 자주 하면 우리 안에서 깊고 철저한 변화가 일어나고, "그리스도의 성혈은 인간 마음을 솔로몬의 신전보다 아름다운 하느님의 지성소로 변형시킨다."[16]

카바실라스는 이렇게 외쳤다. "그리스도의 성령이 우리의 영과 일치했다는 것은 아주 놀라운 일이다. 그분의 의지가 우리의 의지와 하나가 되고, 그분의 몸이 우리의 몸과 하나가 되며, 그분의 피가 우리의 혈관에 흐른다. 그분에게 사로잡힐 때 우리의 영은 어떤 것이 되는가! 그분의 포로가 될 때 우리의 의지는 어떤 것이 되는가! 그분의 불꽃에 불붙을 때 죽으면 흙이 되는 우리의 몸은 어떻게 되는가!"[17] 카바실라스의 사상이 전개되는 것을 보면 성서와 바울로의 서신(書信)에 의존하고 있다는 사실을 분명히 알 수 있다. 그는 자신을 사로잡고 자기 안에 머물고 계신 그리스도와 갖는 친밀함의 경험을 확인하기 위해 성 바울로를 자주 참조한다. "우리가 [성찬 안에서] 만나는 것은 하느님이다. 그리고 하느님은 가장 친밀한 일치 안에서 우리와 하나 되신다. 하느님과 하나되는 것보다 더 큰 일치가 어디 있겠는가?"[18]

이렇게 하느님이 우리의 가장 내밀한 자아에 침투하심으로써 변화는 완성되고, 인간 본성은 하느님의 능력에 의해 참으로 초자연적으로 된다. "내적인 것과 접촉하며 활력을 주는 능력은 내적인 것을 예전 상태로 내버려두지 않는다. 불에 달군 쇠는 더 이상 쇠가 아니다... 그리스도가 우리 안에 들어오시어 우리와 하나 되실 때 우리는 변형되고, 향수(香水)의 대양(大洋)에 떨구어진 한 방울의 물이 그러한 것처럼 그분 안으로 빨려들게 된다."[19]

팔라마스주의의 교리는 기도의 실천, 금욕주의, 교회의 성사들을 통한 영혼 안에서의 그리스도의 육화와 삶의 신비에 중심을 두고 있다. 팔라마스는 말한다. "그리스도는 몸과 피 안에서 우리처럼 되심으로써 우리 형제가 되신다. 그분은 남편이 부인에게 매여 있듯이 자신에게 우리를 밀접하게 매어 두신다. 그리하여 당신 피를 우리에게 주심으로써 우리를 그분과 하나 되게 하신다. 그분은 세례를 통해 우리의 성부가 되시고, 우리를 그분과 같게 만드시며, 다정한 어머니가 아이에게 젖을 먹이듯이 당신 품에서 우리를 먹이신다. 그리스도는 말씀하신다. 와서 내 살을 먹고 내 피를 마셔라... 너는 하느님의 모상을 본따 만들어졌을 뿐 아니라, 너의 왕이며 하느님인 나를 입음으로써 왕이요 신이 되고, 영원하며 또한 천상적으로 될 것이다."[20]

카바실라스에게서도 거의 동일한 이미지를 찾아볼 수 있다. 공통된 영감이 있는 것이다. "그분은 진리의 주인이시며 우리가 머물 곳이다."[21]..."하느님은 땅에 오셔서 인간을 고귀하게 만드셨다. 그분은 인간이 되시고 인간을 신화시키신다... 우리가 그분께 올라가 그분의 천상 보물을 나눌 수가 없기 때문에, 그분이 우리에게 내려오시어 우리의 삶을 나누신다... 그분은 당신 자신을 우리에게 주시는데, 우리는 그분의 몸과 피를 성찬으로 받아 모심으로써 우리 안에 하느님을 받아들이는 것이다..."[22] "구세주는 우리의 성부가 되시기 위해, 또한 "내가 여기 있다. 나와, 하느님께서 나에게 주신 자녀들이 (여기 있다)"(이사야 8:18)라고 말할 수 있기 위해 우리의 살과 피를 취하신다. 이와 마찬가지로 우리는 그분의 자녀가 되기 위해서 그분의 삶을 나누고 그리하여 이 성사를 통해 그분의 지체(members)가 될 뿐 아니라 그분의 자녀가 되어야 한다…"[23] "오직 하나의 탄생과 아들됨이 있는데 이는 우리를 하느님께 일치시키고, 이 안에 우리의 자연적인 자녀됨이 흡수된다."[24]

나약한 인간에게 필수적인 잦은 성체성혈성사를 통하여 "신성하게 하는 에너지가 우리 안에 흐르게 된다."[25] "그분은 당신 현존으로 머무는 곳을 채우시는 주인(the Host)이시다. 우리가 소유한 것은 바로 그분 자신이지 그분의 일부분이 아니기 때문이다. 우리는 빛의 일부를 받는 것이 아니라 '정의의 태양'을 받고, 그리하여 그분이 우리 안으로 들어오시어 그분과 한 영이 되는데 곧, 영(soul)이 그분의 영(Soul)과, 몸(body)이 그분의 몸(Body)과, 피(blood)가 그분의 피(Blood)와 일치될 때 육체와 영혼 그리고 모든 기관들이 신화된다."[26]

그리스도 안의 삶은 그리스도인의 변형된 육체 안에서 신적인 본성과 인간 본성의 유기적인 일치로서 그리고 그리스도의 몸이 우리의 몸으로, 그리스도의 피가 우리의 피속으로 침투하여 우리의 몸과 피가 근본적으로 변화하는 것으로 이해할 수 있는데, 이런 맥락에서 그리스도의 신성한 마음(Sacred Heart)이라는 카바실라스의 교리를 볼 수 있다. 여기서 그는 헤시카즘에서 벗어나 자신만의 독창성, 그리고 대담하고 활기찬 개인적 영감을 보여준다. 전통적인 정교회 영성에서 중심을 이루는 것은 마음이다. 신(新)플라톤주의에 의해 영감을 얻고 동방 그리스도교에서 오리게네스, 에바그리우스와 그 제자들에 의해 대표되는 지성적 신비주의와 대비를 이루면서, 성서 신학과 진정한 정교회의 영성에서 우리의 생리적이고 정서적 삶뿐 아니라 영적인 삶의 탁월하고 주된 원동력이 되는 것은 육체의 장애로부터 자유로워진 정신(mind)이 아니라 마음(heart)이다.

복음서들과 성서를 보면 바로 마음을 통하여 가장 친밀하고 비밀스런 결정이 이루어진다는 것을 알 수 있다. "마음에 가득 찬 것이 입으로 나오게 마련이다."(마태오 12:34). "입에서 나오는 것은 마음에서 나오는 것인데 바로 그것이 사람을 더럽힌다. 마음에서 나오는 것은 살인, 간음, 음란, 도둑질, 거짓증언, 모독과 같은 여러 가지 악한 생각들이다."(마태오 15:18-19) 정교회의 영성 전통은 그 역사 속에서 본래 플라톤적인 영성을 원용(援用)하려는 유혹을 극복하고 존재의 유일한 중심인 마음을 다시 의식하게 되었고, 그것을 통해 육화에서 성삼위의 두번째 위격이 취한 전체 인간과 전체 피조물을 다시 의식하게 되었다. 영적 설교의 저자인 위(僞)-마카리오스(Pseudo-Macarius)에게 성령의 힘은 마음에서 증명된다. "마음은 사실상 전체 육신의 '주인'이며 '왕'이다. 그리고 은총이 마음 가장 깊은 곳에 스며들 때 우리의 행동과 사고를 통제하는데, 그 이유는 거기에 정신과 영혼의 사상들이 있고 거기에서 온갖 선한 것이 나오기 때문이다. 그리하여 은총이 육체의 모든 지체에 스며든다."[27] 초기 헤시카즘의 위대한 스승에 속하는 성 요한 클리마코스(580-650)에 따르면, 수도생활의 진수는 자기 자신 안에서 하느님을 찾는 것이다. "헤시카스트는 '내 마음이 든든합니다. 하느님, 내 마음이 든든합니다'(시편 57:8)라고 말하는 사람이다. 헤시카스트는 '나는 자리에 들었지만, 정신은 말짱합니다'(아가 5:2)라고 말하는 사람이다. 육체의 온갖 욕망에 대해 네 세포의 문을 닫아라. 네가 하고자 하는 말에 대해 네 입술의 문을 닫아라. 네 영의 문을 다른 영들에게 열어주지 말아라."[28]

성 그레고리오스 팔라마스는 니사의 성 그레고리오스의 지성주의와 위-마카리오스의 성서적 관점 사이에는 언어적 대비만 있었다는 사실을 보여주려 하였다.[29] 팔라마스는 그리스도는 인간의 몸을 취하시어 거기에 당신의 신성이 침투하게 하심으로써 "우리를 당신 신성의 성전이 되게 하시고, 우리 영혼을 안으로부터 밝혀주신다"[30]고 보았다.

성 니콜라스 카바실라스의 진정한 독창성은 자신이 아주 소중하게 여기던 그리스도 중심의 관점에서 성사적 영성을 보여주는 데 있어 마음이란 전통적인 주제를 도입했다는 데 있다. 카바실라스가 마음의 이미지를 처음 언급한 것은 성찬에 자주 참여한다는 주제와 관련이 있다. "성찬에서 흘러나오는 덕이 우리 안에서 참된 삶을 낳는 것은 이 축복받은 마음(Heart)을 통해서이다... 다른 어떤 의식에서보다 성찬은 우리를 그리스도의 몸으로 변화시킨다. 지체들이 사는 것은 머리와 마음에 의해서이기 때문에 '나를 먹는 사람도 나에 의해 살 것이다.'(요한 6:58)... 우리는 머리와 마음의 평소 역할과 일치해서 변화되고 살아간다. 그리스도께서 몸소 사시는 것처럼 말이다.... 그분은 '생명'이시기 때문에 당신 성령을 통해 우리 안에 생명을 불어넣으신다. 그분은 머리와 마음이 지체에 생명을 주듯이 우리에게 생명을 전해주신다..."[31] 성찬의 친교에서 그리스도와 우리가 일치한 친밀성의 정도를 기술하려 할 때 보여주는 카바실라스의 생리적 사실주의는 아주 놀랍다.

"받아먹어라"(마태오. 26:26)라는 초대에 의해 "우리가 만찬에 초대받은 것은 분명하다. 그 만찬에서 우리는 그리스도를 우리 손에 받아들이고, 우리 입안에 그분을 모셔 들이며, 그분의 영을 우리의 영과 하나 되게 하고, 그분의 성체를 우리의 육체와 하나 되게 하며, 그분의 성혈이 우리 혈관에 흘러 들어오게 한다."[32] 그리하여 "신성한 식사는 그리스도와 우리 사이에, 우리 부모들이 우리를 낳았을 때 이루어진 것보다 더 친밀한 일치가 이루어지게 한다. 사실 그분은 당신 몸의 일부와 당신 피의 일부를 우리에게 주시는 것이 아니라 몸과 피 전부를 주신다. 우리 부모들처럼 그분은 삶의 원칙일 뿐 아니라 삶 자체이시다."[33]

이렇게 중대한 삶의 원칙이 성체성혈을 영한 사람들의 혈관과 피 속에 수혈되는 것은 자연적인 데서가 아니라 예수님의 마음에서 나오는 것이다. "그분이 성체와 성혈을 영하는 사람들의 마음에 부어주는 것은 당신의 피이다. 그리하여 그분 생명이 우리 안에서 태어나게 되는 것이다."[34] 이렇게 생명을 주는 수혈을 통해 그리스도의 고귀함이 인간 삶에 영향을 미치게 된다. "이렇게 그분은 인간에게 순수하고 진실되게 당신 고귀함을 행사하신다… 그분은 친구들보다 관대하고 군주보다도 공평하며, 아버지보다 자비롭고, 우리 자신보다 더 우리에게 가까이 계시며, 우리의 심장보다도 더 우리에게 중요하다."[35] 그리하여 육체는 생명을 주는 그리스도의 현존에 의해 살아 있는 성령의 성전이 된다. 그리고 카바실라스는 좀더 대담해진다. 그리스도의 지체는 "결코 죽음을 맛보지 않을 것이다."(요한 8:52 참조) ― "생명을 위해 항상 살아 있는 마음에 의존하는 지체들이 어떻게 죽을 수 있겠는가?"[36]

살아 있는 '머리'(Head)[37]와 생명을 주는 '마음'(Heart) ―여기서 지체들의 성화(聖化)가 흘러나온다― 에 대한 교리는 그의 저서 '성찬예배 주해'(*Commentary on the Divine Liturgy*) 중 성찬의 신학에 관한 부분에 충실하게 묘사되어 있다. 카바실라스는 사제가 생명의 빵을 들어올리면서 하는 말을 설명하면서 이렇게 쓴다. "이 거룩한 몸과 피는 거룩한 이들에게 합당하나이다. 신자들은 그들이 참여하는 거룩한 것 때문에 그리고 그들이 받아들이는 몸과 피의 주인이신 그분 때문에 성인들(saints)이라 불린다. 그분 몸의 지체, 그분 살의 살, 그분 뼈의 뼈로서 우리가 그분과 일치되어 있고 그분과 관계를 유지하고 있는 한, 우리는 거룩한 신비의 성사들을 통하여 그분 '머리'와 '마음'으로부터 나오는 거룩함을 우리 마음에 끌어들이면서 거룩하게 산다. 그런데 우리가 잘려져 나간다면, 우리가 그분의 거룩한 몸과 일치되어 있던 상태에서 분리되어 나간다면 신비의 성사에 참여한다 하더라도 소용이 없다. 왜냐하면 죽어 절단된 수족에는 생명이 흘러 들어갈 수 없기 때문이다."[38]

얼마 후 그는 제온(Zeon: 성찬예배에서 성작에 성체를 넣은 뒤 따라 붓는 따뜻한 물. 이는 그리스도께서 십자가 위에서 피와 함께 쏟으신 몸의 물을 상징한다.)의 상징주의에 대해 논평하면서 주장하고 있다. "교회는 형태로서만이 아니라, 수족이 마음 안에서 표현되듯이 거룩한 신비의 성사들 안에서 표현된다. 왜냐하면 단지 이름을 나누거나 유사성에 의한 유추만 있는 것이 아니라 현실의 일치가 있기 때문이다…[39] 누군가 그리스도의 교회를 볼 수 있다면, 교회가 그리스도와 일치하고 그리스도의 신성한 몸을 나누는 한 그는 주님의 몸만 보게 될 것이다…[40] 이제부터 신자는 그리스도의 성혈을 통해서 신적인 '머리'에 참으로 의존하고 또 거룩한 몸을 입으면서 그리스도 안에서 산다."[41]

우리는 그리스도의 마음이라는 이 주제, 승리하고 축복으로 흘러넘치는 이 마음이 사실상 카바실라스의 종합을 모두 보여주는 열쇠라는 미라 로-보로딘(Myrrha Lot-Borodine)[42]의 주장에 온 마음으로 동의한다. 당신 '몸'인 교회의 '머리'라는 그리스도의 이미지에 동의하면서(반대하지 않으면서), 카바실라스는 신자들의 삶에서 흘러 넘치는 그리스도의 사랑과 연민, 성찬의 신비에서 바로 그 본질을 이루는 생명과 친밀성의 소통(疏通)을 깊이 있게 보여준다. 그가 교회적이고 성찬의 관점에서 그리스도의 마음을 보여주는 것은 서방의 예수 성심(聖心 Sacred Heart)에 대한 개인적이고 경건주의적인 헌신의 관점과 분명한 대조를 이룬다.[43] 이 비잔틴 신학자의 현실적인 인간학과 그 이전의 헤시카스트 전통은 사랑과 친밀성이라는 이 독자적인 상징이 동방교회와 서방교회 사이의 "일치"의 수단으로 사용될 수 있다는 것을 보여준다.[44]

카바실라스가 "객관적인" 사실주의의 입장을 취했다고 하여 성만찬적인 삶에서 좀더 "주관적인" 측면을 무시한 것은 아니다. 오히려 『그리스도 안의 삶』 후반부는 하느님의 무한한 연민과 사랑 그리고 그에 대한 인간의 반응을 보여주는 데 집중하고 있다. 그리스도인은 이러한 사랑에 대한 명상과 기억에 의해 그리고 계속 새로워지는 놀라움과 감사에 의해 그리스도의 모범을 따라 지복(至福: 곧, 구복단)의 정신으로 살아가는 인간이 된다.

성 니콜라스 카바실라스는 그리스도 중심의 성사 교리 못지않게 끊임없이 깨어 있음, 깨달음(알아차림) 그리고 하느님의 사랑을 관상(觀想)함에 대한 가르침 등에 의해 헤시카즘 전통에 가깝다. 그가 금욕적인 수행과 고행에 관련된 모든 것 안에서 엄청난 분별력을 보여준다 하더라도 그리고 회개의 과잉(부절제)에 대해 우리에게 경고한다 하더라도("두려움, 수치, 뉘우침, 고행은 그들의 목적을 하느님께 두었을 때만 가치가 있다.")[45], 그는 그리스도인이 겸손과 순결, 용서와 친절, 그리고 자유의지로써 하느님의 은총과 기쁘게 협력하는 일에 있어서 항상 충실하라고 격려한다.

카바실라스는 보이지 않는 전쟁, 마음의 경계, 끊임없는 기도에 대한 헤시카즘의 금욕적 교리를 좋게 보고 또 특히 강조한다. 그러나 무엇보다도 영적인 갈등의 핵심이 그 모습을 완전하게 드러내는 것은 성만찬적인 삶에서이다. "성찬은 우리가 어깨에 지라고 강요당해서가 아니라 운동 선수처럼 자발적으로 경기에 참여함으로써 완전을 추구하도록, 우리에게 허락된 힘(세례성사)과 갑옷(견진성사)을 실제로 사용하는 방법을 보여준다."[46] 그리고 아무도 일할 수 없는 밤에 대해 언급하면서 계속 말한다. "우리는 해가 떠오르고 그 빛이 성사들에 의해 널리 퍼지자마자, 지체없이 이 힘든 노동의 일을 시작할 의무가 있다. 그리고 '영원한 생명을 지속시켜 주는 음식'(요한 7:27)을 얻기 위해 일하라는 주님의 초대에 따라 게으르고 능동적이지 못한 사람들로서가 아니라 주님께 속박된 사람으로서, 거룩한 식탁으로 다가오라는 명령이 간직된 말씀에 따라 우리를 위해 쪼개진 이 빵을 얻기 위해 이마에 땀흘려 일할 의무가 있다."[47]

카바실라스는 그리스도인들에게 그리스도의 전투에 참가하여 싸우라고 명하는 한편, 그의 사목적 연민은 이렇게 고된 투쟁에서 절망을 느끼지 않게 하려고 애쓴다. 그는 말한다. "우리를 이 성스러운 연회(宴會)에 초대하시고 이 싸움에서 우리의 동료가 되시는 분은 그리스도이시다. ... 성찬에 의해 그분은 우리 안에 머무시고 우리가 그 상을 받도록 도와주신다. ... 승리를 얻기 위해 용기와 지속성이 필요할 때, 예수 그리스도는 세례성사와 견진성사의 은총을 통해 우리가 필요로 하는 것을 주신다. 그분은 우리 곁에서 싸우시면서 우리가 최선을 다하기를 기대하시고, 보상에 대한 의문이 있을 때 그분은 자신을 완전히 감추신다."[48]

우리가 투쟁할 때 하느님을 기억하는 것보다도 더 우리에게 용기를 북돋워 주고 또 승리에 대한 열정을 자극하는 것은 없는데, 그 기억이란 빗나간 죄인인 인간에 대한 그분의 무조건적이고 '열광적인(mad) 사랑'을 감사하는 마음으로 회상하는 것이다. "싸움을 할 때 우리를 고무시켜 주는 것은 상을 받고자 하는 열망이다. 이 희망은 아무리 어려운 것도 가볍게 보이도록 해준다. 그것을 최고라 생각하고 가장 바람직하다고 여기는 것보다도 더 완전한 것에 대한 갈망을 불타오르게 하는 것은 없다. 예언자가 하느님을 명상할 때 그 마음에서 불타오른 것은 이 불꽃이었다. '마음 속의 불이 타오르고 그 동안 나는 그렇게 불붙은 불꽃을 묵상하고 있었다.'(시편 39:4 PBV)[49]

하느님에 대한 타오르는 사랑 —이는 하느님이 우리를 당신께로 이끄는 수단이고, 우리 의지를 불타오르게 하고 우리 안에 영적인 갈등에 대한 욕망을 일깨우는 불이다. 이런 하느님의 사랑은 인간의 자유 의지를 억제하지도 않고 강요하지도 않는다. 오히려 그것은 인내심이 많고 겸손하여 우리의 응답을 기다린다. "하느님은 당신이 계신 곳에 머무시거나 당신이 그렇게 소중히 사랑하시는 노예를 부르시는 데 만족하지 않으시고 당신이 몸소 내려오시어 그를 찾으신다. 전능하신 그분은 우리의 가난한 처소에까지 몸을 굽히신다. 그분은 오셔서 우리에 대한 당신의 사랑을 선포하시는 데, 이는 마치 그분이 우리에게 호의를 청하는 것처럼 보이기까지 한다. 우리가 거절할 때 그분은 물러서지 않으시고, 우리의 거부에 의해 상처입지도 않으신다. 그분은 거절당하고서도 문밖에서 기다리시고, 당신의 변함없는 사랑을 보여주기 위해 모든 것을 다 하신다. 그분은 이러한 모든 굴욕을 떠맡으시고 죽으신다."[50]

이것이 그리스도께서 베푸신 가르침의 의미요, 당신 삶을 하느님의 가르침과 일치시킨 방법이다. 즉 " 따라서 인간이 실현할 수 있는 능력의 범위 안에 있기 때문에 모든 그리스도인은 자신이 그것들을 실천하지 않을 수 없다는 것을 온전히 깨닫고 있다. 그것들은 모든 신자들의 의무이고 … 선한 의지를 가진 모든 이들에게 가능하다."[51]

카바실라스는 성만찬적인 삶을 격찬하면서 이렇게 결론짓는다. "그리스도의 삶을 살기로 결심한 사람은 누구든지 다른 곳에는 생명의 원천이 없기 때문에 그분의 정신과 마음과 일치하여 살아야 하는데, 그것은 목적의 일치가 없다면 불가능하다." "그러므로 이렇게 생명을 주는 마음 없이 살아간다는 것은 불가능한 일이라는 것과 그분이 원하는 것을 우리가 원하지 않을 때 실제로 우리는 이러한 삶의 노선을 파괴하는 것이라는 것 또한 사실이다."[52]

기도의 주관적인 면과 관련하여 카바실라스가 『그리스도 안의 삶』에서 행하고 있는 가르침에 있어서는 미라 로보로딘에 동의하면서,[53] 하느님에 대한 지식과 하느님과의 친밀성을 기를 수 있는 방법 두 가지를 구분할 수가 있는데 이 두 방법은 보다 정확한 의미에서 명상과 기도이다. 그녀는 '14세기 비잔틴 영성의 대가'(*A Master of Byzantine Spirituality of the Fourteenth Century*)라는 제목의 성 니콜라스 카바실라스에 관한 책에서 말한다. "그 비잔틴의 대가는 동방 그리스도교에서 특이한 것이 아니라면 흔치 않은 목소리로, 우리로 하여금 상상력을 사용하도록 권위있게 그리고 활기차게 촉구한다…. 그리하여 구세주의 인격(Person) 안에서 육화된 생생하고 영감을 주는 실재들(realities)을 직접 대하는 것처럼 그것들을 재구성하여 볼 수 있게 하라는 것이다. 저자 자신도 상상하는 사람이며, 우리가 경험하기 위해서는 보아야 하고, 한 분이시고 유일하게 아름다우신 분의 놀라움에 온 힘을 다해 동화되어야 한다는 것을 주저없이 주장하는 사람이다. 이러한 의미에서 명상은 카바실라스에게 경험의 본질을 띠고 있으며 중요한 것이라고 주장할 수 있다."[54]

그리스도께 대한 갈망, 열정, 사랑에 의해 인도되고 고취되며 의도된 명상은 수동적인 기도나 순수한 관상이 아니다. 오히려 그것은 지속적이고 항구한 수련, 곧 항상 신적인 '이상'(Ideal)을 향해 나아가는 영적 노력에 의해 지탱되는 수련으로서 그리스도의 발자취를 따르는 데 있어 진정한 시작이 되는 것이다. 이러한 생각은 "필요한 단 하나"[55]를 추구하는 데서 생긴 점증(漸增)하는 힘과 함께 우리에게서 자라는 것이다. 하느님께 깨어 있고 마음을 둔다는 헤시카스트의 모든 경험은 여기서 카바실라스에 의해 우리를 위한 하느님의 무한한 사랑을 명상하는 데 적용된다.

그런데 카바실라스에게 있어서 그리스도의 사랑에 의해 변형되고 고취되어 의지와 상상력의 훈련에 초점을 맞춘 명상은 우리의 영적 노력의 목표가 아니다. 이는 "정신의(mental) 기도", 더 적절히 말한다면 끊임없는 기도에서 볼 수 있는 것으로서 카바실라스는 이에 대해 상당히 조심스럽게 말했고, 그가 전통적이고 현대적인 헤시카즘의 사상 모두와 일치를 이루어 알고 실행해 왔음이 틀림없다.

순수기도나 마음의 기도의 목표는 "끊임없이 기도하라"는 복음의 명령을 이루려는 것인데, 이 기도는 예수의 거룩한 이름을 부르는 것과 "주여, 이 죄인에게 자비를 베푸소서"라고 말하는 세리의 기도가 혼합된 것이다. 신자들은 예수의 이름을 끊임없이 반복함으로써 자신의 숨결과 맥박을 거룩한 이름을 반복하는 것에 맞추어 조절하면서, 하느님과 더욱 심오하고 완전한 일치에 들어가려 한다. "당신이 숨쉴 때마다 그 숨결과 예수에 대한 기억이 하나가 되게 하시오"라고 성 요한 클리마코스는 '완전의 사다리'(Ladder of Perfection)에서 가르친다. 그분의 거룩한 이름을 부름으로써 실현되는 그리스도의 현존에는 기계적이거나 자동적인 것은 없으며, 하느님의 현존을 추구하고 갈망하는 마음의 부름에 대한 그리스도의 응답이 있을 뿐이다.

따라서 예수 기도의 내용은 예수 그리스도의 거룩한 이름이다. 성서를 보면 이름과 사람 사이에는 밀접한 유사성이 있다. 하느님의 이름을 부르는 것은 그분이 우리 안에 계시다는 것을 아는 것이다. 성 바울로에게 있어서 예수의 이름은 이루 말할 수 없고 모든 이름 위에 뛰어났다(필립비 2:9-11). 그리고 헤르마스는 말한다. "하느님 아들의 이름이 온 세상을 지탱하고 있다."[56]

『그리스도 안의 삶』에는 신자들을 이런 형태의 기도로 분명히 안내하는 구절이 있다. "우리는 우리가 저지른 잘못된 행위가 치료되도록 우리의 입술로, 또한 우리의 바램과 생각으로 하느님의 이름을 부른다. 우리를 구원할 수 있는 이름은 하늘 아래 이 이름밖에 없기 때문이다"(사도행전 4:12 참조)[57]

카바실라스는 특별한 준비 혹은 입문, 침묵과 고독을 지킬 수 있는 장소를 필요로 하는 방법은 제안하지 않는다. 그는 말한다. "(그분의) 이름(Name)을 부르기 위해서는 특별한 준비나 장소 혹은 많은 말이 필요없다.... 왜냐하면 진실로 그분은 항상 현존하시기 때문이다. 우리는 그분 없이는 한 순간도 존재할 수 없으며, 구하는 사람들에게 그분은 그들 심장박동보다도 더 가까이 계시기 때문이다."[58]

그러므로 예수기도의 실행이 정교회 전통의 관점에서 볼 때 예술 중의 예술로 여겨지거나 그 기도에 정통한 사람들이 완전과 거룩함의 극치에 도달한 것처럼 보인다 하더라도, 각각의 (평범한) 그리스도인들 또한 그 기도를 행함으로써 내적인 삶의 비밀을 발견하면서 더 많은 유익을 얻을 수 있다. 그것에 의해 우리는 전례생활의 발전을 위한 올바른 영적 환경을 창조하고, 이 생생한 대화에 속하는 필수적인 자질과 영감을 전례생활에 주며, 주로 언어의 다중성을 고려하는 단계를 넘어선다. 마음의 기도가 상당한 자기 수련과 지속적인 영적 자각을 전제로 하는 이유는 바로 여기에 있다. 마음의 기도에서 소수만이 보다 높은 완전의 경지에 도달할 수 있다면, 그 첫 열매에는 모든 사람이 다가갈 수 있으며 그 열매는 우리의 인간 본성이 성령에 의해 실제적인 변화를 이루는 조건이 된다. 그리하여 카바실라스는 거의 드러나지 않은 암시를 사용해 예수 기도에 덧붙인다. "사실 거룩한 이름을 부르는 사람에게 불가능한 것은 하나도 없다. 그것은 그들의 미덕 때문이 아니라 그들이 이름을 불러 기도하는 분께 영광을 드리기 위한 것이기 때문이다."[59]

이는 카바실라스가 행한 종합에서 순수 기도의 방법이 취하는 입장이다. 그가 헤시카스트 "방법들"에 대하여 침묵을 지킨다고 해서 놀랄 필요는 없다. 그의 영성의 맥락은 다르다. 죤 메이엔도르프는 그레고리오스 팔라마스에 관한 연구의 서문에서 말한다. "팔라마스는 분명히 이 방법의 반대자는 아니며, 다만 자기 시대의 헤시카즘에서 이렇게 부수적이고 또 아주 지엽적인 측면에 대해 계속 언급할 필요성을 찾지 못했던 것이다."[60]

카바실라스는 마음의 기도에 대한 가르침에서, 예수의 이름을 끊임없이 부르는 내적인 성만찬을 신자의 마음에 나타나는 그리스도 현존의 성사적 뿌리인 천상의 '빵'(Bread)을 자주 영하는 것과 결합시킨다. "인간의 마음에 생명을 주는 근원이 되는 '빵'은 우리 삶에서 이러한 열매를 맺을 것이며 [즉, 끊임없이 주님의 이름을 부르는 것], 우리 관상에 힘을 주고, 우리 영혼에 뿌리를 내리고 있는 무관심을 모두 쫓아버릴 것이다. 그 이유는 이 '빵'이 우리에게 생명을 주기 위해 하늘에서부터 오고, 우리가 우리 자신을 먹이려고 온갖 수단을 다해 찾아야만 하는 것이 바로 이 '빵'이기 때문이다. 배고프지 않기 위해서는 계속해서 이 성찬에서 양식을 취해야 한다."[61] 예수의 이름을 부르고 성만찬에서 그분의 몸을 받아 모심으로써 이루어지는 그리스도의 "참된 현존"이야말로 "그리스도 안"에 있는 삶의 길이요 목적이다.

그러므로 순수 기도는 교회의 성사적인(sacramental) 삶에 참여하는 것과 분리될 수 없다. O. 클레멘트는 논평한다. "예수 기도는 확신을 가진 영혼의 숨결이 된다. 자신의 마음 속에 (그리스도께서 머무실) 자리를 찾는 것은 그리스도의 마음에 대한 사랑으로 변화되고, 성만찬의 성혈은 감각과 마음의 수호자가 된다."⁶²⁾ 그리고 카바실라스는 말한다. "진실로 이 성혈은 그 성혈이 흘러들어가는 마음을 솔로몬의 성전보다도 더 아름다운 지성소로 변화시킨다."⁶³⁾

카바실라스는 그리스도인들이 그리스도의 영광스러운 빛과 친교를 이룰 때 참여하게 되는 신적인 아름다움과 광채를 묘사하는데, 그 묘사는 성 그레고리오스 팔라마스와 신(新) 신학자 성 시메온의 최고 문장들과 비견될 수 있을 정도로 훌륭하게 그리스도의 영광에 대한 영적 체험을 증언하고 있다. 그에게는 (성 그레고리오스와 성 시메온같은) 전임자들보다도 더한 정도로, 세례와 성찬의 은총이 신자들 조명의 원천이 되며, 신자들 마음에 불을 놓는 성만찬의 신비에서 나오는 불꽃으로 여겨진다.

성인들이 사도들의 태도를 본받아 타볼 산에서 변화된 자신들 몸의 눈으로 그리스도의 빛을 바라본다는 팔라마스와 헤시카스트의 근본적 신조는, 교회가 신비의 성사들을 통해 우리에게 부여한 거룩한 삶의 실재를 그들(성인들)이 지키도록 허용한다. 팔라마스는 쓰고 있다. "우리와 한 몸이 되어 우리를 당신 신성의 신전으로 만들면서, 그분은 분명히 우리 안에서 '생명을 주는 몸'의 거룩한 빛과 합당하게 통교하는 사람들을 비추어주고, 타볼 산에서 제자들의 몸까지 비춰주셨던 것처럼 그들의 영혼을 비추어 주실 것이다. 왜냐하면 그때 빛과 은총의 '원천'인 그 '몸'은 우리와 일치되지도 않고 우리 안에 있지도 않으면서, 그분께 합당하게 다가가는 사람들에게 그들의 눈을 매개로 하여 빛을 보내주면서 밖에서 빛을 비추어 주었지만, 오늘날 그분은 우리와 전적으로 하나이고 우리 안에 계심으로서 영혼을 안에서 비추어주신다."⁶⁴⁾ 그러므로 팔라마스에게 이 조명은 육화하신 말씀의 몸과 성사적(sacramental) 일치를 이룬 데 대한 열매이다.⁶⁵⁾ 변모에 대한 이같은 성사적 맥락은 그 어떤 교부의 문헌에서보다도 그 영감(靈感)의 측면에서 카바실라스의 글에서 훨씬 더 분명하게 진술되어 있으므로 여기서 인용해도 손색이 없으리라고 본다.

카바실라스는 그의 성사적 견해에 충실하면서 영적 조명이라는 선물을 찾아 성사들(sacraments)로 거슬러 올라간다. "장엄한 열림을 통하듯이 성사를 매개로 하여 '정의의 태양'이 어두운 세상을 비춘다. ····· 세상의 빛이 이 세상을 정복한다···· 태양 빛이 방으로 들어오면 그것이 모든 시선을 모으고 촛불의 빛은 희미해진다. 이와 마찬가지로 앞으로 올 세상의 영광이 성사에 의해 이 세상에 들어오면서 그 영혼들 안에서 지상의 삶을 이기고 이 세상의 광채를 꺼버린다."[66]

인간의 모든 감각은 은총의 빛과 능력에 의해 변모되고 일깨워진다. "앞으로 올 세상의 삶이 이 지상에서 삶으로 흘러들어오고, 천상 영광의 태양은 상당한 연민을 갖고 우리를 비추어준다. 그리고 천상의 향기가 지상으로 침투하고 천사의 양식이 인간에게 주어진다."[67]

이러한 조명은 무엇보다도 세례의 결실이다. 모든 교부들의 세례에 대한 가르치을 보면 세례는 '빛'으로 나타난다.[68] "잠에서 깨어나라, 죽음에서 일어나라, 그리스도께서 너에게 빛을 비추어 주시리라"(에페소 5:14)라고 성 바울로는 말하고 있는데, 성 요한 크리스스톰도 이를 인용하는 것을 보면 아마 초대교회의 세례성사에 나오는 성가에서 인용한 것 같다. 성 그레고리오스 신학자에게 있어서 세례의 빛은 모든 감각을 새롭게 해주는 빛이다. "세례성사의 빛이 우리의 눈, 귀, 코 등 몸 전체에 스며들게 하소서."[69]

카바실라스는 반복한다. "세례성사 예식에 수반되는 모든 의식은 엄밀히 말해 바로 조명을 상징한다. 그 이유는 등잔대, 성가, 성가대의 움직임, 승리를 상징하는 의식에서 보듯이 모든 예식이 빛의 축제이기 때문이다. 빛을 보게 될 사람들이라는 것을 상징하는 하얗게 빛나는 세례복에 이르기까지 기쁨에 넘치지 않는 것은 없다."[70]

카바실라스는 성 요한 크리소스톰의 글을 자유롭게 충분히 인용한다. "우리가 세례성사를 받자마자 성령에 의해 정화된 영혼은 태양보다 거룩해지고, 우리는 하느님의 영광을 볼 뿐 아니라 그 광채를 받게 된다. ····· "[71]

성도들의 몸에서도 은총의 빛이 반영된다. "이 내적인 영광과 견줄 수 있는 것은 아무것도 없다. 모세는 '얼굴 살결이 환하게 빛나고 있었지만'(출애굽기 34:35) 성도들은 영혼 안에 더 찬란한 빛을 가지고 있다. 모세에게서 빛나는 것은 감각에 속하고, 사도들의 빛은 영혼에 속하기 때문이다. 빛으로 가득한 몸에서 나오는 이러한 광채는 그 빛을 반영하는 주변 물체에도 널리 퍼지고, 신자들의 영혼도 비추어준다. 그렇기 때문에 축복받은 사람들은 땅에 속한 것은 더 이상 바라지 않고 천상의 것만 꿈꾸는 것이다."[72]

그러나 "우리는 지상의 것이 자신을 유혹하도록 허용하기 때문에 이같은 환상(vision)은 오래 지속되지 않는다. 이렇게 형언할 수 없는 영광은 하루나 이틀 동안 우리 안에 지속되는데, 그 후에 우리는 세속적인 것을 불러들임으로써 그것을 꺼버리고 짙은 구름으로 빛을 소멸시킨다."[73] 카바실라스는 성 요한 크리소스톰의 이러한 불만을 자신의 것으로 삼으면서 강조하여 말하기까지 했다. "만일 이렇게 순간적인 조명이 하느님에 대한 항구적인 자각이나 정신의 평화로운 조명을 영혼 안에 불어넣는다고 믿는다면, 당신은 나를 제대로 이해한 것이 아니다. 이 빛은 흥분되거나 떠들썩한 곳에서는 하루나 이틀 만에 소멸될 것이다."[74]

세례성사에서 받는 불멸의 삶과 신성한 빛의 싹은 자라나 열매를 맺어야 한다. 이는 성령의 작업인데, 성만찬의 축제에 참여하는 가운데 세례성사의 조명은 이 지상에서 가장 충만하게 된다.

성 니콜라스 카바실라스는 알렉산드리아의 성 키릴로스와[75] 신(新) 신학자 성 시메온의[76] 발자취를 따라, 불의 상징을 취하여 빛과 연결시킴으로써 영혼이 빛으로 충만해지게 한다. "하느님의 현존이 영혼이 머무는 곳에 침투할 때, 우리가 갖게 되는 것은 어느 특정한 선물이 아니라 그분 자신이다. 우리는 빛의 광선 일부를 받는 것이 아니라 '정의의 태양'을 받는 것이다."[77]

그리스도의 사랑에 대한 전례적(liturgical) 명상은 우리를 영원한 사랑으로 사랑하시는 그분을 공경하고, "우리 영혼을 그분께 맡기고, 우리 삶을 그분께 봉헌하며, 우리 마음을 그분 사랑의 불꽃으로 불붙이라고 가르친다. 우리는 그렇게 준비하고서 확신과 믿음을 갖고 장엄한 신비의 성사들의 벌겋게 타오르는 불과 접촉할 수 있다."[78] 그리고 '성찬예배 주해'의 제 1장 (Ch. I)에서는 좀더 진전된 어조로 이렇게 말한다. "이런 식으로 성화 (sanctification)에 성화를 더함으로써, 즉 거룩한 전례의 성화에 명상의 성화를 더함으로써 우리는 그분을 닮아 '영광스러운 상태에서 더욱 영광스러운 상태로'(고린토 2서 3:18) 변화된다. 즉 가장 낮은 영광에서 가장 위대한 영광으로 옮아가는 것이다."[79]

카바실라스나 팔라마스가 말하는 빛에 대한 전례적이고 성만찬적인 체험은 그것에 고유하게 담겨있는 종말론적인 관점에 의하지 않고는 제대로 이해될 수 없다. 동방의 교부들은 변모된 그리스도의 환상을 영광스럽고 두려운 그리스도의 재림에 대한 기대로 이해한다. 팔라마스는 말한다. "의인들이 그들 성부의 나라에서 해와 같이 빛나는 것은...(마태오 13:43) 아버지의 영광 안에서이다. 그들은 빛으로 가득할 것이고 '빛', 즉 마음이 깨끗한 사람만이 볼 수 있는 놀랍고 거룩한 광경을 보게 될 것이다. 오늘날 이러한 빛은 침묵 속에서 모든 악을 극복하고 영적 기도로 불순한 것을 극복한 사람들을 위한 약속으로서 부분적으로만 비추지만, 그때에는 부활의 자녀들을 공개적으로 성화할 것이고,(루가 20:36) 그들은 영원한 영광 안에서 인간 본성에 영광과 신적인 광채를 더해 주시는 그분과 친교를 이루며 기뻐할 것이다."[80]

카바실라스에 따르면 지상의 삶을 사는 동안 성찬의 빵에 의해 자라나고, 성령에 의해 활기를 띠고, 천상의 빛으로 빛나는 인간의 몸, 곧 "이 먼지(와 같은 육체)조차도 이 빛의 지체로서 그 모든 아름다움을 보여주고, 이 태양에 동화되고 유사한 빛의 광선을 발할 것이다... 그날에 의인들은 그들이 기쁨 속에서 받아들이고 또한 그분이 그들에게 나누어 주신 그리스도와 같은 광채와 영광으로 빛날 것이다. 왜냐하면 이 빵(Bread), 곧 그들이 자신들과 함께 영원한 삶으로 데려갈 이 성체(Body)가 이곳 아래의 성만찬 식탁에서 자양분을 머금고 길러져왔기 때문이다. 이것이 바로 주님이신 그리스도로서 구름 속에서 모든 사람에게 나타나시고 번개처럼 번쩍이며 동방과 서방에 그 광휘(光輝)를 드러내실 것이다."[81] "의인들은 여기 지상에서 살면서 그렇게 칭송되고, 이 영광은 그들이 죽을 때도 그들을 떠나지 않을 것이다. 의인들은 항상 이 빛과 이 영광을 지니고 있으며 또한 새로운 삶으로 가져갈 것이다. 그리고 그들이 끊임없이 일치하고 있던 그분께 서둘러 갈 것이다."[82]

성 니콜라스 카바실라스는 만물의 창조주(Pantocrator)이신 그리스도의 영광과 그분 안에서 있게 될 우리의 변모를 마지막으로 환기시키면서, 하느님의 종들에게 입혀질 영광을 잊을 수 없는 말로 설명한다. 그는 외친다. "그때 우리는 태양의 광선들보다 더 밝은 광선을 비치고, 구름 위로 솟아오르며, 하느님의 이 몸을 보고, 그분께 올라가며, 그분께 날아가서... 가까이 다가가 평화롭게 그분을 바라본다." 그리고 카바실라스는 생각 속에서, 하늘나라에서 선발된 자들의 영광스러운 그 무리에게로 우리를 데려다준다. "비길 데 없는 장엄함이여! 하느님 주변에 있는 신들, 아름다우신 그분을 에워싸고 있는 아름다운 피조물, 주인을 둘러싸고 있는 종들로 이루어진 전체 백성... 선택된 자들의 합창대, 축복받은 자들의 무리... 그렇게 눈부신 놀라움이 천상에서 지상으로 내려오고, 태양은 정의의 태양을 찬양하기 위해 땅에서 솟아오를 것이다... 모든 것이 빛으로 충만하다."[83]

흘러넘치는 빠스카의 기쁨... 이는 우리 비잔틴 대가가 성 바울로와 함께 말하는 마지막 메시지이다. "우리가 그분과 함께 참고 견딘다면 그분과 함께 다스리게 될 것이다"(디모테오 2서 2:12).

결 론

우리가 동방 교회의 풍부한 영성 전통의 발달을 탐구할 때 우리를 인도해 준 것은 바로 카바실라스이며 또한 그 자신의 말이다. 종종 잘못 이해되었지만 진정으로 헤시카스트적인 다른 작품, 곧 그리스도를 향해 불타오르는 사랑에 대해 쓴 저술은 요한 칸타쿠젠과 성 니콜라스 카바실라스가 은퇴하여 머무르고자 했던 수도원인 성 마마스 수도원의 원장 신(新) 신학자 성 시메온의 것이다. 거룩한 "사랑"(Eros)에 관한 성 시메온의 성가들은 - 때로는 황홀하고, 때로는 고통스러우며, 때로는 거의 참을 수 없을 만큼 친밀하고, 때로는 내던져 암흑 속에 있는 모습을 보여주는- 그리스도와 영혼의 만남과 대화를 독특하게 표현하였다. 팔라마스주의보다도 거의 4세기 이전에 성 시메온은 그의 영혼을 부단히 침투하고 만족시켰던 창조되지 않은 하느님 은총의 빛을 놀랍게 경험하면서 살았다.

> 단순하고 찬미되어야 할 빛,
> 때로는 숨어버리고 때로는 그 자체로 일치를 이루는 빛,
> 나에게 우리에게, 당신의 종들에게 온전하게 보이는 빛, .
> 멀리에서 영적으로 관상(觀想)되는 빛,
> 우리 안에서 갑자기 드러나는 빛,
> 때로 타오르는 불과 같은 빛,
> 때로 흐르는 물과 같은 빛...
> 나의 겸손한 영혼, 고통받는 영혼은 불붙는다 -
> 그것은 불붙고, 불꽃에 휩싸인다.[84]

M. 로-보로딘은 적는다. "인간의 영혼을 부추기고 뒤흔드는 성 시메온의 체험이 14세기 신비주의에 재생의 길을 준비했다는 사실에는 논의의 여

지가 없다… 그처럼 불붙어 있는 영혼은, 그 체험의 절실한 내용(quality)뿐 아니라 인간과 하느님의 접촉에 대한 열정적인 추구로 말미암아 비슷한 욕망(desire)으로 목말라하는 성 니콜라스 카바실라스에게 강한 영향을 미쳤음에 틀림이 없다. 이것은 성 시메온이 하느님의 말씀이시고, 주님이시며, 사랑받는 분이신 그리스도의 인격(Person)에 되돌이킬 수 없이 마음을 완전히 내주었기 때문에 더욱 그러하였다. 카바실라스의 '에로스'(eros), 곧 그 사랑에 빛을 비추고 먹여줄 그 불꽃이 날아오르게 될 곳은 바로 이 불타는 화로(火爐)로부터일 것이다."[85]

그리스도에 대한 사랑의 불에 의해 빛을 받아 변모된 영혼의 황금 사슬은 성 시메온에서 팔라마스와 카바실라스에게로, 그리고 비잔틴 영성의 대가들에게서 우리 시대로 전승되었다. 니콜라스는 비길 데 없는 카리스마적 은총으로써 신학자들과 신비가들이 바라본 환상을 말과 여러 가지 표현으로 묘사할 수 있었으며, 이해될 수 있는 언어와 세상에서 실감할 수 있는 맥락 속에서 그려낼 수 있었다. 그는 신앙과 복음적 윤리의 보편성뿐 아니라, 완전에로 급박하게 부르시는 그리스도의 부르심과 만족할 줄 모르는 주님의 사랑에 대해 응답하며 자신을 전적으로 내어주는 긴급한 인간 반응의 보편성을 선포한다.

카바실라스는 은둔처(隱遁處)의 침묵과 고독 속에서, 순수 기도와 인간 욕정(passions)의 정화에 의해, 그리고 세상과 세상에 대한 몰두를 포기함으로써 추구되는 그리스도 안의 삶을 모든 그리스도인들이 충만하게 맛볼 수 있다는 사실을 신선한 언어와 저항할 수 없는 확신을 가지고 말할 수 있었다. "그들은 지금 이 삶을 성만찬을 통해서 그리스도 안에서 살고,"[86] 왕의 존엄성을 부여받고, 생명의 빵으로 그리스도께 동화되고, "그분의 성혈에 의해 솔로몬의 신전보다도 더 아름다운 지성소로 변형된다."[87]

서문의 주(註)들

1. M. Lot-Borodine, *Un Maître de la spiritualité byzantine : Nicolas Cabasilas*, Editions de l'Orante (Paris: 1958), p. 5. 이후에는 L.B.로 약칭.
2. 『그리스도 안의 삶』의 독일어 번역 소개문에서, "Sakramentalmtstik der Ostkirche, das Buch vom Leben in Christo des Nikolaus Kabasilas" (Munich: 1957), pp. 5-13.
3. B. Tatakis, *La philosophie Byzantine* (Paris: 1949), pp. 277-81.
4. Ed. A. Garzya, in *Byzantion* 24 (1954), pp. 521-537.
5. *A Study of Gregory Palamas* (London: 1964), p. 25.
6. 『그리스도 안의 삶』, 제 6권 P.G. 150, col 681 AB.; cf.『그리스도 안의 삶』 584 C. 그리고 620 D-621 A.
7. Cf. *A Sudy*, p. 102.
8. 위의 책 p. 394.(불어판에서)
9. 위의 책 pp. 396-7(불어판에서) 돔 P. 미구엘은 그의 소논문 "L'expérience sacramentelle selon Nicolas Cabasilas" in *Irenikon*, 28(1965), No.2, pp 176-82에서 한편으로 위대한 신비가들 특히 그레고리오스 팔라마스의 "성사 밖의 분위기"와 다른 한편으로 카바실라스의 성사들을 자주 받음으로써 자라나고 발전되는 성사적 체험 사이에 결정적인 대립을 만든다. 이 대조는 우리에게는 과장된 것처럼 보인다. 팔라마스주의자들의 "신비주의"에 대한 이러한 견해는 그의 강론을 주의깊게 읽는 것과 대립되지는 않는다.(이 소논문의 2항에는 좀더 심화된 내용이 있다.)
10. L.B., p. 180.
11. 『그리스도 안의 삶』 657 D-660 A.
12. 『그리스도 안의 삶』 664 A.B.

13. 『그리스도 안의 삶』 681 B.
14. Ps. Denis, Ecclesiachies. P.G. 3, 504 C. Scholiae of Maximus the Confessor. P.G. 4, 136 A.
15. Confessio Fidei, P.G. 151, 766−7.
16. 『그리스도 안의 삶』 684 C.
17. 『그리스도 안의 삶』 585 A.
18. 『그리스도 안의 삶』 585 B.
19. 『그리스도 안의 삶』 593 B.C.
20. Hom. 56, ed. Oikonomos (Athens: 1861), pp. 206−8 quoted by Meyendorf, pp. 177-8.
21. 『그리스도 안의 삶』 584 C.
22. 『그리스도 안의 삶』 593 A.B.
23. 『그리스도 안의 삶』 597 D−600 A.
24. 『그리스도 안의 삶』 601 C.
25. L.B. p. 114.
26. 『그리스도 안의 삶』 584 D.
27. Hom. 15, 20. P.G. 34, col. 589 B.
28. Step 27. P.G. 88, 1096ff.
29. Cf. Meyendorff, *A Study*, pp. 137−8.
30. 위의 책., p. 152.
31. 『그리스도 안의 삶』 596 D−597 B.
32. 『그리스도 안의 삶』 601 D.
33. 『그리스도 안의 삶』 612 C.D.
34. 『그리스도 안의 삶』 617 B.
35. 『그리스도 안의 삶』 620 B.C.
36. 『그리스도 안의 삶』 621 B.

37. 『그리스도 안의 삶』 625 B.
38. *Commentary*, Chap. 36. P.G. 150, 449 A, E. T. Hussey and McNutty (이후 H.M.으로 약칭), p. 89.
39. 위의 책 P.G. 452 C. D. H.M., p. 91.
40. 위의 책 P.G. 452 D−453 A. H.M., pp. 91−2.
41. 위의 책 P.G. 453 A. H.M., p. 92.
42. L.B., p. 115.
43. Cf. Salaville, *Explication de la divine liturgie*, Sources chrétiennes 4 (Paris: 1943), pp. 44−5, 59−60.
44. L.B. p. 21., note.
45. 『그리스도 안의 삶』 652.
46. 『그리스도 안의 삶』 605 A.
47. 『그리스도 안의 삶』 605 C.
48. 『그리스도 안의 삶』 608 AB.
49. 『그리스도 안의 삶』 656 D.
50. 『그리스도 안의 삶』 645 A.
51. 『그리스도 안의 삶』 641 C.D.
52. 『그리스도 안의 삶』 644 A.B.
53. L.B., pp. 129−32.
54. 위의 책 p.130.
55. 위의 책 p.130.
56. The Pastor of Hermas, parab. 9. 14.
57. 『그리스도 안의 삶』 681 D. 684 A.
58. 『그리스도 안의 삶』 681 B.
59. 『그리스도 안의 삶』 685 C.
60. *A Study*, p. 140.

61. 『그리스도 안의 삶』 684 A.
62. *Byzance et Christianisme* (Paris: 1964), p. 62.
63. 『그리스도 안의 삶』 685 C.
64. *Triades pour la défense des sainta hesychastes*, 1.3.38, ed. J. Meyendorff (Louvain: 1959), p. 192.
65. Cf. *A Study*, p. 161.
66. 『그리스도 안의 삶』 504 B.C.
67. 『그리스도 안의 삶』 496 C.D.
68. J. Danielou, "Le Symbolisme des rites baptismaux," in *Dieu Vivant*, I (1945), p. 36; L.B., pp. 85−8 (on sacramental baptism and baptism of blood in Nicholas Cabasilas); and Hamman, *Le baptême d'aprés les Pères de l'Eglise* (Paris: 1962), pp. 19−21.
69. 위의 책., p. 142.
70. 『그리스도 안의 삶』 565 B.
71. 『그리스도 안의 삶』 564 B.
72. 『그리스도 안의 삶』 564 C.D.
73. 『그리스도 안의 삶』 564 D−565. A. Br. 82−3, and St. John Chrysostom, Hom. 7 in 2 Cor. P.G. 61, 448.
74. 『그리스도 안의 삶』 565A.
75. 성 끼릴로스는 그리스도의 성스런 육체를 "차가운 물질을 침투해 들어가 그것을 타오르게 하는 것" 그리고 "짚으로 들어가 그것을 태워버리는 불꽃"에 비교한다. (L.B., p. 104에서 인용).
76. 정교회 기도서에 있는 성 시메온의 성찬기도는 이와 같이 저항할 수 없는 말을 한다. O. Clement, *L'essor du christianisme oriental* (Paris: 1964), pp. 33−4 참조.
77. 『그리스도 안의 삶』 584 D. Br. 100.

78. *Commentary*, Chap. 1. P.G. 150, 373 D. H.M., p. 29.
79. 위의 책., 376 B. H.M., p. 30.
80. *Triades*, 11, 33, 66. See other texts of Palamas in *A Study*, p. 174; and the works of V. Lossky, "La théologie de la lumière chez S. Gregoire Palamas," in Dieu Vivant, I (1945), pp. 107 – 10, and *The Vision of God* (London: 1965), pp. 124 – 37.
81. 『그리스도 안의 삶』 624 A.B.
82. 『그리스도 안의 삶』 624 B. ; 주석 cp. 43. P.G. 150, 461 – 4. H. M., pp. 98 – 100
83. 『그리스도 안의 삶』 649 B.D.
84. L.B., p. 182에서 인용.
85. L.B., pp. 183 – 4.
86. *Commentary*, cp. 36 and 38. P.G. 150, 449 C. and 453 A. H.M., pp. 88 – 92.
87. 『그리스도 안의 삶』 684 C.

제 1 권
그리스도 안의 삶은 세례성사, 견진성사, 성체성혈성사 등 성사를 통하여 어떻게 이루어지는가?

1. 그리스도 안의 삶은 이 세상에서 어떻게 시작되는가?

그리스도 안의 삶은 이 세상의 삶에서 시작되고 이 세상의 삶으로부터 발전한다. 그러나 그것은 앞으로 다가올 삶에서 완성되며 그때에 우리는 그 마지막 날에 다다라야만 한다. 그리스도 안의 삶이 이 세상의 삶에서 시작되지 않았다면 이 세상에서도 또 앞으로 올 세상에서도 인간의 영혼 안에서 완성될 수 없다. "살과 피는 하느님의 나라를 이어받을 수 없고 썩어 없어질 것은 불멸의 것을 이어받을 수 없으므로… "(고린토 1서 15:50) 내세(來世)의 것은 현재의 삶에서 중요하다. 그러므로 바울로는 그리스도와 함께 살기 위해서는 이 세상을 떠나는 것이 훨씬 유리하다고 생각하였다. 그리하여 "이 세상을 떠나서 그리스도와 함께 살고 싶습니다"(필립비 1:23)라고 말한다. 그런데 앞으로 올 세상에서의 삶이 거기에 필요한 능력이나 의식이 결여(缺如)된 사람들을 받아들인다면 그들이 행복해지는 데 아무 소용이 없을 것이고, 그들은 축복 받은 영원한 세상에서 죽은 삶, 비참한 삶을 살아가게 될 것이다. 왜냐하면 그 빛이 나타나고 태양이 그 순수한 광채를 발하지만 그것을 볼 눈이 없기 때문이다. 성령의 향기는 모든 사람에게 퍼져나가고 충만하겠지만, 먼저 그 향기를 맡을 수 있는 후각을 지니지 않은 사람은 그것을 알지 못할 것이다.

이제 하느님의 아들이 당신의 친구들에게 그 날을 준비시키는 가운데 당신의 신비들[1])을 함께 나눌 수 있게 하셨고, 그 친구들은 그분이 성부로부터 들은 것을 알 수 있게 되었다.(요한 15:15) 그런데 그들은 "들을 귀가 있는"(마태오 11:15) 친구들로서 와야만 한다. 왜냐하면 그때에 가서야 우정을 시작하며 들으려고 한다든지, 결혼 예복을 준비한다든지, 그 외 신방(新房)에 필요한 것들을 준비하는 것은 불가능하기 때문이다. 이 세상에서의 삶은 이 모든 것들을 위한 작업장이다. 그러므로 이 세상을 떠나기 전에 이러한 것들을 습득하지 못한 사람들은 그 삶과 아무런 관련이 없게 된다. 이 점에 대해서는 다섯 명의 어리석은 처녀들과 결혼 잔치에 초대되었던 사람들이 증인이 될 것이다. 왜냐하면 그들은 기름이나 결혼 예복도 준비하지 않은 채 (신랑을 맞으러) 갔으며, 그 (마지막) 때에 가서는 그것(기름)을 살 수도 없었기 때문이었다.

2. 그리스도 안의 삶은 그리스도와 일치를 이룬다.

간단히 말해 "하느님의 형상대로 창조된"(에페소 4:24) 새로운 내적 인간과 씨름하고 있는 것은 이 세상이다. 그가 여기에서 형성되고 만들어질 때 그는 자라지만 낡아지지 않는 완전한 세상 속으로 완전하게 태어난다. 자연이 어둡고 유동적이며 불안정한 삶 속에서 빛 속에 있는 삶을 위해 태아를 준비하고, 비록 모델에 따라 이제 막 받아들이려는 삶을 위하여 태아의 모양을 만드는 것처럼, 마찬가지로 그러한 일이 성도들에게도 일어난다. 이는

---

1) 즉, 성사들(Sacraments)

성 바울로가 갈라디아인들에게 했던 말이다. "나의 자녀인 여러분, 여러분 속에 그리스도가 형성될 때까지 나는 또다시 세상의 고통을 겪어야겠습니다."(갈라디아 4:19)

그렇지만 태어나지 않은 아기가 이 세상 삶에 대해서는 아무 것도 모르는 반면, 축복 받은 사람들은 앞으로 올 세상의 것들에 대하여 현세의 삶에서 많은 암시를 얻는다. 이것이 그 이유이다. 태어나지 않은 아기는 이 세상 삶을 아직은 소유하지 못하는데, 그것은 전적으로 미래의 일이기 때문이다. 그런 상황에서는 한 점의 빛도 없고 이 생명을 지탱해줄 수 있는 것이라고는 아무 것도 없다. 그런데 우리의 경우에는 그렇지 않다. 그 미래의 삶이 그야말로 현재의 삶에 흡수되어 있고 또 혼합되어 있는 것이다. 우리에게도 태양이 은혜롭게 떠올랐고, 천국의 향기가 고약한 냄새가 나는 곳에 부어졌으며, 천사의 빵이 인간에게도 주어졌다.

그러므로 현세에서 성도들이 그런 삶을 동경하여 준비하는 것이 가능할 뿐 아니라, 지금도 그것에 따라 살고 행할 수 있다. 바울로는 말한다. "영원한 생명을 얻으시오."(디모테오 1서 6:12) 그리고 "이제는 내가 사는 것이 아니라 그리스도가 내 안에서 사시는 것입니다."(갈라디아 2:20) 거룩한 이그나티오스는 말한다. "내 안에는 살아 있는 물, 곧 내게 말하는 물이 있다."(로마인들에게 [보낸 서한] 7:2) 성서도 그러한 말들로 가득 차 있다! 이 모든 것 이외에도 생명이신 그분이 성도들에게 그들과 함께 영원히 있겠다고 약속하시며 말씀하신다. "내가 세상 끝날까지 항상 너희와 함께 있겠다."(마태오 28:20) 그러니 더 이상 무엇을 생각하겠는가? 그분이 땅에 생명의 씨앗을 뿌리며(루가 8:5 참조) 세상에 불을 놓으시고(루가 12:49) 칼을 던지실 때,(마태오 10:34) 그분은 그것을 갖고 가지 않으시고 인간에게 남겨주시어 그 씨앗을 심고 자라게 하며 불을 놓고 칼을 쓰게 하신다. 그분 몸소 우리와 함께 계시며, 바울로 사도께서 말씀하신 것처럼 "(우리) 안에 계셔서 ... 당신의 뜻에 맞는 일을 하고자 하는 마음을 일으켜 주(신다)."

(필립비 2:13) 그분 친히 불을 놓아주시고 타오르게 하신다. 그분 친히 칼을 지니신다. 간단히 말해 "도끼가 도끼질을 하는 사람에게 어찌 으스대겠는가?"(이사야 10:15) 선하신 분(The Good One)이 없는 사람은 선을 얻지 못할 것이다.

그런데 주님은 성도들과 함께 계시겠다고 약속하실 뿐 아니라 직접 그들과 함께 머무시고, 그것도 모자라 그들 안에 머무신다.(요한 14:23 참조) 그렇다면 더 이상 할 말이 어디 있겠는가? 그분은 그들과 일치하신다고 말씀하시는데, 그분이 그들과 한마음이 되시는 것은 그런 사랑으로 인해서이다. 성 바울로가 말하듯이 "주님과 합하는 사람은 주님과 영적으로 하나가 된다."(고린토 1서 6:17) "그리고 (여러분이) 부르심을 받은 것처럼 여러분은 한 몸이며 한 영이다."(에페소 4:4)

3. 그리스도와 우리 일치의 친밀성

하느님의 자애가 말로 표현할 수 없고 우리 인류에 대한 그분의 사랑이 인간의 언어와 이성을 초월하듯이, 그것은 신적인 선(善 goodness)에만 속한다. 왜냐하면 이것은 "사람으로서는 감히 생각할 수도 없는 하느님의 평화"(필립비 4:7)이기 때문이다. 이와 마찬가지로 그리스도와 그리스도가 사랑하는 사람과의 일치는 사람이 생각할 수 있는 그 모든 일치를 능가하며 또한 그 어떤 모범(model)과도 비교될 수 없다.

그러므로 성서도 하나의 예로는 그 관계를 충분히 표현할 수가 없었으므로 여러 가지 예를 들어야만 했다. 거주자와 머문다는 표현을 사용하는가 하면 포도나무와 가지의 비유를 사용하기도 하고, 결혼의 비유를 사용하는가 하면 머리와 지체의 비유를 사용하기도 한다. 그럼에도 불구하고 그 일치를 충분하게 표현할 수 있는 것도 하나도 없다. 무엇보다도 그 일치는 우정과 가장 유사할 것이다. 그러나 그렇더라도 하느님의 사랑을 표현하는 데 가장 적합한 것은 무엇일까?

결혼 혹은 머리와 지체의 조화가 연결과 통일성을 가장 잘 나타내는 것 같지만 그것들 또한 아주 부족하며 또한 현실과 거리가 있다. 결혼은 그리스도와 교회의 경우처럼, 결합된 사람들이 서로의 안에서 존재하며 살아갈 만큼 강하게 둘을 묶어주는 것은 아니다. 그리하여 하느님의 사도는 결혼에 대하여 "이것은 심오한 진리이다"라고 말하면서 (또한) "그리스도와 교회의 관계를 말해 준다고 봅니다"(에페소 5:32)라고 덧붙인다. 감탄할 것은 결혼이 아니라 그리스도와의 일치라는 것을 보여주면서 말이다. 지체들은 머리와 연결된다. 지체들은 머리와 연결되면 살고 분리되면 죽는다. 그러나 그리스도의 지체들은 그들 자신의 머리들보다도 더 밀접하게 그리스도와 일치되어 있으며, 그들(지체들)이 사는 것은 자기 머리와의 조화에 의해서라기보다는 훨씬 더 그분(Him 곧, 그리스도)에 의해서이다. 이러한 사실은 축복 받은 순교자들에게서 분명하게 나타나는 데, 곧 그들은 한 가지 것(즉, 그들 몸의 절단)을 기꺼이 감수했지만 다른 것(곧, 그리스도에게서 떨어지는 것)에 대해서는 들어보지도 못했다. 왜냐하면 그들은 머리와 사지(四肢)를 기꺼이 포기하였지만 그리스도께는 말로라도 배반할 수가 없었기 때문이었다.

그리하여 나는 가장 신기한 것을 알게 되었다. 사람이 자기 자신보다도 더 밀접하게 그밖의 누구와 일치할 수 있겠는가? 그러나 이런 일치도 그리스도와의 일치보다는 못한 것이다. 왜냐하면 축복 받은 사람들의 모든 영이 자기 자신과 동일한 것이긴 하지만, 그래도 자기 자신보다는 구세주와 더욱 일치되어 있기 때문이다. 그 영은 그 자신보다도 구세주를 더욱 사랑한다. "(유대인들의 구원을) 위해서라면 나 자신이 저주를 받아 그리스도에게서 떨어져 나갈지라도 조금도 한이 없겠습니다"(로마 9:3)라고 말하는 바울로의 말은 이를 증언해 준다. 인간의 사랑이 그렇게 위대하다면 하느님의 사랑은 상상할 수 없을 정도로 위대하다. 사악한 인간이 그 정도로 감사하는 마음을 보여줄 수 있다면, 하느님의 선하심은 어떠하겠는가? 그 사랑이 그토록 광대한 까닭에, 사랑하는 사람들과 결합한 그 일치는 인간의 이해를 훨씬 넘어서는 것이며 이로써 그 어느 것과도 비교할 수 없게 된다.

4. 이 일치 안에서 그리스도는 모든 것을 충족시킨다.

그렇다면 이렇게 생각해 보자. 우리가 살아가는 데는 공기, 빛, 음식, 옷, 우리의 자연적인 능력이나 지체 등 많은 것이 필요하다. 그런데 이중에서 모든 목적에 따라 동시에 항상 사용되는 것은 하나도 없다. 어떤 때는 이것을 사용하고 어떤 때는 저것을 사용하는데, 그 어느 한 순간에 필요한 것을 충족시키기 위해 이것 혹은 저것을 번갈아 사용하는 것이다. 우리가 옷을 입고 있을 때에는 음식을 먹을 수가 없다. 양식이 필요한 사람에게는 옷이 소용없으므로 옷 대신 먹을 것을 찾아야 한다. 우리는 빛을 가지고 숨쉴 수 없고, 공기는 태양광선을 대신할 수도 없다. 우리는 감각이나 지체의 모든 기능을 변함없이 지속적으로 사용할 수는 없다. 우리가 무엇인가를 듣고 있을 때에는 손이나 눈은 쉬고 있다. 무엇인가를 만지고자 할 때에는 손이 필요하지만, 냄새를 맡거나 듣거나 보는 데에는 그 손이 필요 없다. 그런 목적을 위해서는 손이 아니라 다른 기능이 필요하다. 그러나 구세주는 당신 안에 사는 사람들에게 온갖 형태로 현존하시기 때문에, 그들의 모든 욕구를 충족시켜 주시고 그들에게 모든 것이 되어 주신다. 그분은 그들이 그밖의 다른 어떤 것을 바라본다든지 또는 (당신이 아닌) 다른 곳에서 무엇을 찾는 것을 허용하지 않으신다. 성도들은 그분 외에는 아무 것도 필요로 하지 않는다. 그분은 성도들에게 탄생, 성장, 자양분(滋養分)을 주신다. 그분은 생명이요 숨결이다. 그분은 당신 자신을 도구로 하여 성도들에게 눈(eye)을 만들어 주시는가 하면 빛도 주시어 당신을 볼 수 있게 해주신다. 그분은 (음식을) 먹여주는 분이시면서 동시에 그분 자신이 양식(Food)이 되신다. 그분은 생명의 빵을 주시는 분이기도 하지만 생명의 빵이기도 하시다. 그분은 살아있는 사람들에게는 생명이고, 숨쉬는 사람들에게는 달콤한 향기이며, 옷을 입고자 하는 사람들에게는 옷이다. 참으로 그분은 우리가 걸을 수 있게 해주시는 분이시면서 그분 몸소 길이시다.(요한 14:6) 그리고 덧붙여서 그분은 길 도중에 있는 (우리가 머무를) 처소(處所)이시면서 또한 (우리가 다다를) 목적지이기도 하시다. 우리는 지체이고 그분은 머리이시다. 우리가 싸울 때 그분은 우리 편에서 싸우고 계신다. 그분은 경기에서 이긴 사람에게 상을 주시는 분이시다. 우리가 승리자일 때 그분은 승리의 왕관이시다.

그리하여 그분은 우리 마음을 그분께만 돌리게 하시고, 다른 것에 점령당하지 않게 하시며, 다른 것에 대한 사랑에 사로잡히지 않게 하신다. 비록 우리가 욕망을 다른 방향으로 돌리려 할 때에도 그분은 그 욕망을 저지(沮止)하시고 잠재우신다. 그분은 그 길을 막으시며, 길을 잃고 헤매는 사람들을 돌보아주신다. "하늘에 올라가도 거기에 계시고, 지하에 가서 자리 깔고 누워도 거기에도 계시며, 새벽의 날개 붙잡고 동녘에 가도, 바다 끝 서쪽으로 가서 자리를 잡아 보아도 거기에서도 당신 손은 나를 인도하시고, 그 오른손이 나를 꼭 붙잡으십니다."(시편 139:8-10) 그분은 놀라운 충동과 은혜로운 지배로 우리를 당신께로만 이끄시고 당신하고만 일치시키신다. 이는 하인에게 "길거리나 울타리 곁에 서 있는 사람을 억지로라도 데려다가 내 집을 채우도록 하여라"(루가 14:23)라고 말씀하시면서, 잔치에 초대한 사람들을 모아들이실 때와 같은 마음인 것이다.

5. 우리는 새로운 생명에 의하여 이러한 일치에 도달한다.

그러므로 지금까지 말한 것으로 보아 그리스도 안의 삶은 성도들, 곧 그런 삶을 살고 또 그러한 삶에 따라 노력하는 사람들에게는 앞으로 올 세상에서만이 아니라 지금 여기 이 세상에서도 존재한다는 사실이 분명해졌다. 그런데 이런 식으로 살아간다는 것, 그리고 바울로가 말하듯이 "새 생명을 얻어 살아간다는 것"(로마 6:4)이 어떻게 가능하며, 좀더 나아가 그리스도와 그렇게 일치하여 함께 자라가는 사람들이 행하는 것은 무엇인가 -이렇게 말고 달리 어떻게 설명해야 할지 모르겠다- 하는 것은 지금부터 논의해야 하겠다.

거기에는 그리스도로부터 나온 요소가 있는가 하면 우리 자신의 열망으로부터 나온 요소도 있다. 전자(前者)는 전적으로 그분이 하신 일이고 후자(後者)는 우리 자신의 노력과 관계가 있다. 그러나 이 후자의 경우는 우리가 그분의 은총에 우리 자신을 맡기고, 보물을 내버리지도 않으며, 불이 붙여졌을 때 등잔을 끄지 않을 때에만 우리가 기여한 것이 된다. 이는 곧 우리는 생명에 적대적이거나 죽음에 이르게 하는 것에는 아무 것도 기여하는 것이 없음을 의미한다. 인간의 온갖 선과 온갖 덕이 인도하고, 아무도 자기 자신을 향해서 칼을 빼들지 않으며, 행복으로부터 달아나지도 않고, 머리에서 승리의 관을 벗어 던지지 않는 것이 바로 이런 것에 해당한다. 그리스도께서 현존하실 때는 말할 수 없는 방법으로 우리 영혼에 삶의 본질을 심어 주신다. 왜냐하면 그분은 참으로 현존하시며, 또한 우리에게 오심으로써 삶의 제일 원칙을 제공해 주셨듯이 우리 영혼의 성장을 도와주시기 때문이다. 그렇지만 그분은 우리 삶의 조건, 우리와의 사귐, 우리의 추구를 함께 나누기 위하여 처음 오셨을 때처럼과 같은 방법이 아니라, 한 몸 안에서 우리가 그분께 일치하고, 그분의 생명을 나누며, 그분의 지체가 되는 것과 같은 다르고 더 완벽한 방법으로 현존하신다.

그리하여 그리스도께서 엄청나고 놀라운 자애(慈愛)로써 가장 천한 사람들을 사랑하시고, 그들을 엄청난 호의를 받을 가치가 있는 사람으로 여기셨듯이, 그분이 사랑하는 대상들과 함께 하게 하는 그 일치 또한 온갖 표상(表象 image)들과 이름을 초월한다. 따라서 그분이 현존하시며 호의를 베풀어주시는 방법은 아주 놀라운 것으로서, 놀라운 일을 하시는 그분께만 합당한 것이다. 그분은 그림이나 기호(記號 sign)나 상징을 통하여 우리의 생명을 위해 참으로 죽으신 그분의 죽음을 모방하는 사람들을 바로 이러한 행위로써 새롭게 하시고 재창조하시며, 또한 당신 자신의 생명을 함께 나눌 수 있는 사람이 되게 하신다.

6. 그리스도께서는 당신 신비의 성사들을 통하여 이 새로운 삶을 주신다.

우리는 이 성스러운 신비의 성사들 안에서 그리스도의 묻히심을 묘사하고 그분의 죽으심을 선포한다. 우리는 그 성사에 의해 태어나고, 형성되고, 구세주와 일치한다. 왜냐하면 신비의 성사들은 성 바울로가 말하듯이 "우리(가) 그분 안에서 숨쉬고 움직이며 살아가(는)"(사도행전 17:28) 수단들이기 때문이다.

세례성사는 우리에게 존재와 그리스도에 따른 실존을 베풀어 준다. 세례성사는 우리가 죽고 부패했을 때 우리를 받아들이고, 먼저 생명으로 이끈다. 그리고 견진성사는 새로운 생명을 받은 사람에게 그러한 생명에 알맞은 활력을 불어넣어 줌으로써 그 사람을 완성시키며, 성체성혈성사는 이 생명과 건강을 보존하고 지속시킨다. 왜냐하면 생명의 빵은 우리가 받은 것을 보존하고 삶 속에서 계속 이어갈 수 있게 해주기 때문이다. 그러므로 우리가 일단 세례의 물로 존재(being)를 얻고 나면, 이 빵으로 살아가고 이 기름으로 움직여지게 된다.

　우리는 이렇게 하느님 안에서 산다. 우리는 장소를 바꾸는 것이 아니라 삶 자체와 그 양식을 바꿈으로써, 우리의 삶을 눈에 보이는 이 세상에서 제거하여 눈에 보이지 않은 저 세상으로 가게 한다. 우리가 하느님을 향해 옮아가거나 올라간 것이 아니라, 하느님께서 우리에게 내려오셨다. 우리가 그분을 찾은 것이 아니라 그분이 우리를 찾으셨다. 양이 목자를 찾은 것도 아니고, 잃어버린 동전이 주인을 찾은 것도 아니다. 하느님께서 세상에 오시어 당신 자신의 모상(模像 image)을 회복하시고, 양들이 헤매고 있는 곳으로 오시어 그 양을 안아 올리심으로써 더 이상 헤매지 않게 해주셨다. 그분은 우리를 여기에서 데려가시는 게 아니라 이 땅에 살면서도 천국의 삶을 살게 해주셨고, 우리에게 하늘나라를 기울여 내려주심으로써 우리를 하늘나라로 데려가지 않으시면서도 하늘나라의 생명을 나누어 주셨다. 예언자는 말한다. "그분은 하늘을 밀어 제치고 내려오셨다."(시편 18:9)

　그러므로 이 성스러운 신비의 성사들을 통하여 '정의의 태양'이 이 어두운 세상에 들어오신다. 그분은 이 세상과 일치하는 삶을 죽이시면서 이 세상을 넘어선 것을 들어올리신다. 세상의 '빛'(Light)이 이 세상을 이겼는데, 이는 그분이 "내가 세상을 이겼다"(요한 16:33)라고 말씀하실 때 인정하신 것이다. 그리고 그분은 변하여 썩어 없어질 몸에 영원하고 죽지 않는 생명을 불어넣어 주신다.

　태양 빛이 집안에 들어오면 등잔은 그 빛을 잃고 만다. 그 밝은 태양 빛이 등잔의 빛을 압도하여 무색(無色)하게 만드는 것이다. 이와 마찬가지로 앞으로 올 세상의 밝은 빛이 신비의 성사들을 통하여 이 세상에 들어와 우리 영혼에 자리잡을 때, 그것은 육적인 생명과 이 세상의 아름다움을 이긴다. 그리고 그 빛을 가린다. 이것이 성령 안에서의 삶이다. 그것은 육체의 모든 욕망을 이긴다. 성 바울로는 말한다. "육체의 욕정을 채우려 하지 말고 성령께서 이끄시는 대로 살아가십시오."(갈라디아 5:16) 주님께서는 우리에게 오심으로써 이 길을 밟으셨고, 이 세상에 오심으로써 이 문을 여셨다. 그리고 성부께로 되돌아가실 때 그 문을 닫지 않으셨으며, 인간들 사이에서 살기 위해 그 문을 통하여 성부로부터 오신다. 아니, 그분은 그 약속들을 지키시면서 영원히 우리와 함께 계신다고 말하는 게 더 나을지도 모른다. 그리하여 야곱이 말하듯이 "여기가 바로 하느님의 집이요 하늘의 문"(창세기 28:17)인 것이다. 세례를 받을 때 천사들이 각 사람에게 임한다고 하여 하늘의 문을 통해 땅으로 내려오는 것이 천사들만은 아니며, 오히려 천사들의 주님이신 분 자신께서 세례자 한 사람 한 사람에게 내려오신다.

따라서 그리스도께서 우리 자신의 세례성사를 미리 보여주셨을 때 당신 스스로 요한의 세례를 받으시면서 하늘을 여셨고, 또 세례가 하늘나라를 볼 수 있는 수단이라는 사실을 보여주셨다. 실로 그분이 "물과 성령으로 새로 나지 않으면 아무도 하느님 나라에 들어갈 수 없다" (요한 3:5)라고 하신 말씀은 이 씻음이 일종의 입구(entrance)요 문이라는 사실을 암시해 준다. 다윗은 이 문들이 열리기를 바라는 마음에서 "정의의 문을 열어라"(시편 118:19)라고 말한다. "많은 예언자들과 제왕들"(루가 10:24)이 보고자 열망했던 것은 바로 그 문들을 만드신 조물주(造物主)께서 이 세상에 오셔야만 한다는 것이었다. 그래서 다윗은 자신이 이 입구에 도달해 문들을 통해 들어가게 된다면, 그 벽을 깨뜨리신 하느님께 감사드릴 것이라고 말한다. "내가 들어가 주님께 감사를 드리리라"(시편 118:19). 왜냐하면 우리 인류를 향한 하느님의 선하심과 자애로움을 가장 완전히 알 수 있는 것은 바로 이 문들을 통해서이기 때문이다.

그렇다면 물로 세례를 주신 분이 영혼을 더러움에서 해방시켜 주신다는 사실보다 더 큰 친절과 호의의 증거가 어디 있겠는가? 영혼에 기름을 발라 주심으로써 하늘나라를 다스리게 하는 것인가? 혹은 연회의 주인으로서 당신의 몸과 피를 제공해주는 것인가? 아니면 인간이 신이 되고,(요한 10:35

참조) 하느님의 자녀가 되는 것(로마 8:14)인가? 그리고 우리의 본성이 하느님의 명예로 영광을 받고, 먼지에 지나지 않는 인간의 본성이 명예와 존엄에 있어서 하느님의 본성과 같아질 정도로 높은 영광으로 들어올려지는 것인가?

그렇다면 이것은 바로 하늘나라를 혼란시킨 하느님 사역(work)의 탁월성이다. 내 생각에 그것은 모든 피조물을 뛰어넘었으며, 위대함과 아름다움에 있어서 다른 것들을 능가함으로써 하느님의 다른 작품들을 가리웠다. 하느님의 작품이 아무리 많고, 아무리 아름답고, 아무리 위대하다 하더라도 창조주의 지혜나 기술에는 미치지 못한다. 그리하여 그분이 이미 존재하는 것보다 훨씬 더 아름답고 위대한 것을 만들어내는 것은 당연한 일이다. 그런데 그분의 지혜나 능력과 겨룰 수 있고, 그분의 무한함과 거의 필적(匹敵)하며, 발자국처럼 그분의 신적인 선함의 위대함을 모두 표현할 수 있을 정도로 아름답고 위대한 하느님의 작품이 생겨날 가능성이 있다면 나는 이것을 다른 것보다 우월하다고 여길 것이다. 그리고 만일 하느님의 일이 당신의 선을 나누어주는 데 있다면, 그분은 바로 이 목적을 위해서 모든 일을 하신다. 이는 과거에 일어난 일이나 앞으로 일어날 일들 모두에 해당되는 목적이다. 왜냐하면 "선하심이 쏟아 부어졌고 널리 번져나갔기 때문이다." (디오니시오스, '하느님의 이름에 관하여' c. 4 참조) 하느님께서는 이 일을 통하여 가장 선한 것을 나누어주려고 하셨다. 그분은 이보다 더 위대한 것은 주실 수가 없었으며, 이것이야말로 그분 선(善)의 가장 위대하고 공정한 일이면서 그분의 지고한 친절하심이 될 것이다.

그러므로 이것이 바로 인류를 위해 베푸신 그분 섭리의 작업이다. 이 경우 하느님께서는 단지 인간 본성에 좋은 것을 무엇이나 나누어주시면서 당신 스스로를 위해서는 대부분 그대로 가지고 계시는 것이 아니라, "완전한 신성"(골로사이 2, 9 참조) 즉, 당신 본성의 온갖 풍요로움을 나누어주시는 것이다. 그렇기 때문에 바울로는 "복음은 하느님께서 인간을 당신과 올바른 관계에 놓아주시는 길을 보여주십니다"(로마 1:17)라고 말했던 것이다. 왜냐하면 하느님의 덕과 정의가 있다면, 그것은 모든 사람에게 당신의 탁월함을 아낌없이 나누어주고 당신의 축복을 나누는 데 있기 때문이다.

이런 이유로 거룩한 신비의 성사들은 "정의의 문들"이라고 불리는 것이 적절하다. 왜냐하면 그것은 인류를 향한 하느님의 지고한 자애와 선하심이며, 하늘에 들어가는 입구들을 제공해 준 신적인 덕과 정의이기 때문이다.

7. 새 생명의 기초인 그리스도의 구원 사업

주님은 심판과 정의의 행위를 통하여 이러한 승리의 표지를 세우시고 우리에게 이 문과 이 길을 주셨다. 주님은 포로로 잡힌 자들을 몰래 빼내지 않으시고 그들을 위해 몸값을 치르셨다. 그분은 위대한 능력에 의해서가 아니라 의로운 판결로 단죄하심으로써 "힘센 사람을 묶어놓았다."(마르코 3:27 참조) 그분은 인간의 영혼을 지배하고 있는 폭군을 없애 버리심으로써 야곱 가문의 왕이 되셨는데, 그것은 단지 그것을 없앨 능력이 있었기 때문만이 아니라 그것이야말로 분쇄(粉碎)할만한 가치가 있었기 때문이었다. 시편저자는 말한다. "정의와 공정이 당신의 옥좌를 받듭니다."(시편 89:14)

정의는 그 문들을 열기만 한 것이 아니라 그 문들을 통하여 우리 인류에게 도달하였다. 옛날 하느님께서 인간들 사이에 사시기 전에는 지상에서 정의를 발견할 수가 없었다. 하느님으로부터 숨을 수 있는 것은 아무 것도 없었는데, 그분께서 친히 도대체 정의가 있는지 하늘에서 굽어 살피셨으나 찾아볼 수가 없었다. 그리하여 그분은 말씀하신다. "모두들 딴길 찾아 벗어나서 한결같이 썩은 일에 마음 모두어 착한 일 하는 사람 하나 없구나. 착한 일 하는 사람 하나 없구나."(시편 14:3)

그런데 진리가 허위의 어둠과 그림자 속에 앉아 있는 사람들을 위하여 태양처럼 땅에서 떠올랐을 때, 그 때 비로소 정의가 하늘에서 굽어보고, 처음으로 인간에게 그 완전한 실체로서 나타났다. 우리는 악을 행한 적이 없는 분이 십자가 위에서 돌아가셔서 우리를 위해 간청해 주셨기 때문에 먼저 속박과 단죄에서 해방됨으로써 의롭게 되었다. 이로 인해 그분은 우리가 감히 저지른 죄에 대한 대가를 치르셨고, 우리는 그 죽음 덕분에 하느님의 친구가 되고 의롭게 되었다. 구세주께서는 당신의 죽으심으로 우리를 해방시키시고, 성부께 화해시키셨을 뿐 아니라, "하느님의 자녀가 되는 특권을 주셨는데"(요한 1:12), 그럼으로써 그분은 당신이 취하신 육체를 통하여 우리의 본성을 당신께 일치시키셨을 뿐 아니라, 신비의 성사를 통한 능력으로 우리들 각자를 당신의 살(flesh)과 일치시키셨다.

이렇게 하느님은 당신의 정의와 생명이 우리의 영혼 속에 태양처럼 떠오르게 하신다. 그리하여 인간은 거룩한 신비의 성사들에 의해서 참된 정의를 알게 되었을 뿐 아니라 스스로 정의를 실행할 수 있게 되었다.

8. 구약시대의 의로운 사람들은 그리스도에 의한 구원을 어떻게 기대하였는가

성서를 보면 그리스도께서 오셔서 의롭게 해주시고 화해시켜 주시기 전에도 의인과 하느님의 친구들이 많았다고 하는데, 우리는 이것에 대해 그들 세대의 특별한 정황에 비추어 보거나 또한 다가올 것으로 여겨진 세대와 관련지어서 생각해 보려고 한다. 그들이 능력을 부여받고 준비되어 있었으며, 정의가 나타날 때 거기로 달려가고, 몸값이 치루어질 때 풀려나며, 빛이 비추어질 때 그것을 보게 되고, 실체가 드러났을 때 형상(types)과 그림자 위로 떠오르게 되는 것은 바로 이를 위해서였다.

거의 비슷한 속박 상태에 있고 같은 폭군에 의하여 고통받고 있을 때에라도 의인과 악인이 반응하는 태도는 서로 달랐다. 의인들은 그 속박 상태와 노예 상태를 싫어하면서 자신들을 가두고 있는 감옥이 파괴되고, 자신들을 묶고 있는 사슬이 풀리고, 또 갇혀 있던 사람들에 의해 폭군의 머리가 짓밟히기를 바랐다. 반면에 악인들은 현재의 곤경을 재앙이라 여기지 않고 노예 상태로 있는 것에 만족해했다. 그리고 태양이 머리 위로 떠오르는 복된 시간에도 그 태양을 받아들이지 않고, 도리어 온갖 수단을 사용하여 태양빛을 꺼버리려 하였고, 그 빛을 없애버리기 위해서 무슨 짓이든 하려 들었다. 그리하여 정의의 왕께서 나타나셨을 때, 의인들은 지옥의 폭군으로부터 풀려난데 반하여 악인들은 여전히 속박된 상태로 남아 있게 되었다.

병이 생겼을 때 병을 치유하기 위해 온갖 방법을 사용하고 또 기꺼이 의사를 찾아가는 사람들은 자기가 병이 든 줄도 몰라 약을 먹으려고도 하지 않는 사람들보다는 바람직하고 더 양호한 상태에 있다. 자신의 의술로 그 병을 치료할 수 있다는 것을 알고 있는 의사는 아직 환자가 치유되지 않았다 하더라도 이미 회복된 것처럼 말할 것이다. 이와 마찬가지로 하느님은 사람들을 그 시대에 의인과 당신의 친구들로서 부르셨는데, 그것은 그들이 힘껏 온갖 노력을 다하고 가능한대로 의롭게 행하였기 때문이다.

그리하여 그들은 자신들을 풀어줄 능력이 있는 분이 나타날 때에 풀려나기에 합당한 사람이 되었다. 그런데 그분은 그들을 절대 미리 풀어주지 않으셨다. 이것이 참된 정의라면, 그들은 솔로몬이 말한 바와 같이 그들이 이 세상을 떠났을 때 "평화를 누리고 있으며 하느님 손에 있어야만 했다"(지혜서 3:1, 3참조) 그런데 그들이 이 세상을 떠났을 때 그들을 받아들인 곳은 저승이었다. 우리 주님께서 참된 정의와 하느님과의 우정을 가지고 들어오실 때, 그것들을 (이미 있던) 외부로부터 되가져오는 것처럼 하신 것이 아니다. 그분은 그것들을 처음으로 이 세상에 가지고 오신 것이다. 그분은 이미 존재하고 있던 하늘에 이르는 길을 발견한 것이 아니라 그분 손수 그 길을 만들어 내셨다. 그것이 이미 존재했었다면 누군가가 이미 만들어놓은 것일 것이다. 그렇지만 "하늘에서 내려온 사람의 아들 외에는 아무도 하늘에 올라간 일이 없다."(요한 3:13)

 십자가 이전에는 죄를 용서할 수도 없고 벌을 면해줄 수도 없었다. 그렇다면 우리는 정의에 대해 어떻게 생각해야 할까? 의인들이 하느님과 화해를 이루지도 않은 채 하느님 친구들의 합창대로 들어 높여진다든지, 아직도 사슬에 묶여 있으면서 승리의 관을 받는다는 것은 모순이었을 것이다. 간단히 말해 구약시대 유월절(逾月節)의 어린 양이 모든 것을 성취했다면 두 번째 파스카의 '희생제물'(Victim)이 할 일이 어디 있겠는가? 형상(types)과 표상(images)이 사람들이 찾던 지복(至福)을 가져다주었다면, 진리와 실체는 소용없었을 것이다. "그리스도의 죽음을 통하여 원수 되었던 모든 요소가 사라지고, 서로 원수가 되어 갈리게 했던 담이 헐렸고,"(에페소 2:14,16 참조) 평화와 정의가 구세주의 날에 태양처럼 떠올랐으므로, 만일 하느님의 친구들과 의로운 사람들이 그 희생제사(곧, 그리스도의 죽으심) 전에 있었더라도 이 모든 일에 대한 어떤 여지(餘地)가 있었을까?

 여기에 보다 나은 증거가 있다. 예전에는 율법이 하느님과 우리를 일치시켜 주었지만, 지금은 신앙과 은총, 그리고 거기에 따르는 모든 것이 우리를 일치시켜 준다. 예전에는 하느님과 인간의 관계는 주종(主從) 관계였지만, 지금은 부모와 자녀의 관계 그리고 친구의 관계이다. 왜냐하면 율법은 노예에게 속한 것이지만, 은총과 신뢰 그리고 신앙은 친구들과 자녀들에게 속한 것이기 때문이다. 이 모든 것으로 보아, 구세주는 "죽은 자들 가운데서 살아나신 최초의 분이시기 때문에"(골로사이 1:18) 그분이 부활하시기 전에는 어느 누구도 죽은 다음에 불멸의 생명으로 다시 살아날 수 없었다는 사실이 분명해진다. 이와 마찬가지로 인류를 거룩함과 정의에 이르는 길로 안내해 주신 분은 그리스도밖에 없다. 성 바울로는 "그리스도는 우리보다 앞서 성전의 지성소에 들어가셨습니다"(히브리 6:20)라고 말함으로써 이러한 사실을 보여주었다. 그분은 당신을 성부께 제물로 바치셨을 때 성전으로 들어가셨고, 그분의 묻히심에 함께 하길 원하는 사람들도 이끌고 가신다. 그러나 이는 그분이 죽으신 것처럼 죽는 데 있는 것이 아니라 세례의 씻음 안에서 그 죽음을 표현하고, 기름을 바른 뒤(곧, 견진성사를 받은 후), 죽으시고 부활하신 그분을 말로 형언할 수 없는 방법으로 경축할 때 그것을 성스러운 제단 위에서 선포하는 데 있다. 따라서 문들을 통해 그들을 인도하셨을 때 그분은 그들을 하늘나라와 영광의 왕관을 받는 곳으로 데려가신다.

9. 그리스도는 어떻게 우리에게 생명의 문을 열어주시는가?

신비의 성사들의 문은 낙원의 문들보다도 훨씬 더 장엄하고 유익하다. 낙원의 문은 신비의 성사의 문을 통하여 들어가지 않은 사람에게는 열리지 않지만, 신비의 성사의 문은 낙원의 문이 닫혀 있을 때에도 열려 있었다. 신비의 성사의 문은 안에 있는 사람을 내보낼 수 있지만 낙원의 문은 일단 안으로 들어온 다음에는 내보내지 않는다. 낙원의 문은 닫을 수 있었고 또 닫혀 있었다. 그런데 신비의 성사의 경우에는 휘장(curtain)과 갈라놓고 있던 벽이 완전히 파괴되어 없어져 버렸다. 장벽을 새로 세우고, 문들을 다시 닫고, 이 세상을 담벽으로 가른다는 것은 불가능한 일이다. 왜냐하면 하늘은 그냥 열린 것이 아니라 문과 입구 그리고 커튼이 더 이상 존재하지 않는다는 것을 보여주면서, 마르코가 말하듯이 "(두 쪽으로) 갈라졌기"(마르코 1:10 참조) 때문이다. 위에 있는 세상과 아래에 있는 세상을 화해시켜 하나로 만드시고, 그들 사이에 평화를 이루시고, 담을 헐어버리신 분은(에페소 2:14-15) 바울로가 말하듯이 "약속을 어길 줄 모르는 분이시다."(디모테오 2서 2:13)

낙원의 문은 아담에게 열려 있었지만 그가 있어야 할 상태에서 타락했을 때 닫혀 버렸는데, "죄를 지으신 일이 없고"(베드로 1서 1:22) 죄를 지으실 수도 없는 그리스도께서 몸소 이 문들을 여셨다. 왜냐하면 "그의 정의는 영원히 남을 것이기 때문이다."(시편 111:3) 그런 이유로 그 문들은 열려 있고 죽음으로가 아니라 생명으로 이끌고 있다. 왜냐하면 구세주께서는 "나는 그들이 생명을 얻게 하려고 왔다"(요한 10:10)고 말씀하셨기 때문이다. 이는 주님께서 가져오신 생명인데, 신비의 성사들을 통하여 오는 사람들은 그분의 수난과 죽음에 참여하고 함께 나누어야만 한다. 그렇게 하지 않고서는 죽음을 면할 수가 없다. "물과 생명으로 새로 나지 않으면"(요한 3:5) 새 생명으로 들어갈 수 없고, "사람의 아들의 살과 피를 먹고 마시지 않으면 그들 안에 생명을 간직하지 못할 것이다."(요한 6:53)

10. 그리스도께서 우리를 위하여 지불하신 몸값

여기에 대해 더 깊이 살펴보기로 하자. 죄에 대하여 죽지 않은 사람이 하느님을 위하여 산다는 것은 불가능한 일이다. 그런데 죄를 죽일 수 있는 분은 하느님밖에 없다. 이는 인간에게 필요한 것이다. 왜냐하면 우리가 자기 의지와의 싸움에서 패배 당했다면 우리가 그 패배를 만회하는 것이 합당하기 때문인데, 죄의 노예가 된 사람들로서는 그렇게 할 수가 없었다. 자신이 노예로서 섬기던 주인을 이길 수 없었기 때문이다. 우리에게 힘이 있었다 하더라도, "종이 스승보다도 더 높을 수는 없기"(마태오 10, 24) 때문이다.

그렇다면 이 목적을 당연히 달성했어야 하는 것도 인간이었고, 승리하는 데 적합한 것도 인간이었다. 그런데 그는 싸워 정복했어야 할 것들의 노예가 되었다. 그런데 그 누구에게도 빚을 진 일이 없는 하느님께서는 이런 일을 할 수 있는 능력을 가지고 계셨다. 그리하여 하느님도 인간도 싸우지 않고 있는 동안 죄는 계속되었다. 참 생명의 태양이 우리에게 떠오를 수가 없었다. 왜냐하면 자신을 위해 승리를 쟁취해야만 하는 것은 인간이었지만, 하느님만이 그렇게 하실 수 있었기 때문이다. 그러므로 인류가 하느님(Deity)과 결합하고, 또한 그 싸움에 관계된 사람의 본성과 거기에서 이길 수 있는 분의 본성을 모두 소유할 필요가 있었다.

따라서 하느님께서 인간이 되시고 인류를 대신하여 그 싸움을 당신의 것으로 삼으신 것이다. 죄가 하나도 없으신 '인간'(Man)이 죄를 극복하신다. 왜냐하면 그분은 하느님이시기 때문이다. 이렇게 인간의 본성은 불명예를 씻어버리고, 죄는 땅에 떨어졌으며, 인간은 승리의 관을 쓰게 되었다.

아직 우리 한 사람 한 사람이 이 덕분에 승리를 이루지는 않았으며, 싸움에 들어가지도 않았다 하더라도, 인간은 이 속박에서 해방되었다. 구세주께서는 친히 당신이 취하신 인성(人性)으로 이를 이루셨고, 그로 인해 죄를 없애버릴 수 있는 능력과 당신과 함께 영웅의 상을 공유할 수 있는 능력을 우리 각자에게 주셨다. 그 승리 후에 왕관을 받으시고 그 승리를 경축해야 했기 때문에, 그분은 상처와 십자가와 죽음을 겪으셨다. 성 바울로가 말하듯이 "그분은 장차 누릴 기쁨을 생각하며 부끄러움도 상관하지 않고 십자가의 고통을 견디어 냈다."(히브리 12:2) 이는 무엇을 의미하는가? 그분은 죄값을 치를 만한 잘못을 저지르지도 않으셨고, 죄를 짓지도 않으셨으며, 가장 뻔뻔스러운 제보자가 고발할 만한 일은 하나도 행하지 않으셨다. 그럼에도 불구하고 처음부터 상처, 고통, 죽음이 죄에 대하여 계획되었다! 하느님은 인간을 사랑하시면서 왜 이러한 것들을 허용하셨을까? 선이 잔혹함과 죽음을 보고 기뻐한다는 것은 불합리한 일이다. 그렇기 때문에 하느님은 죄에 벌을 가하기 위해서라기보다는 병에 걸린 사람을 치료하시기 위해서, 죄가 들어오자마자 죽음과 고통을 허용하셨다. 그리하여 그리스도께서 하신 일에 대해 벌을 줄 수 없기 때문에, 그리고 구세주께서는 치료를 받아야만 할 병의 흔적이 없기 때문에, 그분 성혈(聖血)의 힘은 우리에게 적용되고 우리 안에 있는 죄를 죽인다. 아무런 죄도 없는 그분의 상처는 많은 죄를 지은 사람들을 대신한 벌이었다.

그것은 인간이 저지른 악행을 능가하는 엄청나고 놀라운 형벌이었기 때문에 기소를 기각할 뿐만 아니라 놀라운 은혜가 더해져서, 땅에 속했으며 가장 가증스러운 포로였고, 예속되어 불명예스러웠던 사람들이 하늘나라의 하느님과 함께 할 수 있도록 하시려고 그리스도께서는 하늘에 올라가셨다. 그 죽음은 인간의 사고를 초월할 정도로 값진 것이었지만, 구세주께서는 당신을 죽이려는 사람들에게 아주 싼값에 팔리게 하시어 그 죽음조차 초라하고 치욕스러운 것이 되게 하셨다. 그분은 팔리심으로써 노예의 몫을 함께 나누고 또한 난폭한 대우를 받기를 원하셨다. 그분은 우리를 위하여 치욕을 당하는 것을 소득으로 여기셨다. 그분은 싼값에 팔리심으로써 세상에 대한 무상(無償)의 선물로서 죽임을 당하러 오셨다는 것을 암시하려 하신다. 당신의 삶을 위해서나 공동의 선을 위해서 어느 누구에게도 아무런 잘못을 저지르지 않으신 분께서, 당신을 죽이는 사람들에게 그들이 바라는 것보다 훨씬 많은 은총을 주시면서 당신의 생명을 기꺼이 내주셨다.

내가 이런 말을 하는 이유는 무엇인가? 돌아가신 분은 하느님이시고 십자가 위에서 흘려진 것은 하느님의 피였다. 이 죽음보다 값진 것이 어디 있으며 더 경외로운 것이 어디 있겠는가? 그렇게 엄청난 죄값을 치루어야 할 정도로 인간이 저지른 죄가 큰 것이다. 그 상처가 얼마나 컸기에 이렇게 엄청난 치유가 필요했던가?

벌을 받음으로써 죄가 없어지는 것은 필연적이었고, 또 우리가 정당한 죄값을 치름으로써 하느님을 거슬러 저지른 죄에 대한 기소를 기각해 버리는 것도 필연적이었다. 자신이 저지른 죄에 대하여 이미 벌을 치른 사람을 다시 불러 그 죄에 대한 책임을 지라고 하지는 않을 것이다. 그런데 인간들 중에는 다른 사람을 위해 고통을 받을 만큼 죄가 없는 사람은 없었다. 자신의 죄를 감당할 수 있는 사람조차도 없었기 때문에, 심지어 전 인류가 일만 번 죽을 수 있었다 하더라도 그에 합당한 죄값을 치를 수가 없을 정도였다. 가장 비참한 노예, 곧 왕의 모상을 완전히 파괴했고 그토록 위대한 존엄성을 향하여 그렇게 무례하게 행동했던 그 노예가 어떤 죄값을 치를 수 있었겠는가?

이런 이유로 죄가 없으신 주님께서 그렇게 끔찍한 일을 겪으시고, 죽으시며, 매를 견디시는 것이다. 그분은 인간으로서 인류의 존재이유(存在理由)를 떠맡으신다. 그분은 우리 인류를 기소에서 풀어주시고 죄수들에게 자유를 주신다. 왜냐하면 하느님이요 주님이신 그분 자신은 그럴 필요가 하나도 없었기 때문이다.

11. 그리스도의 구원 사업을 전유(專有)하는 수단으로서의 신비의 성사들

이렇게 구세주의 죽음을 통하여 참된 생명이 우리에게 전달된다. 우리는 신비의 성사에 입문함으로써, 즉 세례와 견진성사를 받고 성찬에 참례함으로써 이 생명을 우리 영혼 안으로 끌어들인다. 우리가 성사에 참례할 때 그리스도께서 우리에게 오셔서 우리 안에 머무시는 것이다. 그분은 우리와 일치하시고 우리와 하나가 되신다. 그분은 우리 안에 있는 죄를 없애버리시고, 당신 자신의 생명과 장점(merit)을 우리 안에 불어넣어 주시며, 우리로 하여금 당신의 승리를 함께 나눌 수 있게 해주신다. 아! 그분의 선하심은 얼마나 위대한가? 그분은 세례를 받은 사람들에게 영광의 관을 씌워 주시고, 성찬에 참례하는 사람들을 승리자로 선포해 주신다.

세례의 씻음과 견진성사와 성체성혈성사로부터 오는 그 승리와 영광을, 그 노고와 땀의 열매를 어떻게 설명할 수 있겠는가? 비록 우리가 이런 예식들을 거행할 때 고통을 겪거나 투쟁하지 않더라도, 우리는 그 싸움을 찬미하는 노래를 하고, 그 승리를 경축하며, 전리품(trophy)에 공경을 표하고, 그 승리자에게 말할 수 없는 열정과 사랑을 표현한다. 우리는 그 상처와 멍 (bruises) 그리고 그 죽음을 우리의 것으로 삼고, 어떤 수를 써서라도 우리에게 적용하여, 죽으시고 다시 살아나신 그분과 한 몸이 된다. 그리하여 우리는 그 죽음과 그 투쟁으로부터 나온 혜택을 누리게 되는 것이다.

어떤 사람이 지나가다가 붙잡혀서 벌받기를 기다리고 있는 폭군을 보고, 그에게 영광의 관을 씌워주고 그의 폭정에 영예를 안겨 주기 위해 구출해야만 하는 상황을 가정해 보자. 그가 몰락하면 그도 죽으리라고 생각하고 법과 정의에 거슬러 큰 소리로 저항하되, 대담하고 뻔뻔스럽게, 부끄러워하거나 사악함을 숨기지도 않은 채 그렇게 하지 않겠는가? 그에게 적절한 판결은 무엇이라고 생각하는가? 그를 폭군처럼 벌하지 않겠는가? 그렇다. 어느 모로 보아도 그렇다.

한편 정반대되는 상황을 가정해 보자. 승리자를 찬미하고, 그가 이겼을 때 기뻐하고, 그가 승리의 관을 썼을 때 손을 흔들며 환호하고, 군중들 사이에서 박수갈채를 보내며, 군중들이 기꺼이 경의를 표하게 만들고, 그의 얼굴에 입맞추고, 그의 오른손을 잡으며, 마치 자기 머리에 승리의 관이 씌워지기라도 한 듯이, 완전히 자기 자신을 잃는다. 공정한 심판관은 앞서 말한 사람이 폭군의 벌을 함께 나누어야 하듯이 이 사람도 그 승리자의 상을 함께 나누어야 한다고 생각할 것이다. 사악한 사람에게 그에 합당한 벌을 부과하고 그 목적과 의도를 고려해야 한다면, 선한 사람에게도 그에 합당한 상을 주어야 할 것이다. 덧붙여서 승리자가 자기의 상을 필요로 하지 않고, 도리어 자신을 찬미하던 사람이 관중의 명예를 누리는 것과 자기 친구가 왕관을 쓴 것을 마치 자기 자신이 전쟁에서 상을 받은 것처럼 여기는 것을 보고자 한다면, 비록 싸움에서 땀을 흘리거나 위험을 겪지 않았다 하더라도 그 찬미자가 왕관을 얻는 것이 가장 적절하고 타당하지 않겠는가?

그러므로 세례성사와 견진성사 그리고 성찬을 통해 이러한 것들을 얻을 수 있다. 왜냐하면 그리스도교에 입문하게 될 때 우리는 폭군을 경멸하고, 그에게 침을 뱉고, 그를 피하는 반면에 우리의 '승리자'에 대해서는 그를 찬미하고, 열망하고, 경배하고, 온 마음을 다해 사랑하기 때문이다. 그리하여 우리는 흘러 넘치는 사랑으로 빵을 먹듯이 그분을 받아 모시고, 기름으로 도유(塗油)되듯이 그분으로 도유되며, 물로 세례를 받듯이 그분을 옷입는다. 그분이 우리를 위하여 싸우고 우리의 승리를 위하여 죽으셨다는 것은 분명한 사실이다. 그러므로 우리가 이 신비의 성사들을 통하여 승리의 관을 얻는 것은 하나도 이상한 일이 아니며 불합리한 일도 아니다. 이 물이 그리스도의 죽음과 무덤의 능력을 지녔다는 말을 들을 때 우리는 마치 우리에게 능력이 있는 것처럼 뜨거운 열심을 보인다. 우리는 그 사실을 가장 확고하게 믿고 그 물에 기쁘게 다가가 그 안으로 들어간다.

그분이 주신 선물은 결코 사소한 것이 아니며, 그분이 우리에게 합당하다고 여기시는 것들도 결코 사소한 은혜가 아니다! 그분은 당신의 죽음과 묻히심에 따르는 선물들을 가지시고서 당신께로 오는 사람들을 맞아들이신다. 그분은 승리의 관이나 당신의 영광만을 함께 나누시는 것이 아니라, 당신 스스로를 주신다. 우리는 물에서 올라올 때 우리의 영혼, 머리, 눈, 내장 등 지체의 모든 부분에 구세주, 곧 부활하시어 제자들에게 나타나셨을 때, 승천하셨을 때, 당신의 보물을 돌려 받으시러 다시 오실 때처럼 죄와 부패가 하나도 없으신 그 구세주를 지니게 된다.

이렇게 우리는 다시 태어났다. 우리는 마치 어떤 형상과 모양을 지니듯이 그리스도의 인장(印章 stamp)을 받았다. 그리스도께서는 우리가 그 어떤 낯선 형상을 들여오지 않도록 생명의 문을 점유(占有)하신다. 그분은 우리가 몸의 생명에 도움이 되도록 공기와 음식을 받아들이는 기관을 전유(專有)하시고, 그것들을 통하여 우리 영혼에 들어오신다. 코를 통해서는 기름과 향기로운 냄새로 오시고, 입을 통해서는 음식으로 오신다. 우리는 그분을 숨쉬고, 그분은 우리를 위한 양식이 되신다. 그리하여 그분이 당신을 우리와 완전히 일치시키실 때, 우리를 당신의 지체가 되게 하시고 당신은 그 지체들의 머리가 되신다. 그분은 우리의 머리이시기 때문에 우리는 그분과 좋은 것을 모두 함께 나눈다. 머리에 속한 것은 몸으로 통과할 필요가 있기 때문이다.

　이같은 이유로, 우리가 그분이 당하신 채찍과 죽음을 함께 나누지 않고 그분 혼자 그런 고통을 겪으셨음에도 불구하고, 승리의 관을 쓰실 때 우리로 하여금 당신의 영광에 참여하게 하시는 것을 보면 놀라지 않을 수가 없는데, 이것 또한 그분의 형언할 수 없는 자애(慈愛)에 속한다. 그런데 그것은 근거가 없거나 거기에 상반되는 것이 아니다. 우리가 그리스도와 일치된 것은 십자가 이후의 일이었다. 우리는 그분이 돌아가시기 전에는 그분과 아무런 공통점이 없었다. 그분은 하느님의 아들이시고 사랑 받는 분이셨지만, 우리는 깨끗하지도 않았고 또 적대적인 마음을 가진 노예였다. 그분이 돌아가심으로써 몸값을 치르시어 악마의 감옥이 파괴되었을 때, 비로소 우리는 자유를 얻어 그분의 자녀가 되었고 또한 그 축복 받은 머리의 지체가 되었다. 그러므로 머리에 속한 것이 또한 우리의 것이 된다.

　이제 우리는 죄 없는 상태로 이 (세례의) 물을 떠난다. 우리는 도유로 인해 그분의 은총에 참여하고, 잔치(곧, 성만찬)로 인해 그분과 동일한 삶을 산다. 우리는 이 세상에서 자유 의지로 우리 자신을 눈멀게 하거나 고귀한 옷을 찢어버리지 않는 한, 앞으로 올 세상에서 하느님과 함께 신이 되고, 같은 부를 함께 나누는 동료 상속자가 되며, 같은 왕국에서 그분과 함께 다스리게 될 것이다. 그리스도의 선물에 복종하고, 그분의 은총을 보유하고, 하느님이 우리를 위하여 준비해 주신 승리의 관을 거절하지 않을 때, 비로소 우리는 이 삶에 기여하게 될 것이다.

　이것이 신비의 성사들이 제공해 주는 그리스도 안의 삶인데, 외형적으로는 인간의 노력도 기여하는 바가 있다. 따라서 이것에 대하여 말하고자 하는 사람은 먼저 각각의 신비의 성사를 다루어야 하고, 그 이후에 덕과 일치하는 활동을 고려해 보는 것이 합당하다.

제 2 권
세례성사는 그리스도 안의 삶에 어떤 기여를 하는가

1. 어떻게 성사들은 우리를 그리스도께 일치시키는가?

앞에서는 거룩한 삶이 거룩한 신비의 성사들로부터 비롯된다는 것을 알아보았는데, 이제 각각의 신비의 성사들이 어떻게 우리를 이 거룩한 삶에로 인도하는지 알아보기로 하자. 그리스도 안의 삶은 그리스도와의 일치를 의미하므로, 이제 각각의 거룩한 예식들이 그 성사를 받는 사람들을 어떻게 그리스도와 일치시키는지를 설명해 보기로 한다.

구세주께서 겪으신 것을 모두 겪고, 그분이 가지신 것을 모두 체험하여 모든 것이 된 사람들은 그리스도와 일치한다. 이제 그분은 온갖 죄에서 깨끗해진 육체와 피에 일치되었다. 그분 자신은 처음부터 본성(本性)상 하느님이셨고, 나중에 당신이 취하셨던 인간 본성을 신화(神化)시키셨다. 마지막으로 그분은 (인간의) 육체를 위해 돌아가셨고, 다시 살아나셨다.

그러므로 그리스도와 일치되기를 원하는 사람은 그분의 육체를 함께 나누고, 신화에 참여하여 그분의 죽음과 부활을 공유해야 한다. 그리하여 우리는 그분의 죽음을 우리도 죽고 그분의 부활 안에서 다시 살아나기 위해 세례를 받는다. 우리는 그분 신화의 고귀한(royal) 도유에 참여하기 위해 견진성사를 받는다. 우리는 가장 거룩한 빵을 먹고 거룩한 잔을 마심으로써 구세주께서 취하신 바로 그 살과 피를 함께 나눈다.

　우리는 이런 식으로 우리를 위하여 육화하시고, 우리의 본성을 신화하시고, 죽으셨다가 다시 살아나신 그분과 일치한다. 그렇다면 우리는 왜 그분과 같은 순서를 밟지 않고, 그분이 끝마치신 곳에서 시작하고 그분이 시작한 곳에서 끝을 맺는가? 그 이유는 우리가 올라갈 수 있게 하려고 그분이 내려오셨기 때문이다. 그분의 임무는 내려오시는 것이고, 우리의 임무는 올라가는 것으로서 같은 경로를 지나간다. 사다리를 예로 든다면, 그분이 내려오실 때의 마지막 발걸음은 우리가 올라갈 때의 첫 번째 발걸음이 된다. 사물의 본성 자체가 그렇기 때문에 달리 될 수는 없다.

　세례는 탄생이고, 견진(堅振)은 활력과 운동의 원칙을 전해주며, 생명의 빵과 감사의 잔은 참된 음식이요 음료이다.(요한 6:55 참조) 태어나기 전에는 움직일 수도 없고 음식을 먹을 수도 없다. 그리고 세례는 인간을 하느님과 화해시키고, 견진은 인간이 높은 데서 오는 선물을 받기에 합당한 자가 되게 만들며, 성찬의 능력은 입문한 사람에게 그리스도의 몸과 피를 전해준다. 화해하기 전에는 하느님의 친구들 속에 서 있거나, 그(하느님의 친구)들에게나 알맞은 은총을 입기에 합당한 자로 여겨질 수가 없다. 악마와 죄에 종속된 사람들은 죄없는 자들의 몫인 성혈을 마실 수도 없고 성체를 먹을 수도 없다. 따라서 우리는 먼저 세례를 받고, 그 다음에 견진을 받은 다음, 순결한 상태에서 달콤한 향내를 풍기며 성찬에 참여한다.

　이제 각각의 신비의 성사들이 거룩한 삶에 어떠한 혜택을 가져다주는지, 그리고 무엇보다도 세례가 이 삶에 얼마나 위대한 것들을 가져다 줄 수 있는지 생각해 보기로 하자.

2. 그리스도 안에서 새로운 탄생으로서의 세례

 세례를 받는다는 것은 그리스도에 의해 다시 태어난다는 것과 전에는 아무 것도 지니지 않았지만 이제는 존재와 본성을 갖는다는 것을 의미한다. 이는 여러 면에서 알아볼 수 있는데, 우선 세례가 교회에 입문하여 받는 신비의 성사들 중에서 가장 먼저 하는 것이고, 다른 신비의 성사들에 앞서 그리스도인을 새로운 삶에로 소개한다는 것이다. 둘째로는 우리가 부르는 바로 그 이름들로 알 수 있으며, 세째로는 우리가 사용하는 예식과 성가의 가사를 보면 알 수가 있다.

 그러므로 우리가 따르는 순서는 이와 같다. 먼저 우리는 세례로 씻고 나서, 기름을 바른 후, 성찬의 식탁에 다가간다. 이 순서를 보면 세례의 씻음이 삶의 시작이요 그 기반이요 전제라는 것, 그리고 우리를 위해 모든 것을 감내하신 그리스도께서는 무엇보다도 먼저 세례를 받고 이를 경험하기를 원하신다는 것을 분명히 알 수 있다. 세례는 "탄생", "새로운 탄생", "새로운 창조", "봉인", 그리고 덧붙여서 "세례"(곧, "물에 담그기") "옷입기", "기름을 바르기", "하리즈마"(곧, "은사, 선물"), "조명", "씻음" 등이라 불리기도 하는데, 이 모든 이름은 이 의식이 하느님과 일치하고 또 그렇게 살고 있는 사람들에게 존재의 시작이 됨을 의미한다.

 그런데 "탄생"이라는 말이 세례의 뜻을 가장 잘 나타내는 것 같다. "새로운 탄생"과 "새로운 창조"는 태어나고 창조된 사람들이 이전에 태어나긴 했지만 얼마 지나지 않아 원래의 형상을 잃어버렸었는데, 두 번째 탄생으로 인해 원래의 모습으로 돌아갔다는 것을 의미한다. 이는 조각품의 형태가 훼손되었을 때 조각가가 그 모습을 회복시켜서 다시 만들어내는 것과 같은 것인데, 그 이유는 그것이 세례성사에 의하여 우리 안에 이루어진 형상과 모습이기 때문이다. 그것은 구세주의 죽으심, 부활과 일치시킴으로써 우리 영혼에 모상을 새기고 형태를 부여한다. 그리하여 우리를 왕의 모상과 그분의 축복 받은 모습에 일치시켜 주기 때문에 그것을 "봉인"이라고 부른다. 형상은 질료를 입고 그 형상 없음(formlessness)을 종식(終熄)시키기 때문에 우리는 이 신비의 성사를 "옷입기" 혹은 "세례(물에 담그기)"라고 부르기도 한다.

성 바울로가 "옷입기"라든지 "봉인"이라는 말을 세례에 적용시켰을 때 선포한 것이 바로 이것이다. 그는 어떤 곳에서는 그리스도가 그리스도인들에게 각인되었다든지 형성되었다는 말을 사용하고, 또 다른 곳에서는 그리스도인이 그리스도를 옷처럼 입었다는 말을 사용한다. 그는 교회에 입문하는 것을 옷을 입는다든지 물에 빠지는 것으로 표현한다. "나의 자녀인 여러분, 여러분 속에 그리스도가 형성될 때까지 나는 또 다시 해산의 고통을 겪어야 하겠습니다."(갈라디아 4:19) "십자가에 달리신 예수 그리스도의 모습이 여러분의 눈앞에 생생하게 나타나 있습니다."(갈라디아 3:1 참조) "세례를 받아서 그리스도 안으로 들어간 여러분은 모두 그리스도를 옷 입듯이 입었습니다."(갈라디아 3:27; 고린토 1서 15:53, 고린토 2서 5:3 참조) 왜냐하면 황금, 은, 청동이 불에 의해 부드럽게 되어 녹기 전에는 물질에 지나지 않기 때문에, 그저 "금", "은", "청동"이라는 이름으로 불린다. 그런데 그것들이 연장에 의해 형태를 얻게 되면, 단지 물질인 상태를 벗어나 모양을 갖추게 된다. 마치 옷이 그것이 덮고 있는 몸 앞에서야 분명해지듯이 말이다. 따라서 각기 "조각상", "반지" 또는 그밖의 다른 것으로 적당한 이름을 갖고서 이제 더 이상 물질이 아니라 그 모양이나 형상을 가리키게 되는 것이다.

그렇기 때문에 세례성사라는 구원의 날이 그리스도인들에게 명명일(命名日 name's day)이 되었는지도 모른다. 그때 우리는 형성되고 모양을 갖추게 되며, 정의되지 않은 무형의 삶이 형태를 갖추게 되고 정의를 내릴 수 있게 된다. 그리고 바울로가 "여러분이 하느님을 알고 있을 뿐 아니라 하느님께서 여러분을 알고 계신다"(갈라디아 4:9)라고 말하듯이, 우리는 당신의 것들을 알고 계시는 그분께 알려지게 된다. 이날 우리는 비로소 합당하게 알려지는 듯이 의미심장한 단어라고 할 수 있는 우리의 이름을 듣게 되는데, 그것은 하느님께서 아시게 될 때 우리가 진정으로 알려지는 것이기 때문이다. 그렇기 때문에 다윗이 이러한 삶과 관계없는 사람에 대하여 "나는 그 이름을 입에 올리지 않겠습니다"(시편 16:4)라고 말하였다. 왜냐하면 이 빛에서 멀리 떠나 있는 사람들은 알려지지도 않고 보이지도 않기 때문이다. 빛이 없으면 눈을 가진 사람일지라도 전혀 볼 수가 없고, 천상에서 빛을 받지 않은 사람은 하느님에게도 알려지지 않는다. 빛에 의해서 그분께 분명해지지 않으면, 참된 실존이 없기 때문이다. 이는 "주님께서 당신에게 속한 사람들을 아신다"(디모테오 2서 2:19, 민수기 16:5)고 하는 말과 일치하고, 그분이 어리석은 처녀들을 모른다(마태오 25:12)고 한 것과 일치한다.

이런 이유로 세례성사는 "조명"이라고 불리기도 한다. 그것은 참된 존재를 부여하기 때문에 인간을 하느님께 알려드리고, 어두움과 사악함을 떠나게 해주기 때문에 그 빛에로 인도한다. 그것은 조명이기 때문에 "씻음"이라고 불리기도 하는데, 더러운 것을 모두 없애주기 때문에 그야말로 하느님의 광선을 차단하고 있는 장벽을 우리의 영혼에서 제거하여 우리가 빛과 순수한 교제를 하게 해준다.

세례는 탄생이기 때문에 "선물"이라고 부른다. 그것은 인간이 자기 자신의 탄생에 기여할 수 있는 것이 하나도 없기 때문이다. 이와 마찬가지로, 가만히 살펴보면 세례에서 인간이 기여하는 것은 하나도 없다. 세례에서 파생되는 온갖 축복을 바라는 욕망까지도 말이다. 우리는 마음 속에 품을 수 있는 것을 바라기는 하지만, 정작 주어지는 축복들은 "상상조차 하지 못한 일"(고린토 1서 2:9)로서, 체험하기 전에는 어느 누구도 상상할 수 없다. 우리는 자유와 왕권(kingship)의 가능성에 대하여 들을 때면, 인간적인 사고로 파악할 수 있는 행복한 삶과 관련지어서 생각한다. 그렇지만 이는 전혀 별개의 것으로서, 우리의 생각이나 욕망을 초월한다.

세례성사는 입문하는 사람에게 우리를 위하여 기름부음 받으신 그리스도를 각인시켜 주기 때문에 "도유(塗油 anointing)"라고 부르기도 한다. 그것은 구세주 자신을 찍는 "봉인(seal)"인 것이다. 도유가 기름부음 받는 사람의 몸 전체 형상에 적용되는 것처럼, 그것(도유)은 그에게 '기름부음 받으신 그분'을 새겨주고, 그분의 형상을 보여주며, 실제로 봉인이 된다.

앞서 말한 것에 의해 옷입기와 물에 담그기가 봉인과 같은 효과를 지니고 있듯이, 봉인은 탄생과 같은 효과를 지니고 있다는 사실이 밝혀졌다. 거저 주어진 선물, 조명, 씻음은 새로운 창조나 탄생과 똑같은 효과를 지니기 때문에, 세례를 지칭하는 이름은 모두 그리스도 안에서 태어나 새로운 삶을 시작한다는 것을 의미한다는 사실이 분명해졌다. 그런데 신비의 성사의 예식과 언어들이 이 의미를 표현하는지 안하는지는 그 예식을 자세히 살펴보면 분명히 알게 될 것이다.

3. 세례 전의 다양한 예식들은 그리스도 안에서의 새로운 삶을 어떻게 준비시켜 주는가?

a) 구마(驅魔)의식

신비의 성사를 받으려고 하는 사람이 입문하기 전에는 아직 하느님과 화해를 하지 않았고 이전의 불명예를 면하지 못했다. 사제는 (세례) 예비자가 가까이 오면, 다른 예식을 행하기 전에 그 예비자가 악마로부터 풀려나도록 기도한다. 사제는 예비자를 위해 하느님께 간청할 뿐 아니라 악마를 비난하고 꾸짖어 내쫓음으로써 공격한다. 그는 꾸짖을 때 "모든 이름 위에 뛰어난 이름"(필립비 2:9)을 사용한다.

b) 숨결 불어넣기

예비교인은 아직 생명을 얻지 않았고 자녀나 상속자가 되지 않았기 때문에, 아직은 악마에 예속되어 있다. 왜냐하면 악마와 일치되어 있는 사람은 하느님과 동떨어져 있는데, 이는 그가 완전히 죽은 상태에 있다는 것을 의미하기 때문이다. 따라서 그는 아직 생명의 몫을 받지 않았기 때문에, 사제는 그 얼굴에 생명의 상징으로 숨을 불어넣는다.

c) 예비자의 옷을 벗기기

다음의 것들은 지금 여기 있는 것들을 거부하고 다른 것들로 변함으로써 이루어진 결정과 관련이 있기 때문에 서로 일치한다. 예비자는 한 세상을 경멸하고 다른 세상을 존중하라고, 또 한 삶을 버리고 다른 삶을 열렬히 추구하라고 권유받는다. 따라서 현재의 것들을 옆으로 치워 놓는 행위를 함으로써 예비자는 자신이 비난한 것들로부터 아직은 자유롭지 못함을 분명히 보여준다. 그는 이 신비의 성사로부터 현재 가지고 있는 것보다 낫다고 여기는 것들을 받아들이는 행위를 통하여, 곧 세례를 받음으로써 자신이 좋다고 인정한 삶을 시작하였음을 보여준다.

그는 성전으로 들어가면서 외투를 벗고 신을 벗음으로써 이전의 삶을 떠난다는 것을 보여준다.

d) 포기

예비자는 서쪽으로 몸을 돌리면서 숨을 내쉬는데, 이는 어둠 속에 있는 생명을 나타낸다. 그는 마치 악령이 존재하고 또 그에게 맹렬히 공격해 오는 듯이 손을 뻗어 내쫓는다. 그는 모든 파멸의 원인인 가증스런 불신의 계약을 버리고, 그 모진 우정을 완전히 끊어 버리며, 그 악령과의 불화(不和)하게 됨을 찬미한다.

e) 니케아 신조의 낭송

예비자는 어둠에서 빠져나와 빛을 향해 달려가고 태양을 찾기 위해 동쪽으로 향한다. 그는 폭군의 손에서 벗어나면서 '왕'을 경배하고, 탈취자를 단죄하면서 합법적인 '주님'을 알아본다. 그는 주님께 종속되고 온 마음을 다해 그분을 섬기며, 무엇보다도 그분을 하느님으로서 믿고 또 그분과 관련된 것들을 알게 해 달라고 기도한다. 왜냐하면 하느님을 참되게 아는 것은 축복된 삶의 시작이기 때문이다. 솔로몬은 "하느님의 힘을 아는 것이 불멸의 근원이다"(지혜서 15:3)라고 말했는데, 이는 태초에 하느님에 대한 무지가 죽음을 초래한 것과 대비를 이룬다. 아담은 하느님의 자애로움을 몰랐기 때문에 그 '선하신 분'이 질투를 하신다고 생각했고, 지혜를 잊어버린 채 자신이 '지혜로운 분'의 눈을 피하여 숨어 있다고 생각했다. 그리하여 그는 달아나는 노예에게 달라붙어 자기 '주인'을 무시하였으며, 그 때문에 낙원에서 쫓겨났고, 생명을 빼앗겼으며, 고통을 겪고 나서 죽었다. 생명과 하느님을 향하여 달려가는 사람은 먼저 하느님을 알아야 한다.

우리가 마지막 옷까지 벗어 옆으로 밀쳐 버리고 완전히 알몸이 될 때, 비로소 우리는 낙원에 이르는 길과 그곳에 있는 삶을 붙잡고 있다는 것을 보여준다. 왜냐하면 아담이 행복의 옷을 벗어버리고 알몸이 되었을 때 그는 알몸에 이 비참한 옷을 입었기 때문이다. 그러나 우리가 "가죽옷"(창세기 3:21)을 벗어 버리고 알몸이 되면 우리는 같은 길로 되돌아가서 왕의 옷을 입는다는 것을 분명히 보여준다. 우리는 그분이 이 세상에 내려오신 것과 같은 방식에 의해 그리고 같은 장소로 되돌아온다. 그러므로 그 옷벗음이 그와 똑같은 표지(sign)인 동시에 이제 우리가 아무 것도 지니지 않음으로써 순수한 마음으로 참된 빛을 향하여 나아간다는 표지가 되게 하자. 따라서 죽음의 그림자와 인간 영혼을 복된 빛으로부터 차단하는 것은 그 무엇이든지간에 빛과 우리 몸 사이의 장벽인 옷과도 같다.

f) 세례성사 이전의 도유(塗油)

기름을 바르는 것이 무엇을 나타내는지 이해하기 위하여, 기둥에 기름을 발라 하느님께 봉헌한 야곱의 기둥과 바로 이런 방법으로 공동체와 하느님께 봉헌된 왕들과 사제들을 생각해보자. 그들은 자신들을 위해서 살지 않고 하느님과 백성 전체를 위해서 산다. 우리는 우리 자신의 생명 그리고 우리 자신으로부터 물러나 하느님께 간다. 이는 우리가 옛 모습을 던져버리고 그분처럼 된다는 것을 의미한다. 그 상징은 적절하고 또 "그리스도인"이라고 하는 우리의 이름에 매우 알맞다. 왜냐하면 우리는 기름을 발랐고, 그리스도께서 기름을 바르실 때 또한 함께 하였으므로, 우리가 닮고자 하는 그분이 바로 인간 본성에 신성을 기름바르신 그리스도가 되시기 때문이다. 그리하여 우리의 도유는 그분의 기름바르심을 나타내는 표지인데, 이로써 집전자는 입문하여 도유받는 사람에 대해 낭송함으로써 다윗이 기름을 바르는 것과 그리스도의 왕권에 대해 한 바로 그 말들을 지적한다. 사제는 입문하는 사람의 이름을 부르면서 "(이 사람은) 즐거움의 기름으로 발리워진다"고 말한다. 다윗이 구세주를 언급할 때, "하느님, 당신의 하느님께서 즐거움의 기름을 다른 사람 다 제쳐놓고 당신에게 부으셨습니다."(시편 45:7)라고 말한다. "다른 사람(fellows)"이라는 말은 우리를 의미하는데 우리는 하느님의 자애로 왕국을 나누어 받게 되었다.

4. 세례의 행위와 그 의미

이러한 일들이 있기까지 우리는 아직 살아있는 것이 아니다. 이러한 예식들은 입문하고 있는 사람에게 표징이요, 삶에 대한 준비요, 예비행위이다. 그런데 입문하는 사람은 성삼위의 기도를 하면서 물에 잠겼다가[2] 나오기를 세 번 거듭하고 나면, 자기가 추구하는 것을 모두 얻는다. 그는 태어나고 다윗이 말하는 그날의(시편 139:16, 70인 역) 그 탄생에 의하여 형상을 부여받는다. 그는 고귀한 봉인을 받고 그동안 추구하던 온갖 행복을 소유한다. 한때 어둠이던 그가 빛이 되고, 한때 무(無)에 지나지 않았던 그가 실존하게 된다. 그는 하느님의 가족이 되었고 입양된 아들과 같이 되었으며, 지하감옥과 비참한 노예 상태에서 왕좌에로 인도되었다.

그리하여 이 물은 한 생명을 죽이고 다른 생명을 공표하며, 낡은 사람을 물 속에 집어넣고 새로운 사람을 건져 올린다. 이를 체험한 사람들은 바로 그 행위들에서 이 사실을 분명히 알 수 있으며, 나중에 신비의 성사 안에서 볼 수 있는 것들이 모든 방법을 통해 이를 의미할 수 있게 한다. 그가 물 속에 잠겨 사라지는 행위를 보면, 그가 공기 중의 삶으로부터 달아나는 것처럼 보인다. 삶으로부터 달아난다는 것은 죽음을 의미하지만, 다시 물 속에서 나와 공기와 빛 속으로 돌아감으로써 생명을 추구하여 얻는 것으로 보인다.

이러한 이유로 우리는 창조주를 부른다. 왜냐하면 여기에서 일어나는 일은 생명의 시작이고 또한 두 번째 창조가 처음의 창조보다 훨씬 낫기 때문이다. (인간 안에 있는 하느님의) 모상(模像 image)이 이전보다 더 정확하게 그려지고, 상(像 statue)은 하느님의 모습을 따라 더욱 분명하게 주조되므로, 원형(原型)은 반드시 더 완전하게 나타나게 된다.

---

[2] 정교회의 세례 예식은 침례가 보통이고, 관수식(灌水式 affusion: 물을 머리에 붓는 것)은 드물고, 물을 흩뿌리는 일은 전혀 없다.

5. 성삼위의 이름을 부르기

세례 성사를 집전하는 사람이 씻는 행위를 하면서 부르는 이름은 성삼위를 가리키는 공통 이름인 "하느님"이 아니다. 신학적으로 분명하고 확실하게 말하는 사람들에게는 이것(곧, 공통 이름인 '하느님')이 충분하지 않을 것이다. 그래서 그들은 훨씬 정밀하고 정확하게 각 위격의 적절한 본성을 선포한다.

성삼위가 우리 인류를 구한 것은 사랑이라는 하나의 행위에 의해서였지만, 각 위격이 기여한 바는 각기 구분된다. 화해되신 분은 성부이고, 화해를 시키시는 분은 성자이며, 성령은 친구가 된 사람들에게 선물로서 주어진다. 성부는 우리를 해방시켜 주시고, 성자는 우리를 자유롭게 해주신 몸값인 반면에, 성령은 자유이다. 성 바울로는 "주님의 성령이 있는 곳에는 자유가 있습니다"(고린토 2서 3:17)라고 말한다. 성부는 우리를 재형성하셨고, 우리는 성자를 통하여 재형성되었지만, "성령은 생명을 준다."(요한 6:63) 성삼위는 첫번째 창조에서도 암시되었다. 그때 성부는 창조하셨고, 성자는 창조하시는 분의 손이었지만,[3] 성령(Paraclete)은 생명을 불어넣어 주시는 분의 숨결이었다.

내가 이런 말을 하는 이유는 성삼위에 대한 구분은 하느님이 인간을 구원하시는 행위 안에서만 나타나기 때문이다. 하느님께서 모든 세대의 창조물에게 주신 은혜는 많지만, 오로지 성부나 성자, 혹은 성령에게만 속한 것은 하나도 볼 수가 없고, 성삼위에게 공통된 것만 볼 수 있다. 왜냐하면 그분은 하나의 능력, 하나의 섭리, 하나의 창조에 의해 모든 것을 행하시기 때문이다. 그런데 그분이 우리 인류를 회복시키시는 섭리 안에서는 이렇게 예외적인 일이 일어났다. 성삼위께서는 우리의 구원을 공동으로 원하시고

---

[3] 니케아 신조를 주목하라. "그분을 통하여 모든 것이 생겨났으며"(성자와 관련지어), "생명을 주시는 분"이시다(성령에 관하여).

그 방법을 공동으로 마련해 주시면서도, 막상 행할 때에는 공동으로 행하지 않으셨다. 왜냐하면 성부나 성령 그 누구도 아닌 말씀이신 분(Logos) 자신만이 그것을 이루시기 때문이다. 외아들이신 분만이 혈육(血肉)을 취하셔서, 상처와 고통과 죽음을 겪으시고 다시 살아나셨다. 이러한 것들을 통하여 우리의 본성이 회복되었고, 새로운 탄생과 새로운 창조인 세례성사가 존재하게 되었다.

그리하여 하느님을 부르는 사람들에게는, (그들이) 하느님을 유일하게 구분된 분으로 공표하는 신성한 재창조(곧, 세례)를 행하듯이, 거룩한 씻음에 대해 성부와 성자와 성령을 부름으로써 위격들을 구분할 필요가 있었다.

6. 세례 때에 우리는 어떻게 그리스도의 구원하시는 활동을 전유하는가?

우리는 세례를 받을 때에 무엇보다도 하느님의 섭리를 경축하지 않는가? 사실 그러한데, 우리의 말보다는 행위에 의해서 그렇게 한다. 물 속에 잠겼다 나오기를 세 번 거듭하는 것은 구세주께서 죽으셨다가 다시 부활하신 그 사흘, 곧 전체 섭리의 절정을 나타낸다. 이 사실을 모르는 사람이 어디 있겠는가? 내가 보기에, 우리가 하느님의 교리(敎理)를 소리 높여 선포하는 것도 바람직하지만, 조용한 행동으로 그 섭리(攝理)를 나타내는 것도 이유가 있다. 전자(前者)는 태초부터 있던 것으로서 인간이 목소리만으로 알게 되었고, 후자는 나중에 생겨난 것으로서 인간이 눈으로 볼 수 있고, 만질 수 있고, 대할 수 있게 되었다. 따라서 복된 요한은 전자와 후자를 다 알고 있었는데, 구세주를 그분의 이중성(duality) 안에서 관련시키면서 둘 다 선포하였다. "그 말씀은 천지가 창조되기 전부터 계셨습니다. 우리는 그 말씀을 듣고 눈으로 보고 실제로 목격하고 손으로 만져보았습니다."(요한 1서

1:1)
　더구나 교리는 믿기만 하면 되고, 신앙의 표명(表明)은 언어로 표현하는 데 있는데, 그것은 성 바울로가 말했듯이 "곧 마음으로 믿어서 하느님과의 올바른 관계에 놓이게 되고 입으로 고백하게 되기 때문이다."(로마 10:10) 하지만 섭리는 우리의 행위 안에서 모방되고 표현될 필요가 있다. 왜냐하면 베드로가 말하듯이, 우리는 우리를 위하여 돌아가시고 다시 살아나신 "그분의 발자취를 따라야"(베드로 1서 2:21) 하기 때문이다.
　이런 이유들로 하여 우리는 언어로써 성삼위의 이름을 부르지만, 수난과 몸의 죽음은 물로써 표현하고, 우리 자신을 그 복된 모상과 형태에 합치(合致)시킨다. 앞서 말한 것을 보면, 세례예식에서 눈에 보이는 모든 행위들, 곧 그 순서, 그 명칭, 행하는 예식, 거기에 사용되는 언어를 통하여, 그리스도 안의 삶이 세례의 씻음으로부터 그 존재가 시작된다는 것을 알 수 있음이 분명하다.

7. 세례와 원죄

　이제 이 삶의 본질에 대하여 고찰하는 문제가 남아 있다. 우리는 무엇인가를 파괴하고서 다른 무언가가 되고, 무엇인가를 버리고서 다른 무언가를 보존하기 때문에, 이들 중 하나가 무엇인지 분명해진다면 그리스도와 일치한다는 것이 무엇인지도 분명해질 것이다. 그런데 전자(前者)는 죄이고 후자는 정의이다. 전자는 옛 사람이고 후자는 새 사람이다. 그렇다면 이러한 문제를 좀더 면밀히 들여다보자.
　죄에는 양면성이 있는데, 그것은 행위와 습관의 영역으로 확산된다. 행위는 한동안 지속되는 것도 아니고 머물러 있는 것도 아니다. 시위를 떠난 화살처럼 한번 행해지면 그만이다. 그런데 그것은 그 죄를 저지른 사람에게 상처, 사악함의 흔적, 수치와 단죄의 가능성을 남겨놓는다.

상한 음식에서 병이 생기듯 악한 행위로부터 죄의 습관이 나온다. 그것은 영원하며, 부숴질 수 없는 족쇄로 영혼을 묶는다. 그것은 마음을 노예 상태로 만들고 그 노예가 극악한 행위를 저지르도록 자극함으로써 아주 나쁜 결과를 초래한다. 죄의 습관은 악한 행위들에 의해 생겨나고 또한 악한 행동들을 지속적으로 일으키는데, 그것은 잘못된 주기(週期) 안에서 생겨나고 또 생겨나게 한다. 따라서 죄는 끝이 없다. 왜냐하면 습관은 행위를 낳고 그 행위들이 쌓이게 되면 습관을 악화시키기 때문이다. 그리하여 악들은 서로를 강화시키고 끊임없이 진보하여, "죄는 살아나고 나는 죽는다."(로마 7:9)

악이 시작된 것은 어제나 그제의 일이 아니라, 우리가 존재하기 시작한 바로 그때부터이다. 아담이 자기의 선한 주인을 무시하고 악한 자의 말을 믿기 시작하고부터 그의 영혼은 건강과 행복을 잃었다. 그때부터 그의 육체는 영혼에 동의하였으며 영혼과 일치하였고, 기술자의 손에 있는 도구처럼 영혼과 함께 나쁜 길에 빠지게 되었다. 영혼이 부끄러워하면 얼굴이 붉어진다든지, 영혼이 불안으로 고통을 겪을 때면 몸이 쇠약해지는 것을 통해 알 수 있듯이, 영혼은 육체와 감정을 공유한다. 그것이 첫 육체로부터 나오면서 우리의 본성은 확산되고 우리 인류는 증가되었기 때문에, 다른 자연의 특징처럼 사악함 또한 그 육체에서 생겨난 육체들에 전해진다.

육체는 영혼의 체험을 공유할 뿐 아니라 자체의 체험을 영혼에게 나누어 주기도 한다. 영혼은 육체의 상태에 따라 기쁨이나 괴로움에 종속되기도 하고, 속박 당하기도 하며 자유롭기도 하다. 그러므로 각 사람의 영혼은 첫 아담의 사악함을 물려받았다고 볼 수 있다. 그것은 그 영혼에서 그의 육체로, 그의 육체에서 그로부터 나온 다른 육체들로, 그리고 그 육체들에서 영혼으로 퍼져간다.

이는 우리가 존재하게 될 때 조상들로부터 악의 씨앗으로서 받은 옛 사람이다. 우리는 죄없이 지내는 날이 하루도 없고 사악함 없이는 숨을 쉬지 못하는데, 시편 저자가 말하듯이 우리는 "모태에서부터 잘못된 자들, 나면서부터 빗나가서 거짓말만 하는 자들"(58:4)인 것이다. 우리는 이같은 우리 조상들의 불행한 죄의 운명을 그대로 견디는 것조차 하지 않았고, 물려받은 악들에 만족하지도 않았다. 그리하여 사악함을 더하고, 악을 더 많이 만들어서 원죄 위에 죄를 더하고, 그것을 모방하는 자들은 그 전 사람들보다도 더 악한 모습을 보여주었다.

더욱 나쁜 것은, 악은 쉬지 않으며, 병은 지속적으로 진행되었다는 것이다. 아마도 인류가 스스로를 충분히 치유하지 못한 것은 바로 이런 이유 때문이었을 것이다. 인류는 자유를 맛보거나 자유에 대한 어떤 경험도 거의 한 적이 없기 때문에, 자유를 갈망하거나 그것을 얻고자 바라지도 못하였고, 폭군에게 반기를 들 생각도 할 수가 없었다.

세례의 씻음은 우리를 이렇게 끔찍한 속박, 벌, 병, 죽음으로부터 해방시켜준다. 이 씻음은 이 일을 아주 쉽게 해내기 때문에 오랜 시간이 걸릴 필요가 없으며, 너무나 완벽하기 때문에 흔적도 남기지 않는다. 그리고 씻음은 우리를 사악함으로부터 풀어줄 뿐 아니라 정반대의 조건을 마련해 주기도 한다. 주님은 당신의 죽으심으로써 우리에게 죄를 죽일 수 있는 능력을 주셨고, 당신의 부활로써 우리를 새로운 생명의 상속자로 삼으셨다. 그분의 죽으심은 죽음(death)이 됨으로써 사악한 생활을 죽이시고, 죄값(penalty)이 됨으로써 우리가 저지른 악행에 대한 죄값을 지불하신다.

이렇게 세례의 씻음은 우리가 생명을 주는 그리스도의 건강을 함께 나누는 자가 되게 한다는 점에서, 죄의 온갖 습관과 행위로부터 깨끗해지게 한다.

8. 세례가 우리를 위해 얻어주는 구원

우리는 세례의 씻음을 통하여 그분의 부활을 함께 나누기 때문에, 그리스도는 우리에게 또 다른 생명을 주시고, 지체를 구성해 주시며, 앞으로 올 삶을 얻는 사람들에게 필요한 기능을 주신다. 그렇기 때문에 우리는 기소(起訴)로부터 완전히 풀려나고 즉시 건강을 얻는다. 그것은 특히 전적으로 시간에 종속될 수 없는 하느님의 작업이기 때문이다.

그리고 그리스도께서 우리 인류를 이롭게 해주시는 것은 지금만이 아니다. 이미 전부터 그렇게 해오셨다. 주님께서 내가 저지른 죄에 대한 죄값을 지불하시고, 치료를 준비하시고, 지체를 형성하시고, 기능을 제공해 주시는 것은 지금이 아니라 과거에서부터 계속된 일이다. 그분이 십자가를 지시고, 부활하시어 다시 살아나셨을 때 이미 인류에게 자유가 주어지고, 형상과 아름다움이 생겨났으며, 새로운 지체들이 준비된 것이다. 그러므로 이제 우리에게 필요한 일은 그 선물들에 다가가는 일 뿐이다.

이것이 세례의 씻음이 우리를 위하여 이루어주는 것이다. 그것은 죽은 사람에게 생명을, 갇힌 이에게 자유를, 불구자에게 성한 모습을 가져다준다. 이제 우리는 몸값이 이미 지불되었기 때문에 풀려나고 있다. 기름이 부어져 그 향기로운 냄새가 사방에 퍼져 있으므로 그것을 들이마시기만 하면 된다. 아니 그보다는 구세주께서 해방되고 교화될 가능성뿐만 아니라 숨쉬는 능력까지 마련해 주셨기 때문에, 우리에게는 숨을 쉬는 일조차 남아 있지 않다고 말하는 것이 나을지도 모른다. 그분께서는 세상에 오심으로써 세상의 '빛'으로 일어나셨을 뿐 아니라, 우리에게 그것을 볼 수 있는 눈을 주셨다. 그분께서는 성유(聖油 chrism)를 부어주셨을 뿐 아니라 그것을 알아볼 수 있는 수단도 주셨다. 이 거룩한 씻음은 우리의 기관과 기능을 씻음 받은 사람들에게 결합시켜 준다. 우리는 무형(無形)과 무태(無態)의 물질처럼 이 물 속으로 내려가는데, 그 안에서 우리는 아름다운 형상을 만난다.

그렇기 때문에 모든 축복들이 우리를 위하여 동시에 생겨난다. "이제 잔치상도 차려놓고 소와 살찐 짐승도 잡아 준비를 다 갖추었으니 어서 잔치에 오라고 하여라"(마태오 22:4)라고 성서가 말하듯이, 그것은 우리를 위하여 미리 준비되었다. 이제 초대된 사람이 오는 일만 남았다.

 초대되어 오는 사람의 경우, 그들이 행복해지기 위해 필요한 것은 무엇인가? 아무 것도 없다. 앞으로 올 세상에서 우리는 온당하게 준비가 된 상태로 그리스도께 가야하겠지만, 지금은 준비를 하면서 그분께 다가가고 있다. 그때에는 그분께 다가가기 위해 모든 것을 가지런히 정돈된 모습으로 갖추어 놓아야 하지만, 지금 그분께 다가가는 사람은 모든 것을 받아야 한다. 이런 이유로 그때에는 어리석은 처녀들이 신랑의 방에 들어갈 수 없지만, 지금은 그분께서 어리석은 사람을 잔치에 초대하여 우정의 축배를 들게 하신다. 그때에는 죽은 사람이 다시 살아날 수도 없고, 장님이 눈을 뜨며, 불구자가 온전해질 수 없다. 그런데 현세 삶에서는 의지와 열성만 있으면 모든 것이 따르게 된다. 왜냐하면 그리스도께서 "나는 양들이 생명을 얻고 더 얻어 풍성하게 하려고 왔다."(요한 10:10) "나는 빛으로서 이 세상에 왔다"(요한 12:46)라고 말씀하시기 때문이다.

 그리스도께서 우리를 해방시키시려고 이루신 일은 모두 그분의 엄청난 자애(慈愛)로 말미암은 것이다. 그분은 우리가 우리의 자유에 기여할 여지를 남겨놓으셨다. 그러므로 우리는 세례성사로 구원을 얻는다는 것과 세례에 기꺼이 다가가야 한다는 것을 믿어야만 한다. 그리고 그때부터 모든 것을 우리 탓으로 돌리고 감사는 그분께서 우리에게 이롭도록 베푸신 것들에 마땅히 돌려야 한다. 그런데 세례를 받은 직후 이 세상을 떠난 까닭에 세례의 흔적 외에는 아무 것도 없을 경우에는, 그들이 하느님의 나라를 위하여 애쓰기라도 한 듯 그분께서 승리의 관을 씌워 주신다.

9. 어떻게 세례는 그리스도 안에서 새 생명을 주는가?

이 모든 것들로부터 그리고 이런 방법으로 세례는 우리 영혼을 자유롭게 해준다. 그런데 그것은 생명, 즉 부활하신 그리스도 덕분에 얻는 생명을 주는데, 그 생명이 무엇인지 한번 알아보기로 하자. 그것(생명)이 과거에 우리가 살았던 것과 같아서는 안 되고 그보다 훨씬 뛰어나며 그 자체의 본성을 지닌 것이어야 한다는 사실은 실로 타당한 일이다. 그것이 우리가 지금 가지고 있는 예전의 생명이라면, 우리는 왜 죽어야 했는가? 그것이 같은 힘을 가진 또 하나의 것이라면, 이는 부활이 아니다. 그것이 천사의 것이라면, 우리는 천사와 어떤 공통점을 지니고 있는가? 타락한 것은 인간이다. 그런데 인간이 타락했을 때 천사가 살아났다면, 인간은 다시 새롭게 창조되지 않았을 것이다. 그것은 어떤 조각상이 산산이 부서졌을 때, 그 청동에 부여된 모습은 인간의 형상이 아니라 그와 비슷한 다른 형상이었다는 것과 같다. 왜냐하면 그것은 조각을 재생하는 대신 다른 무언가를 형성하는 것이기 때문이다.

이런 이유로 이 생명은 인간의 생명인 동시에 이전의 생명보다도 우월한 새로운 생명이라는 결론이 나온다. 이 모든 일은 구세주의 생명에 의해서만 일어난다. 즉 그것은 옛 생명과는 관계가 없기 때문에 새 생명이고, 하느님께 속해 있기 때문에 아주 우월하다. 그것은 인간의 생명이었기 때문에 그 자체로 본성을 가지고 있다. 그것을 사신 분이 하느님인 동시에 인간이었기 때문에, 그분은 인간의 본성을 위하여 모든 죄에서 깨끗해지셨다. 이런 이유로 그리스도의 생명은 우리가 새로이 태어나듯이 우리를 위한 태양으로 솟아오를 필요가 있으며, 이런 까닭에 우리는 죄없는 상태로 이 물을 떠나는 것이다.

이로써 마찬가지로 설명은 분명해질 것이다. 세례성사의 탄생은 앞으로 올 생명의 시작이고, 새로운 지체와 기능을 마련하는 것은 그러한 삶의 방식에 대한 준비이다. 지금 여기서 그리스도의 삶을 받아들이지 않으면 미래의 삶을 준비할 수가 없다. 아담이 현세대의 아버지가 되었듯이, 그리스도께서는 "앞으로 올 세상의 아버지"(이사야 9:5, 70인역)가 되셨다. 왜냐하면 인류에게 부패상태에 있는 삶을 연(소개한) 사람은 아담이기 때문이다. 이 생명에 필요한 아담의 기관과 인간의 기능을 받아들이지 않고는 이 자연적인 삶을 살 수 없듯이, 그리스도의 생명에 의해 준비되고 그분의 모상에 따라 형성되지 않으면 축복 받은 세상을 얻을 수 없다.

그런데 다른 점에서 세례의 씻음은 탄생이다. 탄생을 주시는 분은 그리스도이시고, 태어나는 사람은 우리이다. 그리고 태어나고 있는 사람에게는 낳으시는 분이 당신 자신의 생명을 주신다는 사실이 아주 명백하다.

10. 부록 : 죽은 자의 부활에 대하여

세례를 받은 사람들뿐만 아니라 신비의 성사의 힘으로 불멸하는 생명을 준비하는 것이 불가능했던 사람들까지, 곧 모든 사람이 영생의 몸을 받아 부패하지 않고 되살아난다는 사실을 알게 되면 모두들 놀랄 것이다. 세례의 씻음을 통하여 받게 되는 (그리스도의) 생명을 주는 죽음을 나누어 받지 않은 사람들이, 그리스도의 죽음만이 세상에 가져왔던 부활을 함께 나누게 된다는 사실은 정말 놀라운 일이다. 그들이 '의사'(Physician)를 피하여 그분의 도움을 거절하면서 그 유일한 구제책을 회피하였다면, 영원한 생명을 얻기 위해 그들에게 필요한 것이 그 외에 또 무엇이 있겠는가? 다음의 두 가지 일 중 하나가 일어나는 것이 합당한 것 같다. "그분은 우리의 선을 필요로 하지 않기 때문에"(시편 16:2), 모든 사람이 그리스도께서 당신의 죽으심으로 이루어내신 혜택을 누리고, 그분과 함께 부활하고, 그분과 함께 살고, 그분과 함께 다스리며 축복에 속한 것을 모두 소유하는 것이 그 하나이고,

우리가 전적으로 무언가를 기여할 필요가 있기 때문에, 신앙에 기여하지 않은 사람은 구세주와 함께 다시 살 수 없어야 한다는 것이 다른 하나이다.
　여기에 대하여 우리는 다음과 같이 대답해야 한다. 부활은 우리 인간 본성의 회복이다. 하느님께서는 그러한 것들을 무상으로 주신다. 왜냐하면 그분은 우리가 원하지 않았는데도 우리를 형성하셨듯이, 우리가 거기에 아무런 기여를 하지 않았는데도 우리를 새롭게 형성하시기 때문이다. 그런데 하느님의 나라와 이상(vision) 그리고 그리스도와의 일치는 자발성에 따르는 특권들이다. 그러므로 그것들은 기꺼이 받아들이려 했고, 사랑했고, 갈망했던 사람들만 얻을 수 있다. 그것들을 갈망하던 사람은 당연히 누릴 것이고, 그것을 갈망하지 않은 사람은 누리지 못할 것이다. 전혀 갈망하지 않던 것들이 눈앞에 있다고 해서 기쁨을 느끼고 그것을 즐긴다는 것은 불가능한 일이다. 그 아름다움을 볼 수도 없고, 주님이 말씀하시듯이 "그분을 보지도 못하고 알지도 못하기 때문에 받아들일 수 없으므로"(요한 14:17), 갈망하거나 구하려고 애쓸 수도 없을 것이다. 그런 사람은 구세주를 알고 사랑할 수 있으며 그분과 일치를 이루기를 바라고 또 그것을 성취할 수 있는 모든 감각과 기능을 빼앗긴 채, 눈먼 장님처럼 이 세상을 떠나 저 세상으로 간다.
　그러므로 모든 사람이 영원한 삶을 살게 되겠지만 모든 사람이 축복받은 삶을 사는 것은 아니라는 사실에 놀랄 필요는 없다. 모든 사람이 우리 인간 본성에 대한 하느님의 섭리를 동등하게 누릴 수 있지만, 하느님께 헌신하는 사람들만이 그들의 자발성을 장식해주는 선물들을 누릴 수 있다. 그 이유는 하느님께서는 모든 인간에게 정말 좋은 것들을 참으로 원하시면서 당신의 모든 선물을 모든 사람에게 똑같이 나누어주시는데, 그 선물은 의지에 도움이 되는 것과 본성을 회복시켜 주는 것이다. 우리 모두는 그것들을 피할 수 없기 때문에, 원하지 않는다 하더라도 본성과 관련된 하느님의 선물을 받는다. 그리하여 하느님은 기꺼워하지 않는 사람들에게도 도움을 주시고 그들을 다정하게 촉구하신다. 우리가 그분의 자애로움을 털어 내고 싶어질 때마다 우리는 그렇게 할 수가 없게 된다.

이것이 부활의 선물이다. 우리가 태어나거나 죽은 다음에 다시 살아난다든지, 그 반대의 경우도 우리 능력 안에 있는 것이 아니다. 선의 선택, 죄의 용서, 올곧은 성격, 영혼의 순결함, 하느님에 대한 사랑 등 인간의 자발성에 의존하는 것들에 대한 보상은 궁극적인 축복이다. 우리에게는 이러한 것들을 받아들이거나 피할 수 있는 능력이 있다. 그러므로 기꺼이 원하는 사람은 누릴 수 있겠지만, 기꺼이 원하지 않는 사람은 누릴 수 없을 것이다. 기꺼이 하려는 마음이 없는 사람이 그것을 바란다는 것은 불가능한 일이고 또 원하라고 강요하는 것도 불가능한 일이다.

인간의 본성을 부패에서 면하게 해주신 분은 주님밖에 없다. 왜냐하면 그분은 한편으로는 "죽은 자들 가운데서 살아나신 최초의 분이시고,"(골로사이 1:18) 다른 한편으로는 우리보다 앞서 지성소에 들어가신 분이시기 때문이다.(히브리 6:20) 그분은 당신과 같은 의지와 본성을 지닌 우리를 부패와 죄에서 해방시키시기 위하여, 죄를 죽이시고, 우리를 하느님과 화해시키시고, 유대인과 이방인이 서로 원수가 되어 갈리게 했던 담을 헐어버리시고(에페소 2:14), 우리를 위하여 몸을 바치셨다(요한 17:19). 인간이 됨으로써 우리는 그분과 같은 본성을 지니게 되었고, 그분의 나타나심과 그분의 수난을 사랑함으로써(디모테오 2서 4:8 참조), 그리고 그분의 계명과 그분께서 바라시는 뜻에 순종함으로써 (그분과 같은) 의지를 지니게 되었다.

한 조건을 충족시키는 사람은 있지만, 다른 조건을 충족시키는 사람은 하나도 없다. 한편으로 그들은 인간이지만, 다른 한편으로는 자신의 구원을 구세주께 내맡기지 않은 채 의지의 선함에 있어서 그분과 일치하지 않는다. 그리하여 그들은 죄를 용서받거나 정의의 관을 받지 못한다. 왜냐하면 그들은 의지에 있어서 그분과 일치되어 있지 않기 때문이다. 그러나 그들 또한 그리스도와 같은 본성을 지녔기 때문에, 그 어떤 것도 그들이 (죽음에서) 해방되어 다시 살아나는 것을 방해하지는 못한다. 세례성사로 말미암은 삶은 그와 같은 삶이 아니며, 전적으로 그리스도 안에서의 복된 삶이다. 한마디로, 그리스도께서 죽으시고 다시 살아나셨기 때문에 모든 사람이 영생을 얻게 되었다.

이런 이유로 부활은 모든 인간에게 공통되는 선물이지만, 죄의 용서, 하늘의 영광 그리고 왕국은 합당한 협조를 한 사람, 곧 이 세상의 삶에서 스스로를 잘 바로잡음으로써 그와 같은 (그리스도 안의) 삶 그리고 '신랑'(Bridegroom)과 친숙해진 사람들만의 것이 된다. 그분이 새로운 아담이시기 때문에 그들은 새로 태어났고, 그분이 "세상에 짝없이 멋지신 분"(시편 45:2)이시기 때문에 그들은 아름다움으로 빛나며, 또한 세례의 씻음으로 얻은 젊음을 유지하고 있다. 그분이 그들의 월계관이시기 때문에 그들은 올림픽 경기의 승리자처럼 고개를 꼿꼿이 세우고 있다. 그분이 '말씀'(Word)이시기 때문에 그들은 귀를 기울인다. 그분이 태양이시기 때문에 그들은 눈을 들어올린다. '신랑'이 달콤한 향기이고 향유이기 때문에(아가 1:3)[4] 그들은 숨을 깊이 들이쉰다. 결혼잔치 때문에 그들은 옷을 위엄있게 차려입고 있다.

11. 배교(背敎)를 했다고 해서 그리스도의 선물이 파괴되지는 않는다.

이러한 것들을 감안할 때, 그것들은 간과할 수 없는 문제에 도달한다. 세례의 선물들을 얻게 해주는 것은, 기꺼이 원하고 믿고 가까이 다가가는 행위이다. 세례의 선물들에서 달아나는 것은 모든 축복으로부터 달아나는 것이다. 세례의 선물들을 받은 후에 그것들을 내던져버리고, 자신들이 가졌던 이전의 목적을 위하여 그것들을 탓하고, 그리스도를 부인하였다가, 나중에

---

4) 거룩한 도유를 말한다.

회개하고 교회로 돌아온 사람들은 어떻게 되는가? 그들이 모든 것을 잃어버렸다 치고 신비의 (세례) 의식을 처음부터 반복하는 것이 적절할지도 모른다. 그렇지만 그렇게 하는 것은 그저 그들의 몸에 신성한 성유(聖油 chrism)로 표시하고 더 이상 아무것도 덧붙이지 않은 채, 신자들의 모임에 등록하는 것에 지나지 않는다.5)

    이러한 것들에 대하여 무슨 말을 해야 할까? 신비의 성사들로부터 눈(eye)을 받는 것, 그리고 그 눈을 사용하여 하느님의 빛으로 향하는 것, 우리는 이 두 가지에 의해 하느님께 자신을 바칠 수 있다. 그렇다면 그리스도교를 배신한 사람들은 전자(前者) 곧, 볼 수 있는 능력과 보고자 하는 욕구는 가진 채 후자(後者) 곧, 하느님의 빛을 잃는다는 말인가? 그런 이유는 [전자(곧, 눈)의 사용을] 거절하고자 하는 사람에게는 그렇게 하는 것이 가능하기 때문이다. 태양을 사랑하거나 그 빛에 대하여 눈을 감는 것은 우리의 능력 안에 있다. 그렇지만 그 눈을 빼버리고 그 형태를 완전히 없애버린다는 것은 불가능한 일이다. 우리 안에 자연스럽게 내재하고 있는 영혼의 기능을 파괴할 수 없다면, 하느님이 우리를 다시 태어나게 하실 때 몸소 넣어주신 것은 더더욱 파괴할 수 없다. 우리가 그것을 이성과 의지의 자율성으로 여기거나 또는 그 외의 어떤 것이라고 여기든, 세례의 씻음은 우리 안에 주요 원칙을 형성하고 배치한다. 영혼의 모든 기능은 거기에 자리를 양보하고 그 충동에 의지한다. 그런데 그것은 어떠한 통제나 변화, 심지어는 그 자체에 종속되지 않는다. 그 어느 것도 그것을 이길 수 없기 때문이다. 그리고 하느님이 변화시킨다는 것조차 불합리한 일이다. 왜냐하면 성서에서 말하듯, 그분은 우리에게 주신 선물은 하나도 빼앗아가지 않으시기 때문이다. "하느님께서 한 번 주신 선물이나 선택의 은총은 거두어 가시지 않습니다."(로마 11:29) 간단히 말해 그분은 무한히 선하시기 때문에, 우리를 위

---

5) 정교회에서는 참회한 배교자들(이슬람교나 비-그리스도교로 전향했던 사람들)을 도유에 의하여 받아들인다.

하여 온갖 선을 원하시고, 우리 의지의 자유로운 행사를 조건으로 그 선물을 우리에게 부여해 주신다.

이것이 세례성사의 은혜이다. 그것은 의지를 억압하거나 억제하지 않는다. 그것은 기능이기 때문에, 그것을 사용하는 사람이 원한다면 사악하게 살 수도 있다. 그러지 못하게 막는 것은 하나도 없다. 건강한 눈을 가졌다고 해서, 그 사람이 어둠 속에 살고 싶어 하는 것을 막을 수 없는 것과 마찬가지이다. 이에 대한 심화된 증거가 있는 데, 그것은 세례성사와 거기에 따른 온갖 선물을 받고 나서 불경과 사악함의 극단으로까지 떠밀려간 사람들이다. 그러므로 그들은 부여된 기능을 잃지 않아 제2의 형성을 필요로 하지 않기 때문에, 사제가 다시 세례를 베풀지는 않는다. 그러나 도유만 해줌으로써 그들에게 신성의 영적 은총, 곧 하느님에 대한 두려움과 사랑 등 그들이 지녔던 종전의 목적을 새롭게 하는 데 도움이 되는 것들을 나누어준다. 왜냐하면 그러한 것들은 도유가 입문하는 사람들에게 해줄 수 있는 것들이기 때문이다.

그런 문제에 대해서는 이쯤 해두고 나머지 사항을 계속 토의해 보자.

12. 세례와 앞으로 올 세상의 능력

앞서 말한 것을 보면 세례를 통하여 태어난 사람은 그리스도의 삶을 산다는 것이 분명하다. 그런데 그리스도의 삶은 무엇인가? 말하자면 세례로 은혜를 받은 사람들, 세례로 씻음 받은 사람들이 그들의 삶에서 그리스도와 공통으로 지니고 있는 조건은 무엇인가 하는 것이다. 이는 아직도 명시되지 않았고, 사실 그 대부분은 인간의 이성을 초월한다. 그것은 바울로가 말하듯이 앞으로 올 세상의 힘이요(히브리 6:5), 또 다른 삶에 대한 준비이다. 빛이 없으면 눈의 기능이나 색깔의 아름다움을 이해할 수 없고, 잠자던 사람들은 깨어 있던 사람들이 어떤 행동을 했는지 알 수 없듯이, 이 세상의 삶에서 새로운 지체들과 그 기능, 그리고 그것들이 얼마나 아름다운지 안다는 것은 불가능한 일이다. 왜냐하면 그것들은 앞으로 올 세상에서만 사용할 수 있기 때문이다. 이를 위해서는 그와 유사한 아름다움과 거기에 상응하는 빛이 필요하다.

우리는 진정 그리스도의 지체들인데, 이는 세례의 결과이다. 지체들의 광채와 아름다움은 머리에서 온다. 왜냐하면 머리에 붙어 있지 않으면 지체는 아름답게 보이지 않기 때문이다. 이 지체들의 머리는 이 세상 삶에서는 감추어져 있지만 앞으로 올 세상에서는 드러날 것이다. 그때 지체들은 그들 머리와 함께 환히 빛나면서 찬란할 것이고, 또한 분명하게 나타날 것이다. 여기에 대하여 바울로는 말한다. "여러분이 이 세상에서는 이미 죽었기 때문입니다. 여러분의 참 생명은 그리스도와 함께 하느님 안에 있어서 보이지 않습니다. 여러분의 생명이신 그리스도가 나타나실 때에 여러분도 그분과 함께 영광 속에 나타나게 될 것입니다."(골로사이 3:3-4) 그리고 요한은 말한다. "우리가 장차 어떻게 될지는 분명하지 않지만, 그리스도께서 나타나시면 우리도 그리스도와 같은 사람이 되리라는 것을 우리는 알고 있습니다."(요한 1서 3:2)

그러므로 이 세상 삶의 힘을 온전히 안다는 것은 불가능한 일이다. 내 생각으로는 성인들 자신들도 그러하다. 성인들은 자신들이 거기에 대해 상당 부분 모른다는 것, 그저 거울에 비추어보듯 희미하게 알 뿐이라는 것(고린토 1서 13:13), 그리고 자신들이 알 수 있는 것조차 말로 표현할 수 없다는 것을 인정한다. 마음이 깨끗한 사람은 그것들을 이해하며 알고 있지만, 그것을 알지 못하는 사람들에게 자신들이 알고 있는 것이나 그 축복받은 체험을 표현해줄 수 있는 적절한 언어를 찾을 수 없다. 사도께서 낙원으로 잡혀 올라가 세 번째 하늘로 갔을 때 들은 말은 "사람의 말로는 표현할 수 없는 이상한 말이었다."(고린토 2서 12:4)

13. 세례의 효과들은 어떻게 나타나는가

 우리가 말할 수 있는 이런 삶에 대하여 알고 그 숨겨진 특성을 보여주는 것은 새로 입문한 사람의 용기이며, 세례를 받고 견디어낸 사람의 새로운 특징이다. 그들의 특별한 덕은 인간의 법을 초월하며, 이는 지혜나 훈련, 선천적인 능력, 혹은 다른 인간적인 자질에 기인한다고 생각할 수 없다. 그들의 영혼은 인간이 쉽게 상상할 수 없는 것으로 열심히 뛰어들었으며, 그들의 육체는 그 열정의 불을 끄지 않고 오히려 영혼이 바라는 대로 가장 큰 고통을 견디어 냈다. 그런데 영혼과 육체의 능력에는 한계가 있어, 그 둘 중 어느 것도 모든 고통을 견디어 낼 수는 없다. 어떤 고통은 견디어 낼 수 있지만 다른 고통에 처하게 되면 영혼이 포기하거나 육체가 무너져 버린다.
 그렇지만 그 어느 것도 축복 받은 순교자의 영혼과 육체를 이겨낼 수는 없었다. 그들은 상상할 수 없을 정도로 엄청나고 많은 고통을 참고 견디어 낼 수 있었다. 그런데 나는 가장 기이한 것은 언급하지 않았다. 그들이 고통을 참고 견디어냈을 뿐 아니라 이 세상의 삶을 경시한 것은, 어떤 보상이나 보다 나은 삶에 대한 희망 때문이 아니었다. 그것은 마치 외과의사의 뜸질과 (수술용 칼인) 메스를 견디는 환자들처럼 심판이나 추론(推論)같은 행위에 의해 그런 대담함을 얻는 것과 같은 것도 아니다. 가장 기이한 것은 그들이 그 상처를 사랑하고, 그 고통을 갈망하였다는 것, 아무 대안이 없을 때조차 죽음 자체를 바람직한 것으로 여겼다는 데 있다. 그들 중에는 칼과 고문과 죽음을 갈망하고, 그런 시련에 처해졌을 때 더욱 열렬히 그 시련을 받은 사람들도 있었다. 그런가 하면 아무런 위안이 없어도 학대와 고난을 견디면서 기꺼이 살아가고, 또한 "날마다 죽는 것"(고린토 1서 15:31)을 자신의 양식으로 여긴 사람도 있었다. 그들의 육체는 그들이 육체의 법칙을 거슬러 투쟁할 때 그들을 따르고 도와준다. 이는 몇몇 특별한 사람에게만 해당하는 것도 아니고, 남성들이나 혈기왕성한 사람에게만 해당하는 것도 아니다. 오히려 셀 수 없이 많은 사람들과 온갖 연령의 사람들에게 해당되는 것이다.

14. 그리스도를 위한 순교자들의 예

이는 순교자들의 경우에 가장 분명하게 보인다. 그들 중에는 박해를 당하기 전에 신자였던 사람들도 있고, 박해 중에 그리스도께서 참된 생명을 불어넣어 준 사람도 있다. 이 사람들은 모두 자신을 박해하는 사람들에게 그리스도에 대한 신앙을 보여주었고, 그분의 이름을 선포하였으며, 기꺼이 죽음을 당하였다. 그들은 눈에 뚜렷이 보이는 이득을 향해 돌진하듯 단 한 마디 외침으로 박해자들에게 도전하였다. 남녀노소 할 것 없이 온갖 계층과 직업의 사람들이 모두 그러했다. 이 또한 그 문제에 대해 어떤 작은 차이도 없기 때문에 언급되어야만 한다. 같은 고뇌와 고통이라도 땀 흘려 일하며 사는 사람들이 받아들이는 것과 놀고먹는 사람들이 받아들이는 것이 다르다. 이와 마찬가지로 군인과 음악가는 칼과 죽음을 똑같은 시선으로 바라볼 수 없다.

그런데 이런 것들 중 어느 것도 순교를 향하여 돌진하는 것을 방해하거나, 지혜의 정상에 도달하는 것을 막지 못했다. 모든 사람을 탄생시켰고 형성했던 것은 단 하나의 힘이었기 때문에, 그들은 모두 덕에 있어서 최상의 한계에 도달했으며, 무엇보다도 본성에 적합한 선을 존경하고 사랑하였다. 그들은 그리스도를 위하여 자기들 영혼까지 경멸하였다. 평판이 나쁜 여성 등 인간쓰레기로 여겨지던 사람들도 모든 사람에게 해당하는 구원의 말씀을 받아들였다. 그들은 그 탁월한 조화에 순응하면서 변하였는데, 마치 가면만을 바꾸듯이 갑자기 그리고 쉽사리 변하였다.

교회에서 물로 세례를 받지는 않았지만, '교회의 신랑'이 직접 세례를 주시어 세례 받은 사람들의 대열에 든 다음 생을 마친 사람들이 많다. 그리스도께서 하늘에서 직접 구름을 내려 보내 주시거나 땅에서 물을 솟아오르게 하시어 세례를 주신 것이다. 그런데 그들 대부분은 눈에 보이지 않게 재창조되었다. 바울로 등 교회의 지체들이 그리스도의 남은 고난을 채우고 있듯이(골로사이 1:24), 교회의 머리가 교회의 부족한 것을 채우는 것은 하나도 이상한 일이 아니다. 지체가 머리를 도와준다면, 바로 그 머리가 지체들에게 모자란 부분을 채워주는 것보다 더 적절한 일이 어디 있겠는가?

15. 어떻게 세례성사는 그리스도를 위하여 모든 것을 견딜 수 있게 해주는가

우리의 주제로 돌아가 보자. 순교자들이 그렇게 용감하게 위험을 무릅쓰고, 그렇게 열정적으로 기꺼이 죽을 수 있게 해주는 이 힘을 인간 본성 안에서는 찾을 수 없다는 사실을, 합리적으로 추론하여 보여줄 필요는 없다고 본다. 세례성사의 은총이 그 원인이라고 볼 수 있기 때문에, 씻음이 어떻게 그들 안에서 이러한 결과를 낳았는지를 살펴보기로 하자.

사랑하는 사람이 노력하고 애쓰는 것은 당연하다는 사실, 그리고 그리스도의 창(살)과 미약(媚藥 philtres)이 이렇게 기이한 행동[6]을 하도록 부추긴다는 사실이 분명해졌다. 그러므로 그들 사랑의 원인이 무엇이고, 그들의 체험이 어떤 것이었기에 이렇게 사랑하게 되었는지, 또 그들이 어디에서 사랑의 불을 받았는지 알아보기로 하자.

사실 사랑을 불러일으키고 생겨나게 하는 것은 앎(knowing)이다. 얼마나 아름다운지 먼저 알지 않고는 아름다운 것을 사랑할 수가 없다. 이런 지식

---

7) 다른 영적 저술에서와 마찬가지로, 결국은 구약의 아가에서 나온 신비적 상상을 말한다.

은 매우 풍요롭고 완전할 때가 있는가 하면 불완전할 때도 있기 때문에, 사랑의 미약은 상응하는 효과를 가져온다. 아름답고 선한 것들은 거기에 어울리도록 완벽하게 알려지고 또 완벽하게 사랑받는가 하면, 그렇지 않은 것들은 그것을 사랑하는 사람들에게 그다지 분명하게 알려지지 않고 따라서 그것들에 대한 사랑도 미약하다.

그리하여 세례의 씻음은 인간에게 하느님에 대한 지식과 이해를 어느 정도 심어주어, 인간은 선하신 그분을 분명히 알고 그분의 아름다움을 파악했으며 또한 그분의 선을 맛보았다는(시편 34:8 참조) 사실이 분명해진다. 그들은 여기에 대해 배워서 알았던 것보다 체험을 통하여 더욱 완전하게 알 수 있게 된다.

사물에 대한 우리의 지식은 이중적(二重的)인데, 하나는 들어서 아는 것이고 다른 하나는 직접 체험해서 아는 것이다. 전자의 경우에는 사물 자체를 다루는 것이 아니라 그림에서 보듯이 말(words)을 매개로 하여 아는 것인데, 실물이 아니라 모상에 의한 것이므로 정확히 알지는 못하다. 거기에 대해 알고 싶어도 똑같은 것을 자연에서 발견할 수는 없다. 그런데 그것을 직접 만나면 그것을 체험하게 된다. 체험에 의해서 마치 형상 자체가 선(善)에 상응하는 자국(imprint)을 남겨놓은 듯, 영혼을 만나고 욕구를 불러일으킨다. 들어서 아는 경우 우리는 사물의 모습을 제대로 알지 못하기 때문에, 다른 것들과 공통으로 지니고 있는 요소를 통하여 거기에 대해 불확실하고 희미한 상을 얻고, 그것에 의하여 그 사물 자체에 대한 우리의 욕구를 측정한다. 그러므로 우리는 사랑의 합당한 대상인 정도로 그것을 사랑하지 않는다. 그리고 형상 자체를 감지하지 않았기 때문에, 그 고유의 효과를 체험하지 않는다. 존재하는 사물의 다양한 형상이 영혼에 다양한 인상을 심어주듯이, 그것이 불러일으키는 사랑의 정도도 다르다.

그러므로 구세주의 사랑이 우리 안에 새로운 것이나 특별한 것을 만들어내지 않는다면, 그것은 우리가 그분에 대한 말밖에 만나지 못했다는 사실을 입증한다. 듣기만 한다고 해서 그분을 제대로 알 수는 없다. 그분과 닮은 것, 그분이 다른 것들과 공통으로 가지고 있는 것, 그분이 비교될 만한 것이나 그분에게 비교할 수 있는 것도 발견할 수 없다. 사정이 이러한데 어떻게 거기에 합당한 방법으로 그분의 아름다움을 이해하고 그분을 사랑할 수 있겠는가?

인간이 인간 본성을 능가할 만한 갈망을 가지고, 열정적으로 바라고, 인간 사고를 능가하는 것을 성취할 수 있을 때, 이 갈망을 그들에게 심어주신 분은 '신랑'이시다. 인간의 눈에 당신 아름다움의 빛을 보내주신 분은 바로 그분이시다. 엄청난 상처를 보면 창(살, dart)이 치명상을 주었다는 사실을 알 수 있고, 그 갈망은 상처를 준 사람을 가리킨다.

이처럼 새 계약은 옛 계약과 다르며, 새 계약이 옛 계약보다 우월하다. 옛 계약은 가르쳐주는 말씀이었는데 반하여, 새 계약은 그리스도 자신으로서, 그분은 현존하시며 말할 수 없는 방법으로 인간의 영혼을 준비하시고 형성하신다. 인간은 말이나 가르침 혹은 율법만으로는 자신이 추구하는 목표에 도달할 수 없었다. 말로써 가능했었다면 행위가 필요 없었을 것이고, 하느님께서 육화하시고, 십자가에 못 박히시고, 돌아가셨다고 하는 그 놀랍고 특별한 행위도 필요 없었을 것이다.

16. 체험은 어떻게 성인들을 준비시켰는가

이는 처음부터 우리 종교의 교부인 사도들 안에서 분명해졌다. 사도들은 구세주께서 몸소 해주시는 훈련을 받았다. 사도들은 그분께서 우리의 본성 안에 심어주신 은총만이 아니라, 인류를 위해 돌아가신 후에 다시 살아나시고 하늘로 올라가시는 것을 직접 보았다. 그런데 사도들은 이 모든 것을 배웠음에도 불구하고, 세례를 받기 전에는 고귀한 것, 영적인 것, 옛것보다 우월한 것 등 새로운 모습을 보여주지 않았다. 그런데 그들은 영혼에 성령이 내려오시어 세례를 받자 새로운 사람이 되었을 뿐 아니라 새로운 생명을 붙잡았으며, 다른 사람의 지도자가 되었고, 그들 자신과 다른 사람들 안에 그리스도에 대한 갈망을 불러일으켰다. 그들은 '태양(이신 분 Sun)'에 가까이 있었고 그분의 일상 생활과 말씀을 함께 나누었지만, 영적인 씻음을 받기 전에는 그분의 광선을 감지하지 못하였다.

하느님은 그 이후의 모든 성인들도 이런 식으로 완성시키셨다. 그들은 말씀에 감동을 받아서가 아니라, 세례가 주는 씻음의 능력에 의하여 마음이 움직여서 그분을 알아보고 사랑하였다. 왜냐하면 그들 사랑의 대상이신 그분께서 친히 그들을 준비하고 형성하셨기 때문이다. 그분은 "깨끗한 마음을 새로 지어주시고"(시편 51:12), "돌 같은 마음을 제거하고 살처럼 부드러운 마음을 넣어주신다."(에제키엘 11:19, 36:26) 그분은 성 바울로의 말처럼 율법만이 아니라 율법을 주신 당신을 "석판이 아니라, 인간의 마음속에"(고린토 2서 3:5) 몸소 새겨주신다.

17. 어떻게 세례가 그리스도를 비웃던 자들을 회심시켰는가?

이는 수많은 성인들을 보면 분명히 알 수 있다. 그들은 진리를 언어로 배울 수도 없었고 기적에 의하여 선포되는 능력을 알아보지도 못하였지만, 일단 세례의 씻음을 받고 나서는 참된 그리스도인이 되었다.

축복받은 포르피리오스(Porphyrius)는 그리스도의 법이 온 세상에 퍼져나가고, 모든 사람이 그 법을 선포하는 사람들의 목소리를 들을 때, 그리고 순교자들이 그리스도의 참된 신성을 말보다도 더 영광스럽게 증거하면서 도처에서 속출할 때에 태어났다. 포르피리오스는 그리스도에 대하여 많은 말을 듣고 많은 영웅과 기적들을 보았으면서도, 계속해서 잘못을 저지르고 있었고, 진리보다는 거짓을 더 좋아하였다. 그러나 세례를 받았을 때, 그는 세례를 조롱하는 모의(模擬)예식에서 즉시 그리스도인이 되었을 뿐 아니라 순교자의 대열에 들어섰다. 무언극 배우였던 그는 관객을 웃기기 위해 무대 위에서 성삼위의 이름으로 세례를 베풀고, 자기 자신에게 세례를 주는 등 무모한 행위를 감행하였다. 관객들은 그 행위를 보고 웃었다. 그런데 포르피리오스에게 그 행위는 더 이상 웃음거리나 연극이 아니었고, 진정한 탄생이요 재창조였으며 신비의 성사 그 자체였다. 그는 무언극 배우가 아니라 순교자의 영혼을 가지고, 지혜와 힘든 노동을 위해 훈련된 듯한 고귀한 몸으로써, 그리고 폭군에게 웃음이 아니라 분노를 자극하는 혀를 가지고 밖으로 나갔다. 그리하여 일생 동안 광대짓을 하던 그는 진지해졌으며, 또한 그리스도를 너무나 열망하였기 때문에 온갖 고초를 겪은 후에 기뻐하며 죽었고, 말로조차 그의 사랑을 부인하지 않았다.

겔라시우스(Gelasius)도 또한 이런 식으로 그리스도를 알고 사랑하게 되었다. 그는 증오와 정의가 가득 찬 마음으로 다가섰는데, 싸움의 대상인 그분께서 영혼의 눈을 열어주시며 당신의 아름다움을 보여주시자, 즉시 그 아름다움에 반하여 정반대되는 태도를 취하게 되었고 그분의 원수가 아니라 애인이 되었다. 그 사랑에 사로잡힌 사람들은 인간 본성의 한계를 넘어설 수 있는 까닭에 이런 사랑은 황홀경(悅惚境 ecstasy)이다. 예언자는 그리스도의 십자가와 죽음을 언급할 때 이 사실을 지적하면서 "무리가 그를 보고 기막혀했지. 그의 몰골은 망가져 사람이라고 할 수가 없고, 인간의 모습은 찾아볼 수가 없었다"(이사야 52:14 70인 역)고 말한다.

숭고한 아르달리온(Ardalion) 역시 관객을 기쁘게 해주려고 (풍자)극에서 세례를 받았다. 아르달리온은 광대였고 자신을 자주 찾아오는 관객들을 즐겁게 해주는 전문가였다. 그런데 그는 그리스도의 수난을 흉내내면서, 그 상징이나 이미지에 의해서가 아니라 바로 그 행위를 통하여 세례를 받았다.

그는 극에서 다른 배역들에 의해 발가벗긴 채 십자가 위에 매달려 그리스도를 고백하는 순교자들의 역을 맡았다. 그런데 그가 그리스도를 선포하고 그 상처를 느꼈을 때, 갑자기 마음이 바뀌어 영혼이 목소리에 결합되었고, 그의 의지는 자신이 모방한 것을 따랐다. 이제 아르달리온은 자신이 연기하던 그리스도인이 되었다. 가짜 상처의 효과가 너무나 크고 가짜 목소리 또한 너무나 큰 나머지, 즉시 그리스도를 사랑하기 시작한 것이다. 그가 그리스도를 사랑한다고 말하자, 입에서 심장으로 사랑의 불꽃이 옮겨간 듯 그의 마음으로 번져나갔다. 다른 사람들의 경우에는, "선한 사람은 선한 것을 마음에 쌓아두었다가 선한 것을 내뱉는다."(마태오 12:35) 그런데 아르달리온의 경우에는 그 선한 것이 입에서 마음으로 흘러 들어갔다.

말로 형언할 수 없는 그리스도의 힘이여! 그분은 혜택을 준다든지 승리의 관을 씌워준 것도 아니고, 좋은 것을 주겠다고 희망을 준 것도 아니다. 오히려 당신의 상처와 수치를 함께 나누게 하시면서, 전에는 듣기도 싫어하던 일을 행하도록 하신 것이다. 아르달리온은 오랫동안 깊이 뿌리 박혀 있던 습관에서 즉시 벗어났고, 의지를 정반대되는 방향으로 바꾸었다. 그리고 자신의 행로를 가장 사악하던 것에서 가장 선한 것으로 바꾸었다. 비열한 광대에서 지혜로운 순교자로 바뀐 것이다. 그들 사이에 공통점이 어디 있겠는가? 자연적인 이성으로 볼 때 상처와 불명예가 사랑을 낳는다는 결론이 나올 수 있겠는가? 그리고 원수가 자신이 적대감을 가지고 있던 바로 그것에 의하여, 그리고 신자들로 하여금 그리스도교로부터 달아나게 만드는 바로 그것에 의하여 사로잡히고 정복된다는 것이 가능한 일인가? 자신이 고통을 받고 있으면서 자신을 증오하는 사람 안에서 사랑을 기꺼이 불러일으킬 사람이 어디 있겠는가? 그것도 원수나 박해자가 아니라 친구나 지원자로 삼으면서 말이다.

그렇다면 가르침의 말은 효과가 하나도 없는 것 같다. 반면에 세례성사의 힘은 모든 것을 가져다준다. 아르달리온은 모든 사람이 구원받으리라는 말씀을 들었다. 그리고 많은 순교자들이 대담하게 증거하는 기적을 보았다. 그럼에도 불구하고 그는 세례를 받고 그리스도의 낙인(烙印 brands)을 받아 "믿음을 훌륭하게 고백하기"(디모테오 1서 6:13) 전에는 아직도 눈멀어 있었고 빛에 대하여 적대적이었다. 빌라도 통치하에서 행하신 그리스도의 증언을 모방하고, 십자가 위에서 돌아가실 때까지 보여주신 그분의 인내를 모방하는 것, 이것이 바로 세례성사의 목적이다. 세례성사는 이 성스러운 행위들을 상징과 이미지를 통하여 모방하는 것이지만, 신앙을 위해 목숨을 걸 기회가 있는 사람들은 바로 그런 행위를 통하여 그리스도를 모방하는 것이다.

18. 하느님 체험으로서의 세례

수세기를 내려오면서 병든 인류에게 많은 치유책들이 있어 왔는데, 그리스도의 죽음만이 진정한 생명과 건강을 가져다 줄 수 있었다. 그렇기 때문에 이 새로운 탄생에 의해 태어나고, 건강해지고, 복된 삶을 살고, 신앙을 고백하고, 자신 안에 그리스도의 수난을 지니고, 그리스도의 죽음을 죽는 것은 어떤 약을 먹는 것보다 훨씬 더 낫다. 이것이 새로운 율법의 힘이다. 그러므로 그것은 그리스도인이 태어난다는 것이다. 이렇게 그는 놀라운 지혜에 도달하고 고귀한 행위를 하게 된다. 그의 신앙은 확고하다. 왜냐하면 그는 믿음을 강요당하지 않고, 율법에 의해서가 아니라 하느님의 능력에 의하여 자신의 행위를 지배하기 때문이다. 그는 신앙과 덕을 꼭 잡고, 그 덕과 신앙에 의하여 그리스도를 닮아간다. "하느님의 나라는 말에 있지 않고 능력에 있다."(고린토 1서 4:20) 그리고 "십자가의 언어가 하느님의 능력으로 구원받은 우리에게 전해졌다."(고린토 1서 1:18)

성령이 모든 것에 작용하기 때문에 새로운 율법은 영적(spiritual)이다. 예전의 율법은 글로 쓰여진 것으로서 문자와 소리에 지나지 않았다. 그러므로 그 율법은 "그림자"(히브리 10:1)이고 형상(形象 image)인 반면, 현재의 법은 실재(實在)요 진리이다. 문자와 언어는 실재와의 관계에서 형상과 같다. 하느님께서는 그것들이 실현되기 이전, 예언자들을 통하여 많은 경우에 미리 보여주셨다. "나는 새 계약을 맺을 것이다. 이 새 계약은 그들의 조상들과 맺은 계약과 같지 않다."(예레미야 31:31 – 32) 이는 무엇을 의미하는가? "그날 내가 이스라엘 가문과 맺을 계약이란 그들의 가슴에 새겨줄 내 법을 말한다. 내가 분명히 말해둔다. 그 마음에 내 법을 새겨주어, 나는 그들의 하느님이 되고 그들은 내 백성이 될 것이다."(예레미야 31:33) 그것은 단지 소리와 말로 이루어진 것이 아니라, 법을 주신 분께서 중보자 없이 몸소 현존하심으로써 이루어진 것이다. 그분은 "다시는 이웃이나 동기끼리 서로 깨우쳐 주며 주의 심정을 알아들으라고 하지 않아도 될 것이며, 높은 사람이나 낮은 사람이나 내 마음을 모르는 사람이 없으리라"(예레미야 31:34)라고 말씀하신다. 다윗도 이 법을 얻었기 때문에 이 축복에 대하여 말한다. "나는 주님이 위대하심을 알고 있다."(시편 135:5) 그는 다른 사람의 가르침을 통하여 들은 것이 아니라 직접 체험하였기 때문에 "알고 있다"고 말한 것이다. 그리하여 다른 사람에게도 똑같은 체험을 하도록 인도한다. "하느님이 얼마나 좋으신지 보고 맛들여라."(시편 34:9) 축복 받은 사람이 다양한 언어로 하느님의 은총을 찬양하였지만, 그 말들은 그 실재를 보여줄 수 없었기 때문에, 그 자신이 찬미하고 있는 것들을 경험하라고 사람들을 부른다.

19. 어떻게 이런 경험이 하느님에 대한 사랑을 낳는가

씻음이 세례를 받고 있는 사람들의 영혼에 전해주는 것은 이런 경험이다. 그것은 피조물이 창조주를 알도록 해주고, 마음이 진리를 알게 해주고, 유일하게 바람직하신 그분을 알고자 하는 욕구를 갖게 한다. 이런 이유로 그 갈망은 위대하고, 그 사랑은 말로 표현할 수 없으며, 그 욕망은 측량할 길 없다. 씻음에 결여(缺如)된 것은 하나도 없다. 모든 것이 그것과 일치하고, 거기에 모순되는 것은 하나도 없으며, 그것은 아주 풍요롭다.

여기에 대해 좀더 깊이 생각해 보자. 하느님은 우리의 마음에 욕망을 심어주시어, 그 욕망에 의해 모든 욕구가 선한 것을 얻고 모든 사고가 진리를 얻도록 이끌어주셨다. 우리는 이러한 것들을 그들 순수함 속에서 갈망한다. 즉 악보다는 선을, 오류보다는 진리를 갈망하는 것이다. 왜냐하면 속임수에 빠진다거나 길을 잃고 헤매는 것 혹은 선보다 악을 좋아하는 사람은 없기 때문이다. 그런데 진리를 바란다고 해서 순수한 진리를 얻을 수 있는 사람은 아무도 없다. 겉보기에 선하고 진실된 것이 실제로도 그런 경우는 드물고, 오히려 그 반대일 경우가 많다. 그리하여 우리가 사랑하고 즐길 것들이 없을 때에는 우리 사랑의 능력이나 위대한 기쁨도 눈에 보이지 않으며, 욕망의 대상이 없을 때에는 욕망의 강박(强迫)이나 그 불길의 향기가 알려지지 않는다는 사실도 분명하다.

그런데 구세주를 맛본(곧, 경험한) 사람에게는 그 욕망의 '대상'이 현존한다. 인간의 욕망은 처음부터 그분에 대한 갈망에 의하여 측정되어 왔고, 그 보고(寶庫)는 너무나 위대하고 풍부해서 하느님까지도 포용할 수 있다. 그리하여 인생에서 가장 좋은 것들을 얻었다 하더라도, 완전히 만족할 수는 없고 그 욕망도 없어지지 않는다. 왜냐하면 우리는 갈망하는 것들을 하나도 얻지 못한 듯이 아직도 갈증을 느끼기 때문이다. 인간 영혼의 갈증은 그야말로 무한한 물을 필요로 하는데, 어떻게 이 유한한 세상이 갈증을 축여줄 수 있겠는가?

이는 주님께서 사마리아 여인에게 "이 우물물을 마신 사람은 다시 목마르겠지만, 내가 주는 물을 마신 사람은 영원히 목마르지 않을 것이다"(요한 4:13-14)라고 말씀하실 때 암시하신 것이다. 이는 인간 영혼의 갈증을 축여주는 물이다. 왜냐하면 성서에 "당신을 뵙는 일, 이 몸은 그것만으로 족

합니다"(시편 17:15)라고 쓰여 있기 때문이다. 눈은 빛을 알아보도록 창조되었고, 귀는 소리를 듣도록 창조되었다. 몸의 각 지체는 나름대로의 목적을 지니고 있는데, 영혼이 바라는 것은 그리스도밖에 없다.

그렇다면 그리스도만이 선이요 진리이며 영원히 바라는 모든 것이기 때문에, 그분은 영혼의 안식이시다. 그러므로 그분을 얻는 사람은, 처음부터 사랑이 우리 영혼에 심어진 정도로 사랑한다든지, 인간 본성이 즐길 수 있는 한 최대한으로 즐긴다든지, 덕과 새로운 탄생의 물이 이 기능들에 추가된다든지 하는 것으로부터 아무런 방해도 받지 않는다. 일상 생활의 선한 것들은 명실상부(名實相符)하다고 볼 수 없기 때문에, 그 선한 것들 안에서 요구나 기쁨이 충분한 효과를 낸다는 것은 불가능한 일이다. 왜냐하면 어떤 것이 아름다워 보인다 하더라도, 참된 아름다움을 미약하게 반영한 것에 지나지 않기 때문이다.[7] 그런데 이 경우에는 방해하는 것이 하나도 없기 때문에, 사랑은 놀라운 것이나 또는 말로 표현할 수 없는 것으로 분명히 드러나고, 기쁨은 형언할 수 없을 정도라고 여겨진다. 무엇보다도 하느님께서 당신 스스로를 이러한 열정들의 대상으로 정하셨기 때문에, 우리는 그분을 사랑하고 그분 안에서만 기쁨을 발견해야 한다. 그리하여 열정은 무한한 선(善)에 비례해야 하고, 말하자면 그것과 보조를 맞추어야만 한다.

그렇다면 사랑이 얼마나 위대한지 살펴보기로 하자. 이는 그 풍요로움의 증거인데, 그분께서는 우리에게 베푸신 모든 은혜 중에 사랑을 유일한 보상으로 여기시며, 또한 우리가 그분을 사랑한다면 우리의 빚을 모두 되갚아 주신다. 이렇게 사랑은 우리의 심판자이신 하느님께서 보실 때 무한한 은혜의 보상인데, 어떻게 위대하지 않을 수 있겠는가? 기쁨은 모든 면에서 풍요로운 사랑과 일치한다. 모든 것 중에서 기쁨은 사랑에 적합하고, 위대한 기

---

7) 이는 플라톤의 이데아 이론의 잔재로서, 그 이론에서는 아름다운 것들은 영원히 존재하는 '미'의 "이데아" 혹은 원형을 희미하게 반영한 것에 지나지 않는다고 본다.

쁨은 위대한 사랑을 뒤따른다. 따라서 인간의 영혼은 사랑과 기쁨에 대하여 위대하고 놀라운 능력을 가졌으며, 진실로 사랑스럽기도 하고 사랑 받기도 하는 그분이 현존할 때만 그 능력이 완전히 사용된다. 구세주께서는 이를 완전히 이루어진 기쁨이라고 부르셨다.(요한 15:11, 16:24, 17:13참조)

이런 이유로, 성령께서 어떤 사람에게 내려와 머무심으로써 당신의 열매를 주실 때, 그들 사이에서 첫 번째 자리를 차지하는 것은 사랑과 기쁨이다. "성령께서 맺어주신 열매는 사랑, 기쁨…"(갈라디아 5:22)이라고 바울로는 말한다. 그러므로 하느님께서 우리 영혼에게 오실 때에는 무엇보다도 당신에 대한 이해로서 이러한 것들을 허락하셨다. 선을 알게 되면, 그것을 사랑하고 그 안에서 기뻐할 수밖에 없다. 그분께서 인간의 모습을 하시고 인간에게 나타나셨을 때, 그분은 무엇보다도 우리가 그분을 알아보기를 기대하셨다. 그분이 가르치시고 직접 가져오신 것은 이것인데, 사실 이런 이유로 그분은 사람들이 알아볼 수 있는 분이 되셨고, 이를 위하여 모든 일을 이루셨다. "나는 오직 진리를 증언하려고 났으며 그 때문에 세상에 왔다." (요한 18:37) 그분은 스스로가 진리이기 때문에, "나 자신을 선포한다"고 말씀하실 뿐이다. 이는 지금 그분이 세례 받고 있는 사람에게 오실 때 하시는 일이다. 그분은 겉으로만 선해 보이는 것을 쫓아버리심으로써 진리를 증언하신다. 그분은 스스로 말씀하시듯이 "그들에게 나를 나타내 보여"(요한 14:22) 진리를 보여주심으로써, 진리를 들여오신다.

20. 이 점에 대한 요한 크리소스톰 성인의 증언

내가 말한 바와 같이, 세례에서 씻음을 받는 사람들은 바로 그 행위를 통하여 하느님을 어느 정도 체험하는 것 같다. 우리에게 증인이 필요하다면 많은 사람을 들 수 있는데, 그 중에서도 태양보다 더 빛나는 영혼과 황금보

다 더 찬란한 목소리를 가진 요한 크리스스톰의 말씀을 인용하기로 한다. (고린토 2서에 관한 강론 7)

"우리는 주님과 같은 모습으로 변화하여 영광스러운 상태에서 더욱 영광스러운 상태로 옮아가고 있습니다."(고린토 2서 3:18) 이는 무엇을 의미합니까? 이는 기적적인 표징(signs)의 은총들이 활동 중일 때 더욱 분명히 보였는데, 믿는 눈을 가진 사람은 아직도 그것을 볼 수가 있습니다. 왜냐하면 세례를 받는 즉시 우리의 영혼은 성령에 의하여 깨끗해져서 태양보다 더 빛나기 때문입니다. 우리는 하느님의 영광을 바라볼 뿐 아니라 이 빛을 받기도 합니다. 마치 순은(純銀)이 태양 빛에 노출될 때 그 본성 때문만이 아니라 태양 빛에 의하여 빛나는 것과도 같습니다. 그리하여 영혼이 깨끗해지고 순은보다 밝게 빛나면, 그 영혼은 성령의 영광으로부터 광선을 받아, 그 안에서 영(Spirit)이신 주님으로부터만 올 수 있는 그 영광이 생겨나게 됩니다.

얼마 후에 그는 이렇게 쓴다.

여러분은 사도들의 말씀을 통하여 이것을 더욱 분명하게 보여주기를 바랍니까? 그의 외투가 능력을 가졌던 성 바울로를 생각해 보십시오.(사도행전 19:12) 그리고 그의 그림자까지도 힘이 있었던 베드로를 생각해 보십시오.(사도행전 5:12) 그들이 왕(곧, 그리스도)의 모습을 지니지 않아 접근할 수 없는 빛을 반영하지 않았더라면, 그 옷과 그림자가 그런 힘을 가졌겠습니까? 왕의 외투는 도적떼들 안에서도 경외감을 불러일으킵니다. 여러분은 이 영광이 육체를 통해서도 빛나는 것을 보고 싶습니까? "의회에 앉았던 사람들의 시선은 모두 스테파노에게 쏠렸다. 그의 얼굴은 마치 천사와 같이 보였다."(사도행전 6:15) 그렇지만 이는 내부로부터 번개처럼 빛나는 영광과는 비교할 수도 없습니다. 사도들은 구약의 모세가 얼굴에 지녔던 것을 영혼에 지녔는데, 그것이 훨씬 더 높은 경지였습니다. 모세의 광채는 알아보기 쉬웠지만 사도들의 광채는 영적인 것이었습니다. 빛나는 몸에서 불같은 것이 나와 가까이 있는 사람들의 몸에 가서 그 빛을 나누어주듯이, 신자들의 경우에도 그런 일이 일어납니다. 이런 이유로 이를 체험한 사람들은 자신들을 땅에서 분리시켜 천상의 것들에 대한 꿈에 젖어듭니다. 나에게 저주가 있을지어다! 비통하게 신음하는 것이 좋습니다! 우리는 그렇게 고상한 상태를 즐기면서도 자신이 말하는 것을 알지도 못합니다. 왜냐하면 우리는 그것들을 쉽게 잃어버리고 감각이 느끼는 것에로 끌리기 때문입니다. 이렇게 말로 형용할 수 없고 경외스러운 영광은 우리 안에 하루나 이틀 동안 머무는데, 우리는 거기에 일상생활의 겨울이 오게 하고, 두터운 구름으로 태양 빛을 내쫓음으로써 그것을 꺼버립니다.

21. 어떻게 해서 세례가 조명인가?

세례를 받은 사람이 하느님을 알게 되는 것은 추론하고, 사고하여 믿는 정도에 비례하는 것은 아니기 때문에, 훨씬 위대하고 실체에 가까운 것이 이 물 속에서 발견될 것이다. 그 빛의 섬광을, 이 지식을 마음에 주입시켜 지성을 깨우치는 것과 관련지어 생각하는 것도 불합리한 일은 아닐 것이다. 그것은 하루나 이틀이 지나 새로 입문한 사람이 많은 사람들과 복잡한 생활로 말미암아 압박을 당하게 될 때 사라진다. 신앙에 관해서라면, 걱정거리로 압도된다고 해서 그렇게 단시간에 그에 대한 지식을 잊어버리지는 않는다. 엄청난 걱정거리를 가지고 있으면서 유능한 신학자가 될 수도 있으며, 설상가상으로 사악한 열정의 노예가 되어 있으면서도 구원과 참된 철학 언어에 정통할 수도 있지 않은가!

따라서 이러한 지식은 하느님에 대한 직접적인 인식(認識)이라는 사실이 분명해진다. 왜냐하면 그분으로부터 오는 광선은 바로 그 영혼을 보이지 않게 불붙이기 때문이다. 세례 때의 장식물들은 이 광선을 상징한다. 모든 것이 빛으로 가득하다. 횃불, 노래, 성가대, 행렬 등 빛나지 않는 것은 하나도 없다. 세례의 옷으로 모든 것이 찬란히 빛나고 빛의 장관을 준비한다. 머리를 덮는 것은 성령을 의미하며, 그분께서 오심의 형태를 상징으로 나타낸다. 그것은 혀(tongue)의 형상을 하고 있는데, 처음 사도들에게 세례를 줄 때 성령께서 나타나신 그 모습을 간직하고 있다. 왜냐하면 그때 그분께서 혀의 형상을 한 불처럼 그들 각자의 머리에 빛을 밝히셨기 때문이다. 나는 그분께서 혀의 형상으로 내려오신 이유가 당신을 닮은 말씀(Logos)을 해석하고, 당신을 모르는 사람들에게 당신을 가르쳐주기 위해서라고 생각한다. 볼 수 없는 마음의 생각을 전달해 주는 것, 그리고 내적인 것들을 밝혀주는 것이 혀의 역할이다. 그러므로 말씀이신 분(Logos)께서는 당신을 낳으신 성부를 선포하시고, 성령은 성자를 선포하신다. 따라서 그리스도께서는 성부께 "나는 아버지의 영광을 드러냈습니다"(요한 17:4)라고 말씀 드렸고, 성령에 대해서는 "그분은 나를 영광스럽게 하실 것이다"(요한 16:14)라고 말씀하셨다. 그분께서 그들에게 혀의 형상으로 나타나신 것은 바로 이런 이유 때문이다.

그 상징은 우리에게 그 기적과 그 기억, 세례의 시작을 보았던 그 아름다운 날과 처음으로 성령을 받은 그 사람들이 후세 사람들에게 그분을 전해주었다는 사실을 우리가 알게 되리라는 것을 보여준다. 그리고 다시 그들은 자기 후손들에게 그분을 전해주었으며, 이렇게 한 걸음 한 걸음씩 하여 그분께서는 마침내 우리에게까지 오셨다. 그 선물은 그것을 주시는 분께서 당신의 위격(位格 Person)을 지니시고 드러나게 우리에게 되돌아오실 때까지 없어지지 않을 것이다. 그때에 주님께서는 축복 받은 사람들에게 방해되는 것을 모두 제거하신 뒤 당신 자신의 참 모습을 보여 주실 것이지만, 지금은 그저 천한 육체의 베일을 통해서만 그분을 볼 수 있다.

축복 받은 사람들이 가진 인식의 열매는 말로 표현할 수 없는 기쁨과 특별한 사랑이다. 그들의 열매는 위대하고 덕스러운 일을 행하는 것이고 또 놀라운 일을 이루는 것이다. 그리하여 그들은 모든 것을 성공적으로 해내고 승리의 영예를 지니게 된다. 성인들은 이러한 사랑과 기쁨으로 무장하였기 때문에 공포나 쾌락에 의하여 정복당할 수가 없었다. 기쁨은 비참함을 지배하였으며, 쾌락은 함께 모여 그렇게 위대한 사랑의 능력으로 그분과 일치되어 있는 사람들을 제쳐두거나 파괴할 수가 없다.

22. 요약 : 세례성사의 효과

그러므로 죄로부터 해방시키는 것, 하느님과 인간을 화해시키는 것, 인간을 하느님과 일치시키는 것, 영혼이 신적 광선을 파악할 수 있도록 눈을 열어주는 것, 그러니까 한 마디로 앞으로 올 세상을 준비시키는 것이 세례성사의 효과이다. 그러므로 우리가 거기에 "탄생"이라는 명칭과 같은 의미를 지닌 이름들 뿐 아니라, 하느님에 대한 지식으로 하여금 입문하고 있는 사람들의 영혼을 위한 태양으로서 떠오르게 한다는 것을 나타내는 이름들을 붙여줄 때 우리는 올바른 일을 하고 있는 것이다. 그것은 생명이고, 생명의 기초요 근원이다. 왜냐하면 전에 솔로몬이 "하느님의 힘을 아는 것이 불멸의 근원이다"(지혜서 15:3)라고 말했듯이, 구세주께서는 "영원한 생명은 곧 참되시고 오직 한 분이신 하느님 아버지를 알고 또 아버지께서 보여주신 예수 그리스도를 아는 것이다"(요한 17:3)라고 정의하셨기 때문이다.

이성으로부터의 증거를 덧붙이면(그래야 한다면!) 인간의 참된 본성과 우월성이 추론과 인식에 있다는 사실을 모르는 사람이 어디 있겠는가? 그런데 인간의 본성이 추론과 인식으로 이루어졌다면, 그것은 오류가 없는 가장 훌륭한 지식에 있을 것이다. 하느님께서 영혼의 눈을 열어주시고 그 눈을 그분께로 돌리게 하실 때, 하느님을 아는 것보다 더 공정하고 오류가 없는 지식이 어디 있겠는가? 이것이 세례성사의 열매이다.

앞서 말한 것들에 의하여 신비의 (세례) 성사는 그리스도 안의 삶의 시작이라는 것, 그리고 인간을 참된 생명과 존재 안에서 존재하고, 살며, 초월하도록 해주는 것이라는 사실을 알 수 있다. 그런데 이러한 효과들이 세례 받은 사람 모두에게 주어지지 않는다고 해서 신비의 성사를 비난하는 것은 옳은 일이 아니다. 오히려 세례를 받았으면서도 은총의 선물을 제대로 관리하지 못했거나 또는 그 보물을 버린 사람들에게 그 탓을 돌려야 한다. (신비의 성사에서 생겨나는 효과와) 상반된 결과가 나왔다 해서 모든 사람에게 동일한(똑같이 적용되는) 세례를 비난하기보다는, 세례를 잘못 사용한 사람들에게 비난을 가하는 것이 훨씬 더 정당하다.

앞서 말한 풍요로운 축복은 본성이나 개인의 노력에 기인한 것이 아니라, 세례의 효과에 기인한 것이라는 사실이 분명하다. 그런데 반대의 결과가 나온다고 해서, 같은 일이 조명을 가져다주기도 하고 가져다주지 않기도 하는 동시에, 인간을 천상적(heavenly)으로 만들기도 하고 지상적인(earthly) 것보다 하나도 나은 것이 없게 만들기도 한다고 가정하는 것은 불합리한 일이 아닐까? 우리는 태양이 보이지 않는다고 해서 태양을 비난하거나 단죄하지 않는다. 왜냐하면 모두가 그 빛을 보는 것은 아니기 때문이다. 도리어 우리는 그것을 보는 사람들의 판단(verdict)에 귀를 기울여야 한다! 그리고 조명에는 세례가 그 이름을 유출해내는 것 외의 효과는 없다.

제3권
거룩한 도유는 어디에 도움이 되는가

1. 성서는 성령의 선물을 도유(塗油) 그리고 안수와 연결시킨다.

영적으로 창조되고 태어난 사람은 그러한 탄생에 상응하는 활기를 얻는 것이 타당하다. 다음은 거룩한 도유(塗油, 곧 기름을 바름)가 우리를 위하여 이루어 주는 것이다. 그것은 영적 활기를 불어넣어 주며, 어떤 사람에게는 이 선물을 주고 어떤 사람에게는 저 선물을 주는가 하면 또 동시에 여러 선물을 주기도 하는데, 이는 각 사람이 이 신비의 성사를 어떻게 준비했느냐에 따라 달라진다.

세례를 받은 사람은 초기 시대의 사도들이 세례를 베푼 사람에게 안수하였을 때 일어났던 일을 체험한다. 성서는 사도들이 입문한 사람들에게 안수를 하였을 때 성령을 받았다고 한다. 지금도 (견진성사를 통해) 기름을 바르고 있는 사람들의 머리 위에 성령께서 내려오신다.

이러한 것들이 그 증거들이다. 첫째, 옛날 율법은 왕들과 사제들을 도유하였는데, 이와 마찬가지로 교회의 의식은 왕들을 도유하고 사제들에게 안수하였으며, 두 경우 모두 성령의 은총을 청한다. 이는 전자와 후자 모두 같은 의도와 능력을 가졌다는 사실을 말해준다. 둘째, 그것들은 전자의 명칭인 "도유", 후자의 명칭인 "성령의 친교"를 공유한다. 주교들은 사제들의 서품에 "도유"라는 칭호를 주고, 다시금 견진성사를 받는 사람들이 성령의 참여자가 되어 자신들이 성령을 받았음을 믿도록 기도한다. 그들은 입문하고 있는 사람들에게 그 전례에 대하여 설명해 주면서, 그것을 "영적 선물의 봉인"이라고 부른다. 왜냐하면 이는 기름을 바르고 있는 사람들에게 선포하는 것이기 때문이다.[8]

2. 어떻게 그리스도께서 친히 성령으로 기름부음을 받으셨는가

주님이신 그리스도께서도 기름부음을 받으셨는데, 이는 머리에 기름부음을 받음으로써가 아니라 성령을 받음으로써 이루어졌다. 그분은 당신께서 취하신 육체를 위하여 모든 영적 에너지의 보고(寶庫)가 되셨다. 그분은 그리스도, 즉 기름부음을 받은 분 일 뿐만 아니라 부어지는 기름이기도 하시다. 왜냐하면 "당신 이름, 따라놓은 향수 같다"(아가 1:3)고 성서에 쓰여 있기 때문이다. 그분은 처음부터 부어지는 기름이었고 나중에 기름부음을 받은 분이 되셨다. 하느님께서 당신을 나누어줄 수단이 존재하지 않을 때, 그분은 기름이셨고 그분 안에 머무셨다. 나중에 축복 받은 육체가 창조되어 하느님의 완전한 본질을 받아들였다.(골로사이 1:19) 요한이 말하듯이 "하느님은 성령을 아낌없이 주시기 때문에"(요한 3:34) 당신의 살아 있는 부(富)를 그분께 온통 불어넣어 주셨다. 그때 기름이 그 육체에 부어졌는데, 그리하여 그분은 '기름부음 받은 자'라 불리게 된다. 신적인 기름이신 그분 자신이 그 육체에 나누어짐으로써 쏟아 부어졌다.

그분은 장소를 바꾸지도, 벽을 꿰뚫거나 뛰어넘지도 않으셨지만, 당신 자

---

8) 세례성사 직후 견진성사 때의 공식 기도문은 "성령의 선물의 봉인"이다.

신을 드러내실 때, 우리와 당신 사이를 갈라놓을 만한 벽을 남겨놓지 않으셨다. 하느님은 어디에나 계시기 때문에 장소에 의해 인간과 분리되지는 않으셨고, 다만 인간이 하느님과 일치하지 않을 때에는 분리되셨다. 우리의 본성은 그것이 소유한 모든 것 안에서 그분과 상반됨으로써, 그리고 그분과 공통된 것을 하나도 가지지 않음으로써 하느님과 자신을 분리시킨다. 하느님 자신은 홀로 계셨다. 그리고 우리의 본성은 인간이었을 뿐, 그 이상은 아니었다.

그런데 육체가 신화(神化)되고 인간의 본성이 신성과의 일치(hypostatic union)9)에 의하여 하느님을 소유했을 때, 하느님께 대립되어 있던 이전의 장벽이 기름이신 그리스도와 결합되었다. 하느님께서 인간이 되셨을 때 차이점이 사라지고, 신성과 인성 사이의 구별이 없어졌다. 그리하여 도유는 그리스도를 두 본성 사이의 접촉점으로 나타내는데, 그 본성들이 아직도 분리되어 있다면 접촉점이 있을 수 없다.

3. 어떻게 그리스도께서 우리의 영적인 기름바름의 원천이 되시는가

그러므로 마치 그것은 향유가 든 옥합(玉盒, 마르코 14:3 참조)이 어떤 방법에 의하여 그 안에 들어 있는 기름이 되는 것과도 같다. 그 기름은 외부에 있는 사람에게 더 이상 분배되지 않고, 옥합 안에 남아 있지도 않으며, 그 자체로만 남아 있지도 않는다. 이와 마찬가지로 우리의 본성이 구세주의 몸 안에서 신화될 때, 인류를 하느님과 분리시키는 것은 없다. 따라서 그분의 은총에 참여하는 것을 방해하는 것은 오직 죄밖에 없다. 이제 그 장

---

9) 즉, 육화하신 그리스도의 위격(Person)에.

벽은 이중적(二重的)이었는데, 곧 한편으로는 본성의 다양성 안에 있거나 다른 한편으로는 악으로 부패된 의지 속에 존재하였고, 구세주께서는 전자(前者)는 육화하심으로써, 그리고 후자는 십자가에 못박히심으로써 제거하셨다.

    십자가 덕분에 우리는 죄에서 해방되었다. 세례성사는 십자가와 죽음의 효력을 지니고 있기 때문에, 우리는 도유, 즉 성령에 참여하게 된다. 두 장벽이 모두 제거되었을 때, 성령이 "모든 사람에게 부어지는 것"(요엘 2:28, 사도행전 2:17)을 방해하는 것은 하나도 없다. 왜냐하면 죽음은 우리가 하느님과 함께 머물지 못하게 막는 제 3의 장벽이고, 죽을 몸을 지닌 사람들이 거울에 비추어보듯 희미하게 보는 것(고린토 1서 13:12) 이상으로 넘어서는 것을 허용하지 않기 때문이다.

    그러므로 인간은 삼중(三重)으로 즉 본성, 죄, 죽음에 의하여 분리되어 있기는 하지만, 구세주는 모든 장벽을 없애버리는 데 성공하심으로써, 인간이 그분께 완전히 도달하고 그분과 직접 일치할 수 있게 해주셨다. 그분은 인성에 참여하심으로써 첫 번째 장벽을 없애셨고, 십자가에 못 박혀 돌아가심으로써 두 번째 장벽을 없애셨다. 그리고 다시 살아나심으로써 마지막 장벽인 죽음이라는 폭군을 우리 본성에서 완전히 없애 버리셨다. 그렇기 때문에 성 바울로는 말한다. "마지막으로 물리치실 원수는 죽음입니다."(고린토 1서 15:26) 그분은 우리의 참된 행복에 대한 장애가 되지 않는 한 죽음을 원수라 부르지 않으셨다. 불사불멸이신 하느님의 상속자들은 부패에서 해방되어야 한다. 왜냐하면 성 바울로께서 "썩어 없어질 것은 불멸의 것을 이어받을 수 없다"(고린토 1서 15:50)고 말했기 때문이다. 구세주의 부활에서 비롯된 모든 인류의 부활 후에, "거울에 비추어 보듯이 희미하게 보는 것"(고린토 1서 13:12)은 사라지고, 마음이 깨끗한 사람은 하느님을 마주보게 될 것이다.(마태오 5:8)

4. 견진성사는 어떻게 성령의 선물을 주는가

그러므로 이 거룩한 예식의 효과는 성령의 에너지를 나누어 주는 것이다. 도유(塗油)는 주님이신 그리스도를 모셔오는데, 그분 안에는 인간의 구원과 은총의 온갖 희망이 있다. "우리는 그리스도로 말미암아 성령을 받아 아버지께로 가까이 나아가게 되었다."(에페소 2:18) 성삼위가 인간을 함께 재창조하는 창조주시라면, 그것을 수행하는 분은 그리스도밖에 없다. 그분은 인간들 사이에 머무시는 동안 인간과 같은 본성을 함께 나누셨을 뿐 아니라, 성 바울로가 말하듯이 "당신 자신을 희생 제물로 드림으로써 죄를 없애 주셨다."(히브리 9:28) 그런데 그후 그분은 영원히 우리의 본성을 입으셨다. "그러므로 그리스도는 아버지 앞에서 우리를 변호해주시는 분이시다." (요한 1서 1:1) "그분은 우리의 양심을 깨끗하게 하고 죽음의 행실을 버리게 하고,"(히브리 9:14) 당신 자신을 통하여 성령을 주신다.

초기에 이 성사는 세례를 받은 사람들에게 치유, 예언, 방언 등과 같은 선물을 주어, 모든 사람에게 그리스도의 특별한 능력을 분명히 증거하였다. 그리스도교가 뿌리를 내리고 신앙심이 확립되던 그 시기에는 그럴 필요가 있었다. 그때부터 지금까지 그러한 선물은 몇몇 사람들에게 부여되었다. 우리 시대에도 미래를 예견하고, 악령을 내쫓고, 기도만으로 병을 치유하는 사람들이 있었다. 그들은 살아 있을 때에 이런 능력이 있었을 뿐 아니라 죽은 후에도 그러한 능력을 지니고 있기 때문에, 그들의 무덤도 그런 기적을 행하는 데 효력이 있었다.

그런데 도유가 그리스도인에게 항상 준비해주는 선물은 신앙심(godliness), 기도, 사랑, 깨어있음의 선물이고, 또 그것을 받는 사람들에게 적절한 여타의 선물이다. 그런데 그것을 받지 못하는 그리스도인들이 많고, 이 신비의 성사의 위대함과 능력은 감추어져 있는데, 사도행전에 쓰여진 대로 "그들은 성령이 있다는 것조차 몰랐다."(사도행전 19,2) 그들은 이 신비의 성사를 어렸을 때 받기 때문에 그 성사가 거행되어 선물을 받을 때 그 선물을 지각하지 못하고, 성장했을 때에는 그들이 하지 말아야 할 것에 눈을 돌려 영혼의 눈을 멀게 했다.

그런데 "성령은 당신이 원하시는 대로 각 사람에게 각각 다른 은총의 선물을 나누어주신다."(고린토 1서 12:15) 주님은 끊임없이 우리를 위하여 일하신다. 왜냐하면 그분은 세상 끝날까지 우리와 함께 있겠다고 약속하셨기 때문이다. 그렇다면 이 성스러운 예식은 헛된 것이 아니다. 우리가 경외(敬畏)로운 세례를 통하여 죄의 사함을 받고, 성찬의 식탁에서 그리스도의 몸을 받아 모시며, 그 시작이신 분이 가시적으로 돌아오실 때까지 이러한 것들이 멈추지 않듯이, 그리스도인들은 거룩한 도유에 속한 것을 누리고 성령의 선물에 참여해야 한다. 어떤 성사는 효과가 있고 어떤 성사는 소용이 없다면, 그것이 어떻게 일관성이 있겠는가? 혹은 어떤 경우에는 성 바울로가 말하듯이 "우리에게 약속을 주신 분이 진실한 분이시고"(히브리 10:23), 이 예식의 경우에는 그분의 진위가 분명치 않다면 어떻게 되겠는가? 우리는 그들 중 어느 누구도, 그 밖의 어느 누구도 단죄해서는 안 된다. 왜냐하면 똑같은 능력이 모든 사람에게 완성을 가져다주면서, 한 어린 양(Lamb)의 희생인 그분의 죽음, 그분의 피로써 모든 사람에게 작용하기 때문이다.

그러므로 성령이 참으로 주어진다. 어떤 사람에게는 미래를 예견하고, 신비를 가르치고, 한마디 말로 병을 낫게 해줌으로써 다른 사람에게 은혜를 베풀 수 있고, 또는 성 바울로가 말하듯이, "교회에 도움을 주기 위하여"(고린토 1서 14:4) 성령이 주어진다. 그런가 하면 다른 사람에게는 그들 자신이 더욱 덕이 있고, 신앙심이나 깨어있음, 풍부한 사랑과 겸손으로 빛나도록 성령이 주어진다.

이성과 도덕을 사용하여 맑은 정신을 지니고, 의로운 성격을 단련시키며, 기도와 사랑에 의해 덕을 지닌다는 것은 가능한 일이다. 그리고 하느님에 의하여 의지가 움직여지는 사람은 열정을 통제하고, 이웃에 대한 사랑과 정의를 실천하며, 지혜에 속한 것은 뭐든지 보여줄 수 있다. 악령의 영향을 받고 있는 사람들 안에는 짐승과 같은 악이 있는 반면, 하느님의 지배를 받고 있는 사람 안에는 인간의 관습을 능가하는 하느님의 덕이 있다. 성 바울로는 이런 식으로 사랑하였고, 다윗은 이런 식으로 겸손하였으며, 그 외 사람들도 인간 고유의 것을 능가하는 자질을 보여주었다. 성 바울로는 자신이 "그리스도 예수의 지극한 사랑으로"(필립비 1:8) 필립비인들을 사랑했다고 썼으며, 하느님께서는 다윗을 보고 "나는 내 마음에 드는 사람을 찾아냈다"(사무엘상 13:14, 사도행전 13:22)고 말씀하셨다.

신앙은 성령의 선물이기도 하다. 구세주의 사도들은 "저희에게 믿음을 더하여 주십시오"(루가 17:5)라고 기도한다. 그분께서는 그들의 성화(聖化)를 위하여 성부께 기도하신다. "이 사람들이 진리를 위하여 몸바치는 사람이 되게 하여 주십시오."(요한 17:17) 그리고 하느님께서는 구세주가 기도하실 때 그 청을 들어주신다. "성령께서는 우리를 대신해서 말로 다할 수 없을 만큼 깊이 탄식하시며 하느님께 간구해주십니다"(로마 8:26) 라는 말은 기도에 힘을 더해주는 것 같다.

요약하자면, 하느님께서 당신의 선물을 나누어 주시는 사람에게, 성령은 "지혜와 슬기를 주는 영, 경륜(經綸 counsel)과 용기를 주는 영, 주를 알게 하고 그를 두려워하게 하는 영"(이사야 11:2)이시며, 다른 선물들을 주시는 영이시다.

5. 거룩한 도유의 효과

신비의 성사는 입문한 사람에게 그 적절한 효과를 이루어낸다. 그렇지만 모두가 이 선물을 알아보는 것도 아니고, 그들이 받은 풍요로움을 활용할 수 있는 열정을 가지고 있는 것도 아니다. 나이가 어리기 때문에 선물을 이해하지 못하는 사람도 있고, 아직 준비가 되지 못했거나 준비한 것을 실행하지 못하였기 때문이 열정이 부족한 사람도 있다. 그런가 하면 그 후에 저지른 죄를 뉘우치며 몹시 슬퍼하고는, 올바른 이성에 따라 살면서 그들의 영혼에 불어 넣어진 은총을 증거하는 사람도 있다. 따라서 성 바울로께서는 디모테오에게 "그대가 선물로 받은 것을 등한히 하지 마시오"(디모테오 1서 4:14)라고 쓰고 있다. 선물을 받고도 소홀히 하면 도움이 되지 않는다. 이러한 것들이 자기 영혼 안에서 활성화되기를 원하는 사람은 깨어 노력할 필요가 있다.

의로운 사람이 사랑, 순결, 자제, 겸손, 경건 등의 덕에 뛰어난 것처럼 보인다면, 그것은 바로 거룩한 도유의 덕이라고 보아야 한다. 그러므로 우리는 그가 신비의 성사에 참여할 때 그 선물이 그에게 부여된다는 것과 그 후에 활성화된다는 사실을 믿어야 한다.

이는 예언의 능력을 가진 사람이나 치유의 능력을 지닌 사람들뿐 아니라, 다른 성령의 선물들을 보여주는 사람들에게도 해당된다. 그들에게 그런 능력이 있는 것은 신비의 성사로부터 그 선물들을 받았기 때문이다. 신비의 성사를 거행했는데도 성사를 받는 사람이 영적 에너지로 활성화되지 않거나, 거기에 따르는 영적 성취들을 성사의 덕분으로 여기지 않는다면 그 성사를 거행할 필요가 없을 것이다. 더구나 견진성사가 그것이 추구하는 것을 줄 수 없다면 그 무슨 이득이 있겠는가?

우리가 견진성사의 특별한 선물들을 누릴 수 없는데, 그 성사가 다른 방법으로 우리를 도와줄 수 있다고 주장하는 게 타당한 일인가? 성사를 받는 사람이 약속 받는 것, 성사가 언급한 모든 것, 집전자가 기도하는 것, 그리고 그가 후보자에게 받게 되리라고 가르친 것을 줄 수 없다면 그 성사에서 다른 혜택을 기대한다는 것은 거의 불가능한 일이다. 그런데 신비의 성사가 헛된 것이 아니라면 ―왜냐하면 그리스도의 것에 헛된 것은 아무 것도 없으므로, 성 바울로가 말하듯이 "우리가 전하는 것도 헛된 것이 아니요, 여러분의 믿음도 헛된 것이 아니고"(고린토 1서 15:14), 성사에서 나오는 은총의 범위에 속하는 영적 활기를 인간들 사이에서 볼 수 있다면, 그것은 그런 기도들과 거룩한 견진성사의 덕으로 돌려야 한다.

간단히 말해 인간은 하느님과 화해를 이룸으로써 온갖 은총을 받고, 하느님과 인간 사이의 중보자로 임명된 분을 통하여 온갖 은총을 받을 수 있다. 그분은 우리가 신비의 성사를 통해서만 중보자를 발견하고, 그분을 붙잡고, '그분의 것'을 받아들일 수 있게 해주셨다. 신비의 성사들은 우리를 그분의 성혈(聖血) 안에서 친족이 되게 하시고, 그분의 육체를 통하여 받아들인 은총을 함께 나누어 받게 하시며, 그분이 겪으신 고통을 함께 나누게 해준다.

6. 우리 구원의 수단인 성사(聖事)들

거룩한 신비의 성사에 입문하고 덕을 위하여 의지를 단련시키는 것, 이 두 가지는 우리를 하느님께 내맡기게 하며 또한 이 둘 안에 인간의 모든 구원이 있다. 인간은 자신에게 주어진 보물을 잃지 않기 위해 노력해야 하는데, 신비의 성사의 능력만이 이 모든 축복을 준다. 예식들은 각기 다양한 효과를 지니고 있는데, 견진성사의 효과는 성령과 성령의 선물들에 참여하는 것이다. 그러므로 거룩한 예식이 행해지는 바로 그 순간에는 영적 선물을 보여주지 않고 훨씬 나중에야 보여줄 수 있을 때도 있는데, 우리는 그 능력의 원인이나 기원을 경시해서는 안 된다. 세례의 조명은 입문하는 사람들이 씻음을 받은 직후 그들의 영혼에 전해진다. 그렇지만 그 순간에 모든 사람에게 분명한 것은 아니다. 어떤 덕들은 얼마 후 많은 땀과 노력을 통하여, 그리스도의 사랑으로 말미암아 영혼의 눈을 깨끗이 씻은 뒤에야 나타나기도 한다.

기도의 집들이 기도에 도움이 되는 것은 이 도유의 덕분이다. 그것들은 기름으로 도유받음으로써 그 이름에 합당한 집이 된다. 그리스도께서 당신의 것을 다 내어놓으시고(필립비 2:8 참조) 기름이 되시어 우리 본성에까지 부어졌기 때문에, 부어진 기름은 성부이신 하느님과 더불어 우리를 돕는 분이 되신다. 제단은 구세주의 손을 닮는다. 우리는 기름이 발린 테이블에서 더럽혀지지 않은 손으로부터 받듯이 빵을 받는다. 그리스도께서 경외로운 우정의 잔으로 서약하시면서 처음 성찬의 참여자가 되게 하신 그 제자들처럼, 그리스도의 몸(Body)을 받아먹고 그분의 피(Blood)를 마신다.

7. 요약 : 도유는 우리가 그리스도 즉, 기름부음 받은 자에게 참여하도록 해준다

그리스도 한 분이 사제이자 제단이시고, 희생제물이자 봉헌자이시며, 그분을 통하여 봉헌하면서도 그분이 친히 봉헌되시기 때문에,[10] 그분은 하나는 축복의 빵에, 또 다른 것은 도유에 속하게 하면서 신비의 성사들 사이의 기능을 분리시키셨다. 구세주께서는 도유에 의해 제단이요 봉헌자가 되신다. 제단은 기름부음을 받음으로써 처음부터 제단이 되었고, 사제는 기름부음을 받음으로써 사제가 되었다. 그리스도께서는 성부의 영광을 위하여 돌아가셨기 때문에, 십자가와 죽음에 의해 희생제물이 되셨다. 바울로가 말하듯이 "우리는 이 빵을 먹을 때마다 주님의 죽으심을 선포한다."(고린토 1서 11:26) 더 나아가 그리스도께서는 기름인 동시에 성령을 통하여 기름을 부으시는 분이시다. 그러므로 그분은 대부분의 성사를 행하실 수 있고 성화시

---

10). 대입당(Great Entrance)에서의 기도를 비교해 보라. "당신은 봉헌하시는 분인 동시에 봉헌되시는 분이고, 받아들이는 분인 동시에 나누어지는 분이십니다. 오 우리 하느님 구세주여" - 성 요한 크리소스톰의 성찬예배에서

킬 수는 있지만, 하느님이시기 때문에 성화될 수는 없다. 성화의 능력은 제단과 성화시키고 봉헌하는 사람의 몫이지 봉헌되고 성화되는 사람의 몫이 아니다. 왜냐하면 제단은 성화시키는 것이라고 일컬어지기 때문이다. "제단은 제물을 거룩하게 만든다."(마태오 23:19) 그분은 성화되고 신화된 육체, 도유와 채찍질을 받은 육체에 의해 빵이 되신다. 그분은 말씀하신다. "내가 줄 빵은 곧 나의 살이다. 세상은 그것으로 생명을 얻게 될 것이다."(요한 6:51)

그러므로 그분이 봉헌되시는 것은 빵(의 자격)으로서이다. 그분이 당신의 육체를 신화시키셨고 우리를 도유의 참여자로 받아들이셨다는 점에서 봉헌하시는 것은 기름으로서이다. 야곱은 이러한 것들의 전형을 보여주었고, 돌을 도유한 후에 하느님께 바쳤는데,(창세기 28:18) 그가 돌을 봉헌한 것은 도유에 의한 것이었다. 그는 돌로써 구세주의 몸을 암시하였는데 그것은 가장 요긴한 모퉁이돌(에페소 2:20)로서, 그 위에 참된 이스라엘, 곧 성부를 아는 유일한 마음(the Mind, 고린토 1서 2:10)이 그분 신성의 기름을 쏟아 부어주셨다. 혹 야곱은 그분께서 기름을 부어주심으로써 돌맹이들 가운데서 아브라함의 후손들을 들어올리실 것이라는 사실을(마태오 3:9) 우리에게 암시해 주었다. 기름부음을 받은 사람들 위에 내려진 성령은 다른 무엇보다도 입양(入養) adoption)의 성령이시며, 성서에 말한 대로 "우리가 하느님의 자녀라는 것을 증명해 주시고, 우리 마음 안에서 아버지라고 부를 수 있게 해주시는 분이시다."(로마 8:16, 15)

이런 식으로 거룩한 도유는 그리스도 안에서 살기로 결심한 사람들을 도와준다.

제4권
성체성혈성사는 어떻게 우리의 구원에 도움이 되는가

1. 신비의 성사들 중 가장 위대한 성사

우리는 견진성사를 받고 나서 성찬의 식탁으로 간다. 이는 그리스도 안의 삶을 완성시키는 것인데, 그 완성을 이루는 사람은 완전한 축복을 받게 된다. 우리가 받는 것은 죽음과 무덤, 그리고 보다 나은 삶에의 참여가 아니라 바로 부활하신 그리스도이시다. 그리고 우리가 받은 것은 성령의 선물이 아니라, '선물을 주시는 바로 그분', 곧 은총의 전반적인 기초가 되는 바로 그 '성전'(Temple)이시다.

그리스도는 각 신비의 성사에 참으로 현존하신다. 우리는 그분과 더불어 기름부음을 받고 씻음받는데, 그분은 또한 우리의 '성찬'(Feast)이기도 하시다. 그분은 입문하는 사람들과 함께 계시며 당신의 선물을 나누어주시는데, 그 모습은 항상 같은 것이 아니다. 그분이 그들을 세례에서 씻어주실 때는 사악이라는 부정함을 모두 씻어주시고 당신의 형태를 부여하신다. 그들에게 기름을 발라주실 때는 당신께서 우리의 육체를 위하여 보고(寶庫)가 되신 성령의 에너지를 활성화하신다. 그런데 세례를 받은 사람을 성찬의 식탁으로 데리고 가서 당신의 몸을 먹으라고 주실 때에는, 그 사람을 완전히 변화시켜 당신의 상태로 탈바꿈시키신다. 왕과 같아졌을 때, 진흙은 더 이상 진흙이 아니라 왕의 몸이 된다.[11] 이보다 축복 받은 일이 어디 또 있겠는가?

그러므로 그것은 또한 마지막 신비의 성사이기도 하다. 왜냐하면 그것을 초월한다거나 거기에 무엇을 덧붙인다는 것은 불가능한 일이기 때문이다. 첫 번째 신비의 성사인 세례는 두 번째 신비의 성사인 견진을 필요로 하고, 그 두 번째 신비의 성사는 마지막 신비의 성사를 필요로 한다. 그런데 성체성혈 성사를 받은 후에는 더 이상 나아갈 곳이 없다. 우리는 거기에 멈추어 서서, 우리가 받은 보물을 끝까지 보전할 수 있는 방법을 생각해 보아야 한다.

우리가 세례를 받을 때 그 신비의 성사는 거기에 속한 것을 모두 우리에게 주었지만, 우리는 여전히 불완전하였다. 견진성사에 따르는 성령의 선물들을 받지 않았던 것이다. 필립보(Philip)에 의하여 세례를 받은 사람들에게는(사도행전 8:12) 이러한 은총들을 줄 수 있는 성령이 현존하지 않았는데, 세례에 덧붙여서 요한과 베드로의 안수가 필요했다. "그들은 주 예수의 이름으로 세례는 받았지만 아직 성령은 받지 못했던 것이다. 베드로와 요한이 그들에게 손을 얹자 그들도 성령을 받게 되었다."(사도행전 8:16-17)

우리가 이를 얻고 성스러운 예식이 우리 안에 그 능력을 보여주었을 때 우리는 주어진 은총을 소유하게 된다. 그런데 그 뒤의 우리 삶이 은혜를 주신 분과 반드시 보조를 맞춘다는 법은 없다. 우리는 벌을 자초할 수도 있다. 주어진 것을 파괴하지는 않는다 해도, 신비의 성사에 입문하였지만 필요한 것이 모자랄 수도 있는 것이다.

여기에 대해서는 증인이 많다. 사도들이 아직 살아있을 때에 몇몇 고린토인들에게 그런 일이 일어났다. 그들은 성령으로 가득 차서 예언을 하고 방언을 하는 등 은총의 선물들을 보여주었지만, 아직도 영적인 상태에 있지

---

11) 우리는 그리스도의 성사적인(sacramental) 몸을 받음으로써, 그분의 신비로운 몸에 결합되어 그분의 몸이 된다.

않았기 때문에 질투와 야망, 싸움 등의 악에 사로잡혀 있었다. 성 바울로는 이러한 것들 때문에 그들을 비난한다. "여러분은 아직도 육적인 사람들이고 세속적인 인간의 생활을 하고 있습니다."(고린토 1서 3:3) 그들은 하느님의 은총에 참여한다는 점에서는 영적이었지만, 그것만으로는 영혼에서 온갖 악을 몰아낼 수가 없었던 것이다.

성체성혈성사에는 이러한 악들이 없다. 생명의 빵은 성찬에 참여하는 사람들 안에 죽음을 물리치는 효과를 불러일으켜, 그들이 성찬에 참여하는 동안 어떤 악도 존재하지 않고, 그 악들을 끌어들이지도 않으며, 또한 그 악들 때문에 비난받지도 않는다. 이 신비스런 예식이 어떤 사악한 것에 대해 전적으로 유효하다든지, 거기에 참여하는 사람들로 하여금 그 어떤 사악한 것이라도 공유하게 한다는 것은 전혀 불가능한 일이다.

2. 어떻게 성체성혈성사는 세례성사와 견진성사를 완성하는가?

이러한 이유는 무엇인가? 이 신비로운 예식의 효험(效驗)이 여기에 있기 때문에, 그 성사로 거룩하게 되는 사람들은 그것의 열매 중 어느 것도 없어서는 안 되기 때문이다. 그리스도의 약속에 따라, 우리는 성찬을 매개로 그리스도 안에서 살고 그리스도께서는 우리 안에서 사신다. "그 사람은 우리 안에서 살고 나도 그 안에서 산다"(요한 6:57)라고 그리스도께서는 말씀하셨다.

그리스도께서 우리 안에 사시는데, 무엇이 더 필요하며 또한 어떤 은혜가 우리를 피해 가겠는가? 우리가 그리스도 안에 살고 있는데, 더 이상 무엇을 바라겠는가? 우리는 그분 안에 살고 그분은 우리 안에 사신다. 우리가 그분 안에 산다는 것은 얼마나 축복된 일인가? 그분처럼 위대한 분이 우리 안에 사신다니 이 얼마나 축복 받은 일인가? 그런 상태에 있는 사람들에게 그 어떤 선한 것이 부족하겠는가? 그렇게 밝은 빛으로 들어간 사람들이 악과 무슨 관련이 있겠는가? 어떤 악이 그렇게 풍요로운 선을 견디어낼 수 있겠는가? 그리스도께서 그렇게 분명히 우리와 함께 계시고 우리에게 완전히 스며들어 둘러싸고 계시는데, 어떤 악이 계속해서 존재할 수 있으며 또 침투할 수 있겠는가?

그리스도께서는 사방에서 우리를 방패처럼 둘러싸고 계시면서 화살이 우리를 건드리지 못하게 막고 계신다. 왜냐하면 우리는 그분 안에 살고 있기 때문이다. 우리 안에 사악한 것이 있다면 그분은 그것을 밀치고 몰아내신다. 왜냐하면 그분은 우리를 집으로 삼아 살고 계시며, 또한 그 집을 당신으로 채우시기 때문이다. 우리가 참여하는 것은 그분의 일부가 아니라 '그분 자신'(Himself)이다. 우리의 영혼 안에 받아들이는 것은 어떤 광선이나 빛이 아니라 바로 태양 자체이다. 그러므로 우리는 그분 안에 살고 그분은 우리 안에 살며, 우리는 그분과 한 영이 된다. 영혼과 몸, 그리고 그 모든 기능은 즉시 영적인 것이 된다. 왜냐하면 우리의 영혼과 몸과 피는 그분과 일치해 있기 때문이다.

그 결과는 무엇인가? 탁월한 것이 열등한 것을 압도하고, 신적인 것이 인간적인 것을 지배하며, 부활에 관하여 성 바울로가 말한 일이 일어난다. "죽음이 생명에 삼켜져 없어진다."(고린토 2서 5:4) "이제는 내가 사는 것이 아니라 그리스도가 내 안에서 사시는 것이다."(갈라디아 2:20)

오, 신비의 성사들은 얼마나 위대한가? 그리스도의 정신(mind)이 우리의 정신과 섞이고, 우리의 의지가 그분의 의지와 섞이며, 우리의 몸과 피가 그분의 몸과 피와 섞인다는 것은 그 얼마나 신비로운 일인가? 신적인 정신이 우리의 정신을 통제할 때 우리의 정신은 어떻게 되는가? 그 축복 받은 의지가 우리의 의지를 압도할 때 우리의 의지는 어떻게 되는가? 우리의 먼지가 그분의 불에 의하여 삼켜질 때 어떻게 되는가?

성 바울로는 자신은 정신이나 의지, 그리고 생명을 가지고 있지 않고, 이 모든 것이 그리스도를 위한 것이 되었다고 주장한다. "우리는 그리스도의 마음을 지녔습니다."(고린토 2서 2:16) "여러분은 그리스도께서 나를 통하여 말씀하고 계신다는 증거를 찾고 있습니다."(고린토 2서 13:3) "나는 그리스도 예수의 지극한 사랑으로 여러분을 그리워하고 있습니다."(필립비 1:18) 이를 보면 바울로는 그리스도와 같은 의지를 가지고 있다는 사실을 분명히 알 수 있는데, 이 모든 것은 "이제는 내가 사는 것이 아니라, 그리스도께서 내 안에서 사시는 것입니다"(갈라디아 2:20) 라는 말로 요약될 수 있다.

3. 성체성혈성사는 다른 신비의 성사들을 완성시킨다.

성체성혈성사는 그렇게 완전하여 다른 성스러운 예식들을 아주 능가하므로, 선한 것들의 바로 그 정상에 도달한다. 그리고 여기에 인간 노력의 최종 목표가 있다. 왜냐하면 우리는 그 성사 안에서 하느님을 얻고, 하느님은 가장 완벽한 형태로 우리와 일치하시기 때문이다. 하느님과 한 영이 되는 것보다 더 완벽한 일치가 어디 있겠는가?

그러므로 모든 신비의 성사들 가운데 다른 성사들을 완성시켜 주는 것은 성체성혈성사밖에 없다. 그것은 입문하는 예식에서 다른 성사들에 도움이 된다. 그렇지 않으면 다른 성사들이 완성될 수가 없기 때문이다. 성체성혈성사는 입문자들이 입문을 하고 난 뒤, 신비의 성사들로부터 나온 빛의 광선이 죄의 어둠으로 가려져서 (그 효력이) 다시금 되살아나야만 할 때에 도움을 준다. 죄로 인해 퇴색되고 죽은 사람들을 다시 살리는 것은 오직 성찬의 식탁밖에 없다.

4. 부록 – 그리스도의 도유(塗油) 작업

인간이 죄에 떨어졌을 때 인간의 능력만으로는 다시 일어날 수 없으며, 또한 인간의 정의만으로 인간의 악이 정복될 수도 없다. 죄를 짓는 행위 안에는 하느님께 모욕을 가하는 것이 내포되어 있다. 성서는 말한다. "당신은 율법을 범하여 하느님을 욕되게 했다."(로마 2:23) 그 기소(起訴)를 중지하기 위해서는 인간에게 있는 것보다 더 위대한 덕이 필요하다.

가장 비참한 인간은 가장 위대하신 분을 모욕하기가 쉬운데 이 모욕은 그 어떤 명예로도 보상할 수가 없다. 특히 그가 여러 방법으로 그분에게 빚을 졌을 경우, 그리고 모욕을 당한 분이 너무나 우월해서 그분과의 거리가 측량할 수 없을 정도로 멀 때에는 더욱 그러하다. 그럴 때 자신에 대한 기소를 중지시키고자 하는 사람은, 일부는 상환하고 일부는 보상함으로써 모욕당한 분의 명예를 회복시켜 드리고, 그가 빚진 것보다 더 많은 것을 갚아드려야 한다. 그런데 자기 자신의 빚이 얼마인지 알지도 못하는 사람이 어떻게 그것보다 더 많이 갚을 수 있겠는가?

그러므로 자기 자신의 의로움으로 하느님과 화해할 수 있는 사람은 아무도 없다. 따라서 옛 율법으로는 증오를 극복할 수 없고, 새 율법 아래 사는 사람들의 노력으로도 이 평화를 얻을 수 없다. 왜냐하면 전자나 후자 모두 인간의 능력과 인간의 정의가 하는 일이기 때문이다. 바울로는 율법 그 자체를 인간의 정의라고 하였는데, 그는 옛 율법에 대하여 다음과 같이 말한다. "그들은 하느님께서 인간을 당신과의 올바른 관계에 놓아주시는 길을 깨닫지 못하고, 제 나름의 방법을 세우려고 하면서 하느님을 따르지 않았다."(로마 10:3) 우리의 악한 상황에 대한 옛 율법의 효과는 우리를 건강하게 준비시켜 '의사'(Physician)가 치료하기에 알맞도록 준비시켜 주는 데에만 국한된다. 그리하여 바울로는 말한다. "율법은 그리스도께서 오실 때까지 우리의 후견인 구실을 하였습니다."(갈라디아 3:24) 이와 마찬가지로 세례자 요한은 오실 그분을 기다리면서 세례를 주었고, 참된 정의를 위한 인간의 모든 철학과 그들의 노고는 준비나 전제조건에 지나지 않았다.

우리는 스스로의 힘으로는 정의를 보여줄 수가 없으므로, 그리스도께서 친히 "우리를 하느님과 올바른 관계에 놓으셨고 하느님의 거룩한 백성이 되게 하셨으며 해방시켜 주셨다."(고린토 1서 1:30) "그리스도께서는 우리를 하느님과 화해시키시고, 원수되었던 모든 요소를 멀리하셨다."(에페소 2:15–16 참조) 그분은 우리의 본성을 공유하실 뿐 아니라 우리를 위하여 돌아가셨는데, 죽으실 그 당시만이 아니라 항상 그리고 모든 사람을 위하여 그리하셨다. 그분은 그때 십자가에 못박히셨지만, 지금 우리가 후회하며 용서를 청할 때마다 다정하게 맞아주신다.

그분만이 성부께 합당한 명예를 모두 돌려드릴 수 있고 잃어버린 것을 보상해 주실 수 있었는데, 전자는 당신의 생명으로 그리고 후자는 당신의 죽음으로 이루셨다. 그분은 우리가 저지른 모욕을 메워 드리고 성부께 영광을 드리기 위하여 십자가 위에서 돌아가셨고, 우리의 죄로 인해 진 빚을 풍성하게 갚아주셨다. 그분은 당신의 생명으로 당신 자신이 갚으시기에 적합하며 또한 성부께서 받으셔야 할 모든 명예를 갚아드렸다. 그분은 위대한 업적을 많이 행하여 성부께 엄청난 영광을 드렸으면서도, 죄가 하나도 없으신 당신의 생명 또한 바치셨다. 그분은 당신 자신의 율법을 가장 정확하고도 완전하게 실천함으로써 이를 이루었는데, 그분께서 "나는 내 아버지의 계명을 지켰다"(요한 15:10)고 말씀하시는 것처럼 그분 자신이 준수(遵守)한 것만이 아니라, 인간의 삶을 위하여 그분이 규정하신 것들도 그리하셨다. 하늘의 철학을 땅에 심으시고 모범을 보여주신 분은 그분밖에 없는데, 성부를 창조주로 선포하신 바로 그 기적들에 의해서도 이를 행하셨다.(요한 14:10)

이 모든 것들 외에도, 그리스도께서는 인간들 사이에 사셨고 그래서 우리의 육체와 온전히 일치하셨다는 바로 그 사실에 의하여, 당신을 보내신 성부께서 지니셨던 인류에 대한 자애와 사랑을 가장 분명하고 명백하게 보여주셨으며, 또한 그분께 합당한 영광을 드렸다. 자애(慈愛 kindness)를 선한 행위로 측정한다면, 하느님께서는 당신의 섭리 안에서 인류에게 너무나 많은 은혜를 베푸신 나머지, 아무 것도 아끼지 않으시고 당신 존재의 온갖 풍요로움을 인간 본성 안에 포함시키셨다. 왜냐하면 성서가 말하듯이 "그리스도 안에는 하느님의 완전한 신성이 깃들어 있기 때문이다."(골로사이 2:9) 우리는 구세주 안에서 인간에 대한 하느님의 지극한 사랑을 알게 되었다. 그분만이 당신의 행적을 통하여 하느님께서 세상을 얼마나 사랑하셨으며 인류에 대해 얼마나 많은 관심을 기울이시는지를 알려줄 수 있었다. 그분은 그것들을 통하여 니코데모(Nicodemus)로 하여금 인류에 대한 성부의 사랑을 알게 해주셨다. 그분은 "하느님은 이 세상을 극진히 사랑하셔서 외아들을 보내주시어 그를 믿는 사람은 누구든지 멸망하지 않고 영원한 생명을 얻게 하셨다"(요한 3:16) 라는 성서 구절이 세상에 대한 하느님의 무한한 사랑을 증거하는 데 충분하다고 여기신다.

성부께서 당신의 외아들을 내려 보내실 때 인간의 본성에 부여해 주신 것들보다 더 큰 은총이 없다면, 인간은 그분에게서 받은 다정함과 사랑보다 더 큰 영광을 돌려드릴 수 없다는 게 분명해진다. 이런 이유로 구세주께서는 당신 자신과 당신을 낳아주신 분에게 합당한 방법으로 당신 스스로를 통하여 성부께 영광을 드렸다. 왜냐하면 탁월하게 선한 모습을 보여주는 것보다 하느님께 영광이 되는 것은 없기 때문이다.

이는 옛날부터 하느님께서 당연히 받으셔야 했던 영광이었는데, 인간은 그 누구도 그런 영광을 드릴 수가 없었다. 그리하여 그분은 말씀하신다. "나를 아비로 어렵게 아는 사람이 어디 있느냐?"(말라기 1:6) 외아들만이 아버지에게 합당한 영광을 돌려드릴 수 있었다. 그분은 당신이 영광을 드린 성부께 "나는 아버지께서 나에게 맡겨주신 일을 다 하여 세상에서 아버지의 영광을 드러냈습니다"(요한 17:4,6)라고 말할 때 이 사실을 지적하신다.

그분은 말씀(Logos)이시며, 당신을 낳아주신 분의 분명한 모습을 지니고 있다. "그 아들은 하느님의 영광을 드러내는 찬란한 빛이시요, 하느님의 본질을 간직하신 분이시다."(히브리 1:3) 그분이 인간이 되심으로써 감각에 의해 살아가는 사람들이 그분을 알 수 있게 되었으므로, 당신을 낳아주신 '마음'(Mind)의 선한 의지를 알려주셨다. 필립보(Philip)가 성부를 보게 해달라고 했을 때 구세주께서 "나를 보았으면 곧 아버지를 본 것이다"(요한 14:19)라고 말한 것은 바로 이를 두고 말씀하신 것이라고 생각한다. 그러므로 이사야는 "그분은 탁월한 경륜가라 불릴 것입니다"(이사야 9:6, 70인 역)라고 말한다.

5. 구속(救贖)의 적용인 성체성혈성사

외아들이 성부의 영광에 속한 일을 모두 행하셨으므로, 그분만이 "유다인과 이방인이 서로 원수가 되어 갈리게 했던 담을 헐어버리고"(에페소 2:14) 인간을 그 기소(起訴)에서 벗어나게 해주셨다. 두 본성을 모두 지닌 예수님은 우리와 공유하시는 인성과 일치하여 성부께 영광을 드리고, 당신의 몸과 피로 놀라운 영광의 관을 만들어내셨으므로, 그리스도의 몸은 죄에 대한 유일한 약이요 그리스도의 피는 죄에 대한 유일한 몸값이다.

이런 이유로 그분은 처음부터 존재하시며 하느님의 영광을 드러내셔야 했던 것이다. 그분은 구세주로서 말씀하신다. "나는 오직 진리를 증언하려고 났으며 그 때문에 세상에 왔다."(요한 18:37) 그때부터 그분은 항상 이 목적에 이바지하는 일만 수행하셨다. 그분은 특히 이 목적에 기여하는 고통만 겪으셨다. 그리하여 그분의 몸은 완전한 '신성(神性 Deity)'의 보고가 되었다. 그분은 죄를 맛보지 않으셨지만 모든 정의를 실현하셨으며, 당신의 말씀과 행위를 통하여 형제들에게 그들이 알지 못했던 성부를 선포하셨다.

이것은 십자가 위에서 죽음을 당하시고, 두려움과 고뇌를 겪고 땀을 흘리심으로써, 그리고 배신당하고, 체포되고, 무도(無道)한 심판관을 참아내심으로써, 죽임을 당하는 예비단계를 견디신 몸이다. 성 바울로가 말하듯이, 그 몸은 "본디오 빌라도에게 당당하게 증언함으로써"(디모테오 1서 6:14) 이 고백에 대하여 죽음의 형벌을 치르셨는데, 십자가 위에서의 죽음을 겪으셨다. 그 몸은 등에는 태형(笞刑)을 받고, 손과 발에는 못이 박히고, 옆구리는 창에 찔렸으며, 채찍질당하고 십자가에 못박히심으로써 고통을 받으셨다. 상처에서 나온 피는 태양을 어둡게 하고 땅을 뒤흔들었으며, 공기를 신성하게 하고 온 세상을 죄의 더러움에서 씻어주었다.

글로 쓰여진 법은 영적인 법을 필요로 하였고, 불완전한 것은 완전한 것을 필요로 하였다. 덕을 완성할 수 없었으므로 그 덕을 행할 능력이 있는 것을 필요로 했다. 이와 마찬가지로, 세례를 받은 후에 죄를 뉘우치면서 슬픔과 눈물에 젖어서 은총을 갈망하는 사람들은 '새로운 계약의 피'와 죽음을 당한 '몸'을 필요로 한다. 왜냐하면 그것이 없이는 아무 소용이 없기 때문이다.

6. 어떻게 이 신비의 성사는 우리를 그리스도께 일치시키는가

거룩한 디오니시오스는[12] 말하기를, 신비의 성사들에 성찬이 더해지지 않으면 성화시킬 수도 없고 그 고유의 효과를 낼 수도 없다고 한다. 인간의 노력과 정의는 죄를 사해준다거나 그 외의 다른 결과를 가져올 수 없다. 게

---

[12] 동방교회에서 못지않게 중세의 서방에서 높이 존경받던 동방의 신비저자로서, 성 바울로의 제자인 아레오파고의 디오니시오스(Dionysius the Areopagite)(사도행전 17:34)로 오인될 때가 많다.

다가 거룩한 신비의 성사들 중에는 죄를 뉘우치고 사제에게 고백하면 심판자이신 하느님의 벌을 면할 수 있는 성사가 있기는 하지만, 이 신비의 성사에서도 성체성혈성사를 하지 않고는 그 효과를 얻을 수 없다.

이런 이유로 우리는 세례는 단 한 번 받지만 성체성혈성사는 자주 한다. 왜냐하면 우리는 인간이기 때문에 하느님을 거슬러 죄를 지을 때가 종종 있기 때문이다. 그러나 기소를 기각하기 위해서는 인내와 노력, 죄에 대한 승리가 필요하다. 그렇지만 인간의 죄에 대한 유일한 치유책(治癒策)이 추가되지 않고는 이를 성취할 수 없을 것이다.

야생의 올리브를 훌륭한 올리브에 접목(椄木)시키면 훌륭한 올리브 나무에 완전히 동화되어 그 열매는 더 이상 예전의 올리브 나무와 같은 것이 아니다. 이와 마찬가지로 인간의 정의는 그 자체로는 아무 소용이 없지만, 그리스도의 몸과 피에 참여함으로써 결합되면, 즉시 죄의 사함을 받고 하늘나라를 물려받는 등 엄청난 은총이 생겨난다. 이는 그리스도 정의의 열매들이다. 우리가 성찬에서 우리의 몸보다 훨씬 우월한 그리스도의 몸을 받듯이, 우리의 정의는 그리스도를 닮은 정의가 된다. "우리는 다 함께 그리스도의 몸을 이루고 있으며 한 사람 한 사람은 그 지체가 되어 있습니다"(고린토 1서 12:27)라고 하는 말이 우리의 몸에만 해당되어서는 안 된다. 영혼과 그 활동도 여기에 참여시켜야 한다. 왜냐하면 "주님과 합하는 사람은 주님과 영적으로 하나가 되기 때문이다."(고린토 1서 6:17) 이 말은 이러한 참여와 성장이 특히 정신과 영혼에 적용된다는 것을 보여준다.

이런 이유로 그분은 육체로만 인간의 형상을 취하신 것이 아니라,[13] 영혼과 정신과 의지 등 모든 면에 있어서 인간적인 것을 취하셨는데, 그것은 우리의 본성 전체에 일치되고 우리에게 완전히 침투하여 당신의 것을 우리의 것에 완전히 결합시킴으로써 우리를 당신께로 용해(溶解)시키기 위해서

---

13) 아폴리네리안(Apollinarian)의 오류로서, 그는 그리스도가 불완전한 인성을 지녔다고 주장하였는데, 이는 381년 콘스탄티노플 공의회에서 정식으로 단죄되었다.

였다.

 그분은 죄에 관해서만은 우리와 공통점이 없으므로, 죄를 지은 사람들과 어울릴 수 없고 또 일치할 수 없다. 그분은 인간에 대한 사랑으로 우리에게서 다른 것들을 모두 받아들이셨고, 더욱 큰 사랑으로 당신의 것을 우리와 결합시키셨다. 첫 번째 것은 하느님께서 땅에 내려오셨다는 것을 의미하고, 두 번째 것은 그분이 우리를 땅에서 하늘로 들어올리셨다는 것을 의미한다. 그러므로 한편으로는 하느님께서 육화하셨고 다른 한편으로는 인간이 신화(神化)되었다. 전자의 경우에는 그리스도께서 한 몸과 한 영혼 안에서 죄를 극복하셨다는 점에서 전 인류가 비난을 면하게 되었고, 후자의 경우에는 각 사람이 죄에서 풀려나 하느님께 받아들여질 수 있게 되었는데, 이는 인간에 대한 훨씬 위대한 사랑의 행위이다. 우리로서는 하느님께 올라가는 것이 불가능하고 그분의 것에 참여할 수가 없기 때문에, 그분이 우리에게 내려오시어 우리의 것을 취하셨다. 그분은 우리의 인성과 너무나 완전하게 일치하셨기 때문에, 우리에게서 취하신 것을 우리에게 주심으로써 당신 자신을 나누어주신다. 우리는 그분의 '몸'과 '피'를 취함으로써 하느님을 우리의 영혼에 받아들인다. 그러므로 우리는 하느님의 몸과 피 그리고 그분의 인성뿐 아니라 그분의 영혼과 정신과 의지를 받아들인다.

 나의 나약함에 대한 치유책으로 인간이 되신 하느님이 필요했다. 왜냐하면 그분이 하느님이시기만 했다면 우리와 일치할 수가 없었을 것이고, 우리의 성찬이 되실 수 없었을 것이기 때문이다. 한편 그리스도께서 우리와 똑같은 정도에 불과하다면 그분의 성찬은 효과가 없을 것이다. 그렇지만 그분은 하느님인 동시에 인간이므로, 당신과 같은 본성을 지닌 인간과 일치하고 우리를 다른 인간들과 일치시키신다. 그분은 당신의 신성으로 우리 인간의 본성을 들어 높이고, 초월할 수 있으며, 또 당신께로 변화시킬 수 있으시다. 왜냐하면 위대한 능력이 열등한 것과 관계를 맺을 때는 그 열등한 것들이 자기들의 특징을 유지하지 못하게 만들기 때문이다. 쇠가 불 속에 들어가면

쇠의 특징을 지니지 못한다. 흙과 물이 불 속에 던져지면 불의 특징 때문에 그것들의 특징이 변한다. 이렇게 비슷한 힘을 가진 것들 중에서 강한 것이 약한 것에 영향을 미친다면, 하물며 그리스도의 놀라운 능력이야 어떠하겠는가?

그리스도께서 당신 스스로를 우리에게 부어주시고 우리와 융합(融合)되시었다. 그분은 물 한 방울이 광대한 향유의 바다에 부어짐으로써 향유로 변하듯이 우리를 당신께로 변화시키고 탈바꿈시키셨다. 이 향유는 거기에 떨어지는 것들에게 실로 엄청난 일을 할 수 있기 때문에, 향유가 우리로 하여금 달콤하고 좋은 냄새가 나게 할 수도 있을 뿐 아니라, 우리의 전체 상태가 달콤한 향기가 되기도 한다. 성서는 말한다. "우리는 하느님께 바치는 그리스도의 향기입니다."(고린토 2서 2:15)

7. 그리스도의 몸(flesh)은 어떻게 우리를 육체의 법으로부터 해방시켜 주는가

우리가 악이 하나도 없는 상태에서 성찬에 참여하고 또 그 후로도 악을 끌어들이지 않는다면, 그 성찬의 능력과 은총은 엄청난 것이다. 우리가 준비되어 있다면, 그리스도와 우리의 완전한 일치를 방해하는 것은 하나도 없다. 이 일치에 대하여 성 바울로는 "이는 위대한 신비입니다."(에페소 5:32)라고 말했다. 이는 거룩한 신랑이 신부인 교회와 짝을 짓는 결혼식이다. 그리스도께서 당신을 둘러싸고 있는 사람들에게 양식을 주시는 것은 바로 이곳이다. 우리는 이 신비의 성사를 통해서만 "그분 뼈에서 나온 뼈요, 그분 살에서 나온 살"(창세기 2:21)이 된다. 이는 바울로 사도가 결혼을 묘사한 용어이다. 세례자 요한은 자신을 신랑의 친구라고 말하면서(요한 3:28) 그리스도를 신부를 맞는 신랑으로 표현한다.

이 신비의 성사는 이미 깨끗해진 사람들에게 빛이 된다. 그것은 깨끗해지고 있는 사람들이 깨끗해지는 데 필요한 도구가 되고, 악한 열정을 거슬러 싸우는 사람들에게 도유(塗油)가 된다. 티를 빼낸 눈처럼 죄로부터 깨끗해진 사람이 할 일은 세상의 빛을 받는 것밖에 없다. 아직도 자신들을 깨끗하게 씻어줄 수 있는 도구를 필요로 하는 사람들을 위해 그 밖에 다른 어떤 수단이 있겠는가? 이는 그리스도의 특별한 사랑을 받은 요한이 말하듯이 "하느님 아들의 피가 우리를 온갖 죄에서 해방시켜 주기 때문이다."(요한 1:7) 악한 자에 대한 승리에 관하여 말하자면, 그리스도만이 그것을 이길 수 있고, 그리스도만이 당신의 몸을 죄에 대한 승리의 전리품으로 세울 수 있는 분이시라는 사실을 모르는 사람은 없을 것이다. 그분은 공격받고 있는 사람을 원조해 줄 수 있는데, 당신께서 친히 유혹을 받고 고난을 당하셨을 때 이를 극복하셨기 때문이다.(히브리 2:18 참조)

우리의 육체(flesh)는 영적 생활과 아무런 관계가 없고, 오히려 원수 관계에 있으며 또한 아주 적대적이다. 성서에서 말하듯이 "육체의 욕망은 성령을 거스르므로"(갈라디아 5:17), 지상적인 육체를 거슬러 한 육체, 곧 영적인 육체가 고안되었다. 한 육체의 법에 의해 세속(carnal)의 법이 폐기되고, 육체가 영에 굴복하고 또 그것이 죄의 법을 거스르도록 도와준다. 그렇기 때문에 이 축복 받은 육체가 존재하기 전에는 아무도 영적인 삶을 살 수가 없었다. 바로 그 법 자체는, 아직 철학에 의하여 아주 복잡해지지 않았는데도 지켜지지 않았다. 그리고 인간들 사이에는 우리가 타고난 불운에 대항할 수 있도록 도와줄 능력을 가진 것이 하나도 없었다. 왜냐하면 성서에서 말하듯이 "율법이 우리 본성 때문에 약해졌고"(로마 8:3), 그 능력을 보존할 수 있는 또 다른 육체를 필요로 했기 때문이다. 바울로는 말한다. "인간의 본성이 약하기 때문에 율법이 이룩할 수 없었던 것을 하느님께서 이룩하셨습니다. 하느님께서는 당신의 아들을 죄많은 인간의 모습으로 보내어 그 육체를 죽이심으로써 이 세상의 죄를 없이 하셨습니다."(로마 8:3)

이런 이유로 우리는 이 신성한 몸(flesh)을 항상 필요로 하고 항상 그 성찬에 참여한다. 그리하여 성령의 법이 우리 안에서 활동할 수 있게 하고, 육체의 삶을 살아갈 여지가 없게 하고, 마치 받치고 있던 것이 없어졌을 때의 무거운 몸처럼 땅으로 자빠져 넘어질 여지를 남겨놓지 않는다. 왜냐하면 그 신비의 성사는 모든 목적에 완벽하고, 또 거기에 참여하는 사람들은 성사가 아주 탁월한 방법으로 제공해주지 않는 것은 하나도 필요로 하지 않기 때문이다.

8. 성체성혈성사는 어떻게 우리가 "영과 진리 안에서" 예배할 수 있게 해주는가

　그런데 우리는 아주 비참한 인간이므로 그 봉인(封印)이 변하지 않은 채 있을 수는 없다. "하느님께서는 질그릇 같은 우리 속에 이 부활을 담아 주셨기 때문이다."(고린토 2서 4:7) 그러므로 우리는 단 한 번이 아니라 거듭해서 이 치유 행위에 참여해야 한다. 옹기장이가 옹기를 만들 때는 옆에 지켜 앉아서 손상된 형상을 거듭해 회복시킨다. 우리는 '의사'(Physician)가 손상되는 몸을 치유하고 스러져가는 의지를 다시 세우는 동안, 우리도 모르는 사이에 죽음이 스며들지 않도록 계속해서 '의사'의 손길을 체험해야 한다. 왜냐하면 그분은 "잘못을 저지르고 죽었던 우리를 그리스도와 함께 다시 살려주셨기"(에페소 2:5) 때문이고, "그리스도의 피는 우리의 양심을 깨끗하게 하는 데나 죽음의 행실을 버리게 하고 살아 계신 하느님을 섬기게 하는데 큰 힘이 되기"(히브리 9:14) 때문이다. 성찬의 능력은 우리를 복된 심장(Heart)으로부터 나오는 참된 생명으로 이끌어 주며, 거기서 우리는 하느님을 순수하게 예배할 수 있게 된다.
　하느님에 대한 순수한 예배가 그분께 종속되고, 그분께 순종하며, 모든 일을 그분이 시키는 대로 하는 데 있다면, 그분의 지체가 되는 것만이 그분께 종속될 수 있는 유일한 방법이다. 머리 말고 누가 지체에게 명령을 할 수 있겠는가? 다른 거룩한 예식들을 통하여서도 그리스도의 지체가 되는 반면에, 생명의 빵은 가장 완전하게 이런 효력을 발생시킨다. 왜냐하면 지체들이 머리와 심장 때문에 살듯이, "나를 먹는 사람은 나의 힘으로 살 것이기"(요한 6:57) 때문이다.

인간도 음식을 먹고 살지만, 이 거룩한 예식 안에서와 같은 방법으로는 아니다. 자연의 음식은 그 자체가 살아 있는 것이 아니기 때문에, 저절로 우리 안에 생명을 불어넣어 주는 것은 아니고, 몸 안에 있는 생명을 도움으로써 그것을 섭취하는 사람에게 생명의 원인이 되는 것 같다. 그렇지만 '생명의 빵'은 살아 있는 '그분' 자신이시고, 그분을 통하여 그분을 받아먹는 사람을 참으로 살게 해준다. 고기와 빵 등 자연의 음식은 먹는 사람의 피와 살로 변하는데, 여기서는 정반대의 일이 일어난다. 생명의 빵이신 그분을 먹는 사람이 변화되고 탈바꿈되어 그분과 닮는 것이다. 그분은 우리의 머리요 심장이시기 때문에, 우리는 움직이고 살아가면서 그분께 의지한다. 그분이 생명을 지니고 계시기 때문이다.

이것은 구세주께서 몸소 계시해 주신 것이다. 그분은 음식과 같은 방법으로 우리의 생명을 지탱해 주시는 것이 아니고, 그분 스스로 본성적으로 생명을 가지고 계시기 때문에, 심장이나 머리가 지체에게 생명을 나누어 주듯이 그 생명을 우리에게 불어넣어 주시는 것이다. 그리하여 그리스도께서는 당신을 "살아 있는 빵"(요한 6:51)이라고 부르시고, "나를 먹는 사람은 나의 힘으로 살 것이다"(요한 6:57)라고 말씀하신다.

그러므로 "영과 진리 안에서 하느님을 섬기고"(요한 4:24) 그분께 순수한 예배를 드리는 것이 성찬의 효과이다. 그러므로 우리는 이 신비의 성사로부터 그리스도의 지체가 되는 선물을 받고 또 그분을 닮게 된다. 우리가 죽어 있던 때에는 살아계신 하느님께 예배(homage)를 드릴 수가 없었다. 그런데 우리가 성찬에서 끊임없이 경축하지 않으면, 살아 있거나 죽음의 행위로부터 해방될 수도 없다. 하느님께서는 영적인 분이시다. 그러므로 예배하는 사람들은 "영과 진리 안에서 하느님을 섬겨야 하듯이"(요한 4:24), 살아계신 하느님을 예배하기로 한 사람들은 살아 있어야 한다. 왜냐하면 그리스도께서 "하느님은 죽은 이들의 하느님이 아니라 살아 있는 이들의 하느님이다"(마태오 22:32)라고 말씀하셨기 때문이다

9. 성체성혈성사는 어떻게 우리를 하느님의 자녀로 만드는가

그러므로 올바른 이성에 따라 살고 덕을 향하여 가는 것은 하느님을 예배하는 것이다. 전자(前者)의 삶은 노예의 일이기도 하다. 왜냐하면 그리스도께서 "너희도 명령대로 모든 일을 다 하고 나서는 '저희는 보잘것없는 종입니다. 그저 해야 할 일을 할 따름입니다' 하고 말하여라"(루가 17:10)라고 말씀하셨기 때문이다. 그런데 (후자의) 이 예배는 자녀들에게서만 받을 수 있다. 우리가 부르심을 받은 것은 노예의 신분이 아니라 자녀의 신분이다. 그러므로 "자녀들은 다 같이 피와 살을 가지고 있다"(히브리 2:14)고 성서에 쓰여 있듯이, 우리는 그분의 살과 피를 나눈다. 그분이 우리의 아버지가 되시고, "하느님께서 주신 이 아이들과 나를 보라"(이사야 8:18)는 말씀을 할 수 있도록 우리와 살과 피를 나누는 분이 되셨으므로, 우리는 그분의 살과 피를 나눔으로써 그분의 자녀가 되어야 한다. 이렇게 우리는 성스러운 예식을 통하여 그분의 지체(肢體)가 될 뿐 아니라 그분의 자녀가 되어, 기꺼이 순종하며 준비된 마음으로 그분을 섬길 수 있게 된다. 이 예배는 너무나 놀랍고 훌륭해서 자녀와 지체라는 두 가지 은유로 묘사되어야 한다. 왜냐하면 그중 어느 것도 그것을 충분하게 묘사할 수 없기 때문이다. 우선 우

리의 지체들이 머리에 의하여 움직이듯이, 하느님께서 움직여 주지 않으시면 우리는 움직일 수가 없다. 이는 하나도 이상한 일이 아니다. 한편 더구나 우리를 낳아준 육신의 아버지께 순종하여 따르면서, 영적인 아버지께 종속되어 살아가야 한다는 것은 더욱 당연한 일이 아니겠는가?(히브리 12:9) 그런데 지체로서 종속되면서도 이성의 자율성을 지니고 있을 수 있다는 사실은 정말 놀라운 일이다.

이것이 우리가 하느님의 자녀로서 입양된 현실이다. 인간의 입양과는 달리 유명무실한 것도 아니고, 또한 같은 출산과 산통(産痛)을 겪지 않은 채 친자(親子)와 같은 성(姓 name), 같은 아버지를 갖는 것만 의미하지도 않는다. 그러나 이 경우 참된 탄생과 외아들을 공유하는 나눔이 있다. 성(姓 surname)만이 아니라 바로 그분의 존재와 피와 몸과 생명을 함께 나누는 나눔이 있는 것이다. 그렇다면 외아들이신 분의 아버지께서 우리 안에 있는 그분의 지체를 알아보시고, 우리의 얼굴에서 아들의 형상을 발견하는 것보다 더 위대한 일이 어디 있겠는가? 성서는 말한다. "하느님께서는 이미 오래 전에 택하신 사람들이 당신의 아들과 같은 모습을 가지도록 이미 정하셨습니다."(로마 8:29)

우리는 본성에 있어서 그분과 더욱 닮고 친자녀들보다도 더 비슷하게 된다. 그런데 왜 이 자녀됨(sonship)을 허구적(虛構的)인 것이라고 불러야 하는가? 그렇게 태어난 사람들은 친자녀로 태어난 사람들 이상으로 하느님의 자녀이고, 또 친자녀만큼이나 더욱 참된 자녀들이다. 인간을 우리의 친아버지로 만들어주는 것은 무엇인가? 우리의 육신이 그들로부터 나왔고 우리의 생명이 그들의 피로부터 만들어졌다는 사실에 있다. 이것은 마찬가지로 구세주에게도 적용된다. 우리는 그분의 살에서 나온 살이요 그분의 뼈에서 나온 뼈이다. 그런데 이 두 가지 참여 사이에는 엄청난 차이가 있다. 친자녀의 경우, 그들의 피는 아들이 되기 전에는 부모에게 속했지만 일단 태어난 다음에는 그 부모에게 속하지 않는다. 그리하여 자녀됨은 한때 부모에게 속했던 것이 자녀에게 속한다는 사실에서 비롯된다. 그런데 성스러운 예식의 효과는 우리가 (마심으로써) 살아가는 피가 지금도 그리스도의 피라는 것과, 신비의 성사에서 우리를 확증(確證)해주는 살이 그리스도의 몸이라는 것, 그리고 더욱이 우리가 그분과 함께 지체와 생명을 가진다는 데 있다.

참된 일치는 같은 것이 양쪽에 동시에 현존하는 데 있다. 하지만 양쪽이 같은 것을 갖더라도 동시에 갖지 않고 한 번은 이쪽이 갖고 다음 번에는 저쪽이 갖는다면 그것은 나눔이라기보다는 분리이다. 한 쪽이 소유하고 있는 것이 같은 방식으로 양쪽에 모두 현존하지 않기 때문에 결합할 수도 없다. 그리하여 그들은 서로 나누거나 진정으로 공유하지 못한다. 다시 말해서 어떤 것이 지금은 한 쪽에 속하고 나중에 다른 쪽에 속한다면, 그것은 나눔의 시늉에 지나지 않는다. 한 사람이 떠난 다음에 다른 사람이 와서 그 집에 사는 것도 함께 사는 것이 아니고, 직장에서 어떤 사람의 후임으로 앉는 것도 사무실과 업무를 공유하는 것이 아니다. 동시에 같은 집에 살고 같은 시간에 같은 사무실에서 일하는 것이 공유하는 것이듯이, 이 경우에도 마찬가지이다. 우리는 그들을 동시에 우리의 부모로 삼을 수 없기 때문에, 그들의 살과 피를 나누는 것이 아니다. 그런데 그리스도와는 항시 몸과 피, 지체 등을 공유하기 때문에 참으로 함께 나눈다.

살과 피를 나누는 것이 우리를 자녀로 만든다면, 탄생이 우리를 우리의 친부모와 닮게 한 것보다도 더 밀접하게 성찬이 우리를 구세주와 닮도록 만들었다는 것은 분명하다. 부모들과는 달리, 그분은 생명을 주신 다음 우리를 떠나는 것이 아니라, 항상 우리와 함께 있고 우리와 일치해 있다. 그분은 당신의 현존으로 우리에게 생명을 주시고 우리가 존재하도록 지탱해 주신다. 자기의 부모들로부터 떨어져 나갔다고 해서 죽은 사람은 없지만, 그리스도로부터 떨어져 나간 사람들에게 남는 일은 죽음밖에 없다. 더욱 엄청난 것을 말해 보겠다. 자연적인 자녀의 경우 자신들을 낳은 사람과 헤어지기 전에는 그렇게 될 수 없다. [이 경우] 최초의 분리라는 사실로 인해 어떤 사람은 낳고 어떤 사람은 태어난다. 그렇지만 신비의 성사들의 경우에 분리는, 사라져 더 이상 존재하지 않는 것을 의미하는 반면, 자녀 됨은 일치되고 나누는 데 있다.

10. 성체성혈성사는 어떻게 그리스도 안에서 새로운 인간을 형성하는가

그러므로 혈연(血緣)이라는 이름이 어떤 나눔을 의미하고, 같은 피를 나눈 사람들을 가리킨다면, 우리가 그리스도와 나누는 것은 유일한 피의 나눔, 혈연관계, 자녀 됨이다. 따라서 인간이 이러한 형태의 탄생을 받았을 때, 그것은 그들의 자연적인 출생조차 덮어 감춘다. 성서는 말한다. "그분을 받아들이고 믿는 사람들에게는 하느님의 자녀가 되는 특권을 주셨다."(요한 1:12) 그들이 비록 이미 출생했고, 그들을 낳은 사람이 육친(肉親)이고, 자연적인 출산이 영적인 출산에 선행한다 하더라도, 두 번째 탄생이 첫 번째 탄생을 너무나 압도하기 때문에 그 흔적이나 이름도 남아 있지 않다. 그리하여 '거룩한 빵'은 새로운 인간을 데려오고, 옛 인간을 뿌리 뽑아 내던진다. 이 또한 성찬의 효과이다. 왜냐하면 성서에서 "그들은 혈육으로 난 것이 아니다"(요한 1:13)라고 말하고 있기 때문이다. 우리가 그분을 받아들일 때마다 "받아들여라"(마태오 26:16)라는 말을 체험하고, 그것이 말한 신비의 성사를 체험한다. 우리가 참으로 그리스도를 손에 받고 그리스도를 우리의 입으로 받아들이는 성찬에, 그리고 영적으로 혼합되고, 육체로 일치되고, 피가 뒤섞이는 성찬에 초대받았다는 사실은 명백하다. 그리고 그렇게 되는 것이 옳은 일이다. 왜냐하면 구세주를 받아들이고 그분께 끝까지 의지하는 사람에게, 그분은 지배하는 머리이시며 그들은 그분에게 합당한 지체이기 때문이다.

지체들은 머리가 태어난 것처럼 태어나야 한다. 그 육체는 "혈육으로나 육적으로나 사람의 욕망으로 난 것이 아니라 하느님에게서"(요한 1:13), 곧 성령으로부터 난 것이다. 왜냐하면 "그의 태중에 있는 아기는 성령으로 말미암은 것이기 때문이다."(마태오 1:20) 이러한 머리의 탄생은 복된 지체들의 탄생이었기 때문에 -왜냐하면 머리의 탄생으로 지체가 생겨나므로- 지체도 이런 식으로 태어나는 것은 마땅한 일이다. 그러므로 탄생이 인간에게 있어 인생의 시작이라면, 태어나는 것은 삶을 시작하는 것이고, 그리스도께서는 그분에게 굳게 결합해 있는 사람들의 생명이시며, 따라서 그리스도께서 이 생명에 들어오셔서 태어나셨을 때 그들이 태어난 것이다.

성찬의 은총은 너무나도 풍부하다. 그것은 심판에서 구제해 주고, 죄에서 비롯되는 수치를 씻어주는가 하면, 우리의 젊음을 새롭게 해준다. 그리고 우리를 어떤 신체적 유대보다도 더 가깝게 그리스도께 결합시켜 준다. 간단히 말해 성체성혈성사는 우리를 참된 그리스도교 안에서 가장 탁월하게 완성시켜 주는 성스러운 예식이다.

11. 성체성혈성사와 세례성사의 비교

a) 우리에게 주어진 정화(淨化)와 관련하여

성체성혈성사는 모든 성사들 중에서 가장 완벽하고 또 세례성사보다 위대하기는 하지만, 죄를 사해주는 면에서는 세례성사보다 효력이 못하다는 사실을 보고 놀라는 사람이 많다. 성체성혈성사를 하기 위해서는 (참여자인) 우리 쪽의 노력이 필요한 반면, 세례성사에는 사전의 노력이 필요 없다. 세례성사에서 깨끗해진 사람들의 경우, 세례를 받은 사람들과 죄를 한 번도 짓지 않은 사람들 사이에 아무런 차이가 없다. 그렇지만 성체성혈성사를 자주 하는 사람들 중에는 자신이 지은 죄의 흔적을 지닌 사람들이 많다.

좀더 분명히 구분해 보기로 하자. 죄를 지은 경우 우리는 그 안에서 죄를 지은 사람, 악한 행위, 그로 인한 벌, 영혼에 침투하는 악한 성향 등 네 가지를 찾아볼 수 있다. 죄를 지은 사람은 그 행위를 중지하고 나서 세례의 씻음을 향해 가야 한다. 세례는 노력 없이도 죄책감과 질병을 곧바로 없애 준다. 그리하여 우리는 세례가 죄를 지은 사람을 죽인다고 여긴다. 왜냐하면 그는 물 속에서 죽고, 씻음을 통하여 새로운 사람이 나온다고 믿기 때문이다.

죄스런 상태에 적합한 고통과 아픔을 겪은 후에 성체를 영하면, 죄책감에서 해방되며 영혼은 그 악한 상태로부터 정화된다. 그렇지만 새롭게 창조될 수는 없기 때문에 죄가 죽어 없어지는 것은 아니다. 성체성혈성사는 자신의 삶을 개선하지 않는 그를 죄의 범주 안에 남아 있도록 허용하는데, 그것은 단지 그가 유죄이기 때문만이 아니라 염치없고 뻔뻔스럽기 때문이다. 그리고 그들이 상처에 대하여 합당한 염려를 하지 않아, 치유의 능력에 필요한 영혼의 준비를 충분히 하지 않고 왔기 때문에, 병의 표시와 옛 상처의 흔적을 아직 지닌 사람들도 있다.

그리하여 죄의 정화와 관련지어 볼 때, 성체성혈성사는 죄지은 사람을 죽게 하고 새롭게 태어나게 하는 것이 아니라, 죄지은 사람이 노력하면서 살아 있는 동안 단지 씻어주기만 한다는 점에서 세례성사와 다르다. 죄스런 상태는 세례성사 때의 씻음에 의하여 깨끗해지지만, 성체성혈성사 때에는 성체와 성혈을 받아 모심으로써 깨끗해진다.

b) 우리에게 요구되는 협력과 관련하여

이제 우리에게 요구되는 노력에 대해 말하기로 하자. 세례성사는 아직 일치되지 않은 사람이나 선(善)을 위한 경주(競走)를 할 수 있는 힘을 가지지 못한 사람들을 받아들이기 때문에, 모든 것을 무상(無償)의 선물로서 준다. 우리 쪽에서는 아무 것도 할 필요가 없다. 그렇지만 성찬은 이미 일치된 사람들, 그리고 살아 있고 자기 자신을 부양할 수 있는 사람들을 위하여 차려져 있다. 그것은 우리가 마지못해 끌려오거나 지체하지 않고, 도리어 스스로 분발하고, 이미 숙련된 주자(走者)처럼 움직이면서, 우리에게 주어진 능력과 무기를 사용하며, 또한 선을 추구할 수 있도록 해준다.

우리가 구태여 사용할 필요가 없는 것을 받아들이게 할 필요가 있을까? 집에 남아 잠자는 사람에게 힘을 주고 무장시킨들 무슨 소용이 있는가? 처음에 태어나거나 나중에 기꺼이 씻음 받고자 하는 사람들의 편에서 애써 투쟁하고 노력할 시간이 없다면, 우리가 우리 자신에게조차 쓸모가 있을 때는 언제일까? 덕을 추구하려는 경쟁이 없다면, 인간이 할 일은 무엇인가? 혹은 칭찬 받을 만한 행동은 하나도 하지 않고 항상 악한 일로 분주했던 사람들의 경우보다 더 나쁜 것이 어디 있겠는가?

그러므로 인간에게 일할 장소와 분투할 시간을 주고, 신비의 성사를 통하여 이미 완성과 능력을 받은 사람들에게 그들의 본성에 맞게 노력할 수 있는 기회를 줄 필요가 있다. "주님께서 내신 날"(시편 118:24)이 올 때 우리는 더 이상 잠들어 있지 않고, 다윗이 "사람들은 일하러 나와서 저물도록 수고합니다"(시편 104:23)라고 말하듯이 우리의 일에 종사해야 한다. 낮이 지나면 아무도 일을 할 수 없는 밤(요한 9:4)이 따라오듯, 이 낮이 오기 전에는 전혀 일을 할 수 없는 밤이 온다. "어둠 속을 걸어가는 사람은 자기가 어디로 가는지 모른다"(요한 12:35)라고 그리스도께서 말씀하셨듯이, 그 밤이 땅에 퍼져 있기 때문에 어디로 가야 할지 아는 사람은 아무도 없다.

'태양'이 떠올라 신비의 성사를 도구로 하여 그 빛을 사방으로 퍼뜨리기 때문에, 인간의 노력과 활동을 더 이상 미룰 수가 없다. 우리는 "이마에 땀을 흘려"(창세기 3:19) 빵을 먹어야 한다. 왜냐하면 그것은 이성이 주어진 사람들에게만 할당되어서, "우리를 위하여 쪼개진 것"(고린토 1서 11:24)이기 때문이다. 주님께서는 "없어지지 않을 양식을 얻도록 힘써라"(요한 6:27)라고 말씀하시며, 게으르거나 태만하지 말고, 일하는 사람으로서 당신의 성찬에 오라고 명하신다. 그런데 성 바울로가 "일하기 싫어하는 사람은 먹지도 말라"(테살로니카 2서 3:10)고 말하면서 이 세상의 덧없는 식탁을 게으른 사람에게 금하였다면, 하물며 성찬에 초대받은 사람에게야 어떠하겠는가?

앞서 말한 것으로 미루어, 신성한 선물을 만지기 전에 어떤 준비를 해야만 한다는 것, 그리고 성찬에 참여하기 전에는 자신을 깨끗이 해야만 한다는 사실을 분명히 알게 되었다. 이 신비의 성사가 다른 성사들보다 열등한 것이 아니라 훨씬 효과가 있다는 사실은 다음 사실에서 명백히 알게 될 것이다.

첫째, 하느님께서 우월한 사람들에게 더 큰 선물을 주신다면, 그것은 자비를 중히 여기시기 때문이고, 예언자의 말에서처럼 모든 것을 정의를 척도로 하여(이사야 28:17) 행하시기 때문이다. 그분은 아직 세례를 받지 않은 사람들보다 입문을 하고 덕을 위하여 애써 오는 사람들에게 더 많은 은총을 주신다. 그러므로 후자의 은총이 전자의 은총보다 우월하고, 세례를 받은 사람들이 더 좋은 선물을 받는다. 전자는 세례성사이고 후자는 성만찬인데, 성만찬에 다가가는 사람들이 (세례성사를 받는 사람들보다) 더욱 많은 준비를 해야 하기 때문에 (성만찬은 세례성사보다) 훨씬 더 완벽하다고 여겨진다. 자신들의 노력이나 신비의 성사들로 인해 깨끗해진 사람들에게는 선물이 덜 주어지면서, 도리어 선물을 원하는 사람 모두에게 엄청난 선물이 주어진다면 그것은 합리적이라고 할 수 없을 것이다. 반면에 성체성혈성사의 선물은 고귀한 노력을 많이 기울이지 않고는 얻을 수 없기 때문에 더 완벽하다고 결론짓는 것이 합당하다.

12. 투쟁에서 우리의 협력자가 되시는 그리스도

우리는 성찬의 주인이신 그리스도께서 우리의 편이 되시어 싸우신다는 사실을 염두에 두어야 한다. 그런데 그리스도께서는 병에 걸려 나태하고 게으른 사람들은 도와주지 않고, 건강하고 강하며 용감하고, 적에 대하여서는 숭고하고 용기 있게 싸우는 사람들을 도와주신다.

그리하여 그리스도께서는 당신 신비의 성사들 안에서 활동하시면서 우리에게 모든 것이 되신다. 세례성사에서는 우리를 씻어주시면서 창조주가 되시고, 견진성사에서는 경기(競技 contest)를 위하여 기름을 발라주시고, 성체성혈성사에서는 우리를 먹여주시면서 동지가 되신다. 그리하여 그분은 먼저 지체를 만드시고 나서, 성령으로 그 지체를 강하게 해주신다. 그리고는 성찬에서 참으로 현존하시고 경기에서 끝까지 우리와 함께 견디어 주신다. 우리가 세상을 떠나면 상을 주실 것이고, 성인들을 위해서는 그분 몸소, 함께 나누신 노고(勞苦)의 심판자로서 좌정(坐定)해 계실 것이다. 승리자들이 승리의 관을 받을 때 그분 친히 그 왕관이 되신다.

그리하여 그분은 우리를 창조하시고 기름을 발라주실 때, 철학을 대신하는 경기에서 대담해지고 견인불발(堅忍不拔)하는 데 필요한 것을 모두 제공해 주신다. 그분이 우리 편에서 싸우실 때 모든 것을 제공해 주지는 않으시며, 승리할 때에는 아무 것도 주지 않으신다. 기름을 발라 주시고 창조해 주신 분이, 선수가 경기에 준비하는 데 아무런 도움을 주지 않는다든지, 또는 동료 선수를 위해 전적으로 책임을 지며 '당신' 홀로 경기에서 분투하면서 그 사람은 편하게 내버려 둔다든지 하는 것은 불합리한 일이다. 그리고 판정자나 왕관이 의사의 임무를 임명하거나 훈련시키거나 수행한다든지, 어떤 사람의 승리, 용기, 힘 등 다른 뛰어난 것을 다른 선수에게 돌린다든지 하는 것은 합당하지 못하며, 자기 자신의 것임이 확실한 승리를 확인하고 보상하는 것만이 합당하다.

승리한 사람에게는 그저 경기에서 이기는 것보다는 승리의 관을 받는 것이 더 낫고, 그저 훈련만 받는 것보다도 승자가 되는 것이 더 낫다. 왜냐하면 훈련은 이기기 위해서 하는 것이고, 승리는 관을 받기 위해서 하는 것이기 때문이다. 그런데 이 신비의 성사가 모든 면에서 준비하거나 창조하는 것이 아니라는 사실이 마치 불완전과 열등성의 표시처럼 받아들여진다면, 궁극적인 축복은 인간에게 행복을 가져다주기에는 너무나 약할 것이다. 그런데 우리의 축복은 우리에게 승리의 관을 씌워주시는 하느님을 받아들이는 것이고, 성찬에서 베일에 가리운 채 그분과 일치하는 것인데, 이는 식탁이 어떤 준비나 씻음은 베풀려고 하면서도 어떤 승리의 관도 주지 않으려는 것보다도 더 위대한 것이다. 그렇다면 성찬이 좀더 완전한 성사이기는 하지만 씻음의 용도가 덜하다고 해서 놀랄 일은 아니다.

우리가 말한 것에 덧붙이면 이 선물은 상이기도 하다. 상이 승자를 만들어내는 것은 아니지만, 승자라는 것을 알려주고 또 승자를 장식한다. 그리하여 성찬에서 그리스도는 우리를 씻어주고 우리의 편에 서서 싸우는 분이기도 하시지만, 경기에 참여한 사람들이 받게 될 상이기도 하다. 축복 받은 사람들에게는 그리스도를 받아들이고 그리스도와 함께 있는 것보다 더 큰 노력의 대가가 어디 있겠는가? 바울로는 경기를 다 마쳤을 때, 이 세상을 떠나는 것이 마침내 그리스도와 함께 쉬는 것이라고 말했다. "마음 같아서는 이 세상을 떠나서 그리스도와 함께 살고 싶습니다."(필립비 1:23)

이것이 성찬의 탁월한 효과이다. 다른 신비의 성사들 안에서도 그리스도를 발견할 수 있지만, 우리는 그분을 순수하게 받아들일 수 있는 이 성찬에서 그분과 함께 있기 위한 준비로서 그 신비의 성사들을 받는다. 다른 신비의 성사들 안에서도 우리가 그리스도와 한 마음, 한 몸이 되며, 우리는 그분 안에 머물고 그분은 우리 안에 머물 수 있는가? 바로 이러한 이유 때문에, 그리스도께서 친히 의인들의 축복을 당신이 의인들을 기다리고 있는 잔치(루가 12:27)라고 말씀하신 것 같다.

13. 그리스도께서는 성만찬에서 어떻게 승리에 대한 보상이 되시는가?

이렇게 생명의 빵은 상(賞 prize)이다. 이 선물을 받는 사람들은 아직도 이 세상을 걷고 여행하고 있는데, 먼지를 뒤집어쓰고, 길에서 넘어지기도 하고, 도적떼를 만날까봐 두려워하기도 한다. 그런데 그 선물은 그들에게 현재 필요한 것들을 풍성하게 충족시켜 준다. 그것은 그들이 성 베드로가 "여기서 지내면 얼마나 좋을까"(마태오 17:4)라고 말했던 곳에서 머무를 때까지 그들에게 힘을 주고, 그들을 안내하고, 깨끗하게 씻어준다. 그곳에는 다른 것들을 위한 여지는 없고, 그리스도만이 그들의 승리의 관으로서 그들과 함께 계신다. 인간은 세상 걱정 없는 그곳에서 머문다.

성체성혈성사는 정화의 도구이고 처음부터 그렇게 정해졌기 때문에, 우리를 온갖 더러움에서 해방시켜 준다. 그리스도께서는 당신이 지도자요 우두머리인 경기에서 우리 편에 서 계시며, 싸우는 사람들을 대적할 수 있는 힘을 우리에게 주신다. 그분이 보상(報償 reward)이시라고 해서 우리의 노력이 필요 없다는 소리는 아니다. 그 잔치가 보상이요 마지막 축복이라고 생각한다면, 그것이 별로 소용없는 체하는 것은 무슨 의미가 있겠는가?

성체성혈성사가 죄로 부패한 사람을 재형성할 수 없는 것은, 위대한 힘을 가지고 있지 않아서가 아니라, 그 사람이 그것을 받아들이고 체험할 수가 없기 때문이다. 앞서 말했듯이 세례를 받은 사람은 최초의 형상을 지니고 있어, 가장 사악한 행위라 할지라도 그것을 그의 영혼에서 지워버릴 수 없다. 최고의 철학이나 고백 행위 등 그 어느 것도 이 형상(image)을 맨 먼저 찍어놓을 수 없기 때문에, 그가 모든 사람은 주님을 섬겨야 한다는 일반적이고 필수적인 의무를 감히 부인한다 하더라도 그것은 지워질 수가 없다.

그 사람은 죽고 쇠약해지는 것을 온전히 초월하므로(그것은 새로운 창조가 전제로 하는 것이다), 그는 새로이 창조될 수가 없다. 죽음은 육체를 지닌 인간의 낡은 형상에 적용되고, 죽을 수 있는 것은 이 낡은 형상이다. 세례자 요한이 말했듯이, "도끼가 이미 나무 뿌리에 닿았기"(마태오 3:10) 때문이다. 그런데 세례를 받은 사람은 이미 새로운 인간을 입었다. 그렇다면 "다시는 죽는 일이 없는"(로마 6:9) 그 아담에게 결합된 사람이 어떻게 죽을 수 있겠는가? 그리고 그는 그리스도를 받아들이기 위하여 이미 한 번 죽었고, 또한 그 그리스도를 영혼에 간직하고 있는데, 죽어야 할 이유가 어디 있단 말인가?

세례의 씻음으로 다시 태어난 사람이 또다시 태어난다는 것은 불가능한 일이며 또한 필요하지도 않다. 어떻게 그 둘 중 어디에서도 찾을 수 없는 이유로 해서 어느 한 예식이 다른 예식보다 나을 수 있는가? 더구나 세례성사조차도 이미 세례를 통해 다시 태어나 형성된 사람들을 다시 태어나게 할 수는 없으므로, 결단코 성스러운 성찬식도 어떤 사람을 두 번 씻어 주지는 않는다. 이는 어떤 모범이나 질서를 지키기 때문만이 아니라, 어느 누구도 같은 방식으로 두 번 태어날 수는 없기 때문이다.

14. 부록 – 순교와 세례성사의 비교

그런데 박해자들에게 굴복하지 않고 그리스도교를 고백하면서 죽는 것이 세례성사라는 것에 대하여 반대하는 사람도 있을 것이다. 그렇다면 세례로 입문한 사람 중에 이 경주(競走)를 하는 사람이 많은 이유는 무엇인가? 그들은 순교를 통하여 세례를 두 번 받는다는 말인가?

이 질문에 대하여 우리가 해줄 수 있는 대답은, 그리스도와 일치되고 그분과 함께 살기로 선택된 사람들은, 자신들이 그분의 손에 의하여 훌륭한 모습으로 형성되었다는 사실과 상을 받을 만한 덕과 경기(곧, 순교)에 의하여 자신의 목표에 도달했다는 사실에 의하여 칭찬을 받는다는 것이다. 그러므로 물로 세례를 받는 것은 그 사람을 형성하고 (이것만 효용성이 있지만), 그리스도를 위하여 죽는 것은 그 물이 베풀어주는 것과 우리가 기여해야만 할 것을 제공해 준다는 두 가지 덕을 분명히 지니고 있다.

그렇다면 아직 세례를 받지 않은 사람들이 그리스도를 증거하고 그분과 함께 묻힘으로써 −여기에 세례의 본질이 있는데− 세례를 받고 형성되는 방법이 있다. 그리고 또한 그들의 덕도 있는데, 그것은 선을 위한 노력과 마지막 (순간의) 인내로 가득 차 있다.

세례를 받은 사람은 이미 창조되었고 살아 있기 때문에 첫 번째 측면은 적용되지 않지만, 두 번째 측면은 남아 있다. 왜냐하면 그것은 신앙을 단련하고 덕과 그리스도에 대한 지식과 사랑을 얻는 데, 그리고 무엇보다도 그분에 대한 신뢰를 간직하는 데 있기 때문이다. 이런 것들 가운데서도 칼, 불, 그리고 극단적인 고통은 가장 확실하며 또한 검증된 증거이다.

이런 이유로 하여, 세례로 일단 입문한 사람들이 그것을 또 다시 겪는다는 것은 결코 합당한 일이 아니다. 왜냐하면 그것은 우리가 이미 받아 지니고 있는 것 외에는 줄 수 없기 때문이다. 순교를 하는 것이 가장 적법하다. 왜냐하면 그것은 새로 탄생시켜 주고 형성시켜 줄 뿐 아니라, 고귀한 행동에 대한 왕관을 준비시켜 줄 수 있기 때문이다. 세례를 받지 않은 사람들이라도 순교를 하면 두 가지 다 주어지지만, 세례를 받은 사람에게는 왕관만 주어진다. 그것은 하나도 놀라운 일이 아니다. 왜냐하면 순교는 두 가지 방법으로 완전함을 가져다주기 때문에, 하나를 필요로 하지 않는 사람은 자신들이 필요로 하는 다른 하나를 얻어야 하기 때문이다. 이와 마찬가지로 성찬의 선물들은 아직 그것을 받지 않은 사람들을 정화시켜 줄 수 있는 힘을 지니고 있기 때문에, 이미 정화된 사람들을 빛으로써 밝혀줄 수 있다. 따라서 한 선물을 받은 사람이 다른 선물을 받기 위하여 신비의 성사를 받는 것을 막을 수 있는 것은 아무것도 없다.

15. 성체성혈성사의 성화하는 효과

성찬이 이룩하는 하느님과의 완벽한 일치를 예배라고 해야 할지, 양자(養子)됨이라고 해야 할지, 이 둘 다라고 해야 할지 생각해 보기로 하자. 그것은 우리가 부모를 닮는 것보다 더 그리스도를 닮게 해준다. 왜냐하면 성찬은, 그것이 베푸는 그분 몸의 하찮은 부분이나 그분 피의 작은 방울들의 원천이 아니라, 그 완성 안에서 그 몸과 피를 나누어주기 때문이다. 우리의 부모와는 달리 그것은 우리 생명의 원인이 아니라 생명 자체이다. 그리스도께서 사도들에게 우리를 빛으로 안내해 주는 임무를 맡겨 주셨기 때문에 사도들을 빛이라고 부른 방식으로, 그것이 생명을 불러일으키는 까닭에 생명이라고 부르는 것이 아니다.(마태오 5:14) 오히려 그분이 생명 자체이기 때문에, 그리고 우리가 그분에 의해 참으로 살 수 있기 때문에 생명이라고 부르는 것이다.

그리스도께서는 당신께 매달리는 사람을 거룩하고 의롭게 해주시기 때문에, 필요한 것을 지시하시고, 가르치시고, 그 영혼을 덕으로 이끌어 주시며, 올바르게 생각하는 이성의 기능을 행동으로 이끌어주실 뿐 아니라, 그분 친히 그들에게 "하느님으로부터 온 의로움이요 성화(聖化)"(고린토 1서 3:30)가 되신다.

이런 식으로 성인들은 자신들과 함께 계시는 복되신 분(the Blessed One) 때문에 거룩하며 축복을 받았다. 그들은 그리스도를 통하여 죽지 않고 살아있으며, 어리석지 않고 현명하며, 오염되거나 사악하거나 노예 상태에 있지 않고, 거룩하며 의로운 하느님의 자녀가 된다. 그들 자신 혹은 인간적인 본성이나 노력만으로는 그렇게 불릴 수가 없으며, 도리어 자신들과 함께 머무시는 분이 거룩하고 의롭고 현명하기 때문에 그들 또한 의롭고 현명하다. 간단히 말해 어떤 사람이 위대하고 존엄한 이름으로 불리기에 합당하다면, 그들의 명칭은 그리스도로부터 온 것이다. 특히 그들에게 능력이 있고 또한 노력을 한다고 해서 의롭고 현명하게 되는 것은 아니기 때문에, 그들의 의로움은 사악함에 지나지 않고 그들의 지혜는 단순한 어리석음에 지나지 않는다.

게다가 덕이 우리를 가장 명예롭게 해주고, (또한 덕이) 우리 자신이나 우리의 열망에서 얻어진 것에 합당한 이름보다는 하느님의 의로움과 지혜에 합당한 이름으로 우리를 치장해 준다 하더라도, 우리는 그것들을 후자(곧, 하느님)의 것으로 돌리기보다는 전자(곧, 우리 자신)의 것으로 돌릴 것이다. 우리는 외적이고 우리에게 낯선 것들의 이름에 의해서가 아니라, 우리 자신의 것이고 또 우리의 본성에 내재해 있는 것들의 이름에 의해 불림 받았다. 우리에게 이러저러한 특성을 띠게 하거나 악이나 덕이라는 이름을 주는 것은, 우리가 살고 있는 집이나 입고 있는 옷이 아니라, 우리 자신의 특질, 특히 우리에게 영향을 주고 우리에게 합당한 칭호를 주는 특질이다. 그러나 그리스도의 것은 바로 우리 자신보다도 더 우리에게 속한다. 왜냐하면 우리는 그분의 지체, 자녀가 되었고, 그분과 함께 살과 피와 영을 나누기 때문이다. 그것들은 우리가 훈련이나 본성에 의해 지니고 있는 것보다도 더 우리와 가깝다. 왜냐하면 이미 말한 바와 같이 그분은 우리 자신의 부모보다도 더 우리와 닮았기 때문이다.

이런 이유들로 하여, 우리는 그저 인간의 철학을 소개한다든지 상을 타기 위해 경기에 참여하지 말고, 그리스도 안에서 새로운 삶을 살며 그 정의(正義)를 전해야 한다. 그런데 우리가 거기에 대해 특별한 자질이 없고 거기에 맞지 않는다면 불가능할 것이다. 이런 이유로 "우리는 세례를 받고 죽어서 그분과 함께 묻혔고, 새 생명을 얻어 살아가게 된 것이다."(로마 6:4) 바울로는 디모테오에게 말한다. "영원한 생명을 얻으시오."(디모테오 1서 6:12) 그래서 또한 성서는 "여러분을 불러주신 분이 거룩하신 것처럼 여러분도 모든 행위에 거룩한 사람이 되시오."(베드로 1서 1:15, 레위기 19:2)라고 말하고, 예수님은 인간적으로가 아니라, "너희 아버지께서 자비로우신 것같이 너희도 자비로운 사람이 되어라"(루가 6:36)라고 말씀하시며, "내가 너희를 사랑한 것처럼 너희도 사랑하여라"(요한 13:34)라고 말씀하신다. 그리고 바울로는 "예수 그리스도의 사랑으로 여러분을 그리워하고 있습니다."(필립비 1:8)라고 말한다. 그리하여 구세주께서 친히 제자들에게 평화를 명하시고 당신 자신의 평화를 불어넣어 주셨다. "내 평화를 너희에게 주는 것이다."(요한 14:26) 그리고 나서 성부께 기도하셨다. "그것은 아버지께서 나를 사랑하신 그 사랑이 그들 안에 있고 나도 그들 안에 있게 하려는 것입니다."(요한 17:26)

16. 그리스도와의 이러한 일치는 어떻게 우리를 죄로부터 구해주는가

간단히 말해, 새로운 탄생이 신적이고 초자연적이듯이, 새로운 생명과 그 양식, 철학 등 그 모든 것도 새롭고 영적이다. 이는 구세주께서 니코데모에게 "영에서 나온 것은 영이다"(요한 3:6)라고 말씀하실 때 선포하신 바이다. 그러므로 성 바울로도 말한다. "내가 율법을 지킴으로써 하느님과의 올바른 관계를 얻는 것이 아니라, 내가 그리스도를 믿을 때 내 믿음을 보시고 하느님께서 나를 당신과의 올바른 관계에 놓아주시는 것입니다."(필립비 3:9)

이같은 정의(곧, 올바른 관계)는 왕의 옷이다. 왜냐하면 우리의 옷은 노예에게나 합당한 것이기 때문이다. 그러나 우리가 서둘러 향해 가는 자유와 왕위(王位)가 어떻게 노예의 것일 수 있겠는가? 그리고 노예의 것에 불과한 덕을 지닌 사람들이 어떻게 하느님의 나라에 합당하겠는가? 왜냐하면 "썩어 없어질 것은 불멸의 것을 이어받을 수 없듯이 이 썩을 몸은 불멸의 옷을 입어야 하고, 이 죽을 몸은 불사의 몸을 입어야 하기"(고린토 1서 15:50, 53) 때문이다. 이와 마찬가지로 노예로서 우리의 노력은 우리를 하느님의 나라에 합당한 사람이 되게 해줄 수 없다. 노예가 아닌 자녀가 상속자가 되어야 하기 때문에, 그것(하느님의 나라)은 하느님으로부터 온 올바른 관계를 요구할 것이다. 왜냐하면 "노예는 자기가 있는 집에서 끝내 살 수 없지만 아들은 영원히 그 집에서 살 수 있기 때문이다."(요한 8:35)

그러므로 그 몫을 얻고자 하는 사람은 먼저 노예 상태를 벗어버리고 자녀의 상태를 보여주어야 한다. 이는 우리가 얼굴에 하느님 외아들의 용모를 띄고 있어야 하며, 성부의 아름다움을 가지고 그분 앞에 가야 한다는 것을 의미한다. 이는 그리스도께서 "아들이 너희에게 자유를 준다면 너희는 참으로 자유로운 사람이 될 것이다"(요한 8:36)라고 유대인들에게 말씀하셨듯이, 우리가 하느님의 아들에 의해 온갖 노예 상태에서 자유로워진다는 것을 의미한다. 그때 그분은 노예를 자유롭게 해주고, 그들을 하느님의 자녀가 되게 해주신다. 왜냐하면 그분 자신이 하느님의 아들이시며, 모든 죄에서 자유롭기 때문이다. 그분은 그들로 하여금 당신의 몸과 피, 영 등 당신의 것 모두를 함께 나누게 하신다. 건강하고 자유롭고 참된 하느님이신 그분이 우리와 섞이시듯이, 우리를 이런 식으로 재창조하시고 해방시키고 신화시키신다.

그리하여 성찬은 우리의 참된 의로움이신 그리스도를, 우리 자신의 천성적인 선(善)보다도 더 위대한 우리의 선이 되게 하신다. 그리하여 우리는 그분의 훌륭한 선물들을 받아 기뻐하고, 우리 자신의 것을 이어받기라도 한 듯이 그것으로 인해 뛰어나며, 그것들을 충실하게 나누기만 한다면 그 이름을 지니기도 한다. 따라서 참으로 거룩하고 의로운 사람이 훌륭한 자질로 인해 신용을 얻는다면, 그것은 그리스도로부터 얻는 것이다. 왜냐하면 성서에 "나의 자랑 주께 있다"(시편 34:2)라고 쓰여 있고, "세상 사람들이 그분의 덕을 입을 것이다"(창세기 12:3)라고 쓰여 있기 때문이다.

그러므로 우리는 그저 인간적인 것이 아니라 그리스도의 것을 요구하는데, 그것을 우리의 영혼에 받아들여서 그것과 더불어 이 세상을 떠나는 것이다. 그럼으로써 우리는 그 어떤 가짜 동전(coin)도 삽입(揷入)함이 없이, 어떤 왕관들을 받기 이전에 온갖 방법으로 이 철학과 이 새로운 부(富)를 보여줄 것이다. 왜냐하면 이것만이 하늘나라에서 유일하게 소용되는 공물 (貢物 tribute)이기 때문이다.

그러므로 우리가 얻으려고 애써야 할 상은 다름아닌 하느님 자신이기 때문에, 그 상에 적합한 사람이 있어야 하며 또한 그 경기가 신적인(divine) 것이 될 필요가 있다. 하느님께서는 경기자에게 기름을 부어주시고 경기를 관장하시는 분일 뿐만 아니라, 당신께서 몸소 승리하셔야 하기 때문에, 목표는 준비와 일치해야 하고 준비는 목표와 일치해야 한다. 그분께서는 우리를 이 땅 위에 놓으실 때 아무것도 하지 않으셨고, 우리의 본성을 능가하는 것은 요구하지 않으셨다. 그러므로 우리를 당신께로 이끄시고 땅에서 해방시켜 주실 때, 우리가 인간적인 것은 하나도 지니지 못하게 하시고, 우리가 필요로 하는 모든 것에 당신 스스로를 적용시키시고, 우리가 그 목표에 대해 준비할 수 있는 것은 무엇이든지 다 해주셨다.

17. 그리스도께서는 성체성혈성사를 통하여 어떻게 우리를 재창조하시는가

우리의 상태를 치유가 필요한 병에 비유한다면, 그리스도께서는 황송하게도 환자인 우리에게 친히 오시어 진찰하시고 만져주실 뿐 아니라, 치유에 필요한 것을 적어주시고 심지어는 당신 몸소 우리의 약이나 양식 등 건강에 필요한 것은 무엇이든지 되어 주신다. 혹은 재창조에 대하여 말한다면, 그리스도께서 필요한 것을 회복시켜 주시는 것은 그분 자신으로부터, 그리고 그분 자신의 육체로부터이고, 손상된 것에 대하여 당신 스스로 대신하여 주신다. 그분이 새롭게 창조해주실 때 사용하시는 재료는 처음 창조하실 때 사용하신 재료가 아니다. 처음 창조 때는 진흙으로 사람을 빚어 만드셨지만 (창세기 2:7), 인간을 다시 창조하실 때는 당신의 몸을 주셨다. 그분은 인간의 생명을 회복시켜 주실 때 영혼을 향상시켜 주지는 않으시는데, 그 이유는 영혼이 그 본연의 상태에 머물러 있기 때문이다. 그런데 세례 받은 사람들의 마음에 당신의 피를 부어주실 때에는 당신의 생명도 부어주신다. 처음에 "하느님은 코에 생명의 숨결을 불어넣으셨다"(창세기 2:7)고 성서에 쓰여 있는데, 지금은 당신의 생명을 우리에게 보내주신다.(요한 20:22) 왜냐하면 성서는 "하느님은 여러분의 마음속에 당신 아들의 성령을 보내주셨습니다. 그래서 여러분은 하느님을 '아빠, 아버지'라고 부를 수 있게 되었습니다"(갈라디아 4:6)라고 말하기 때문이다. 태초에 하느님께서 "빛이 생겨라" 하시자 빛이 생겨났다.(창세기 1:3) 그 빛은 보조적인 것이었지만, 지금은 주님께서 몸소 빛이 되어 주셨다. 성 바울로는 말한다. "'어둠 속에서 빛이 비쳐오너라'고 말씀하신 하느님께서는 우리의 마음속에 당신의 빛을 비추어주셨다."(고린토 2서 4:6)

요약하자면 태초에 하느님께서는 보이는 피조물을 통하여 우리 인류에게 혜택을 주시고, 계명, 사자(使者 emissaries), 율법, 때로는 천사들, 때로는 거룩한 사람들을 통하여 인간을 안내하셨다. 그런데 지금은 중보자를 통하지 않으시고 당신 스스로를 사용하시며, 온갖 목적을 이루기 위하여 당신을 통해 활동하신다.

문제를 좀더 새롭게 바라보기로 하자. 하느님께서는 인류를 구원하시기 위하여 오실 때 천사를 보내지 않으시고 몸소 세상에 오셨다. 인간들은 그분이 오신 목적이 무엇인지 알 필요가 있었다. 그리하여 그분은 당신이 계신 곳에 가만히 앉아 계시거나 그 말을 듣고자 하는 사람들을 데려오게 하지 않으시고, 몸소 다니시며 당신의 말씀을 들을 사람들을 찾으셨다. 그분은 당신의 입에 위대한 선물들을 가지시고 건강을 구하는 사람들의 (집)문 앞에 가셨다. 그리하여 친히 그들에게 가셔서 손으로 그들을 만지심으로써 환자들을 치유하셨다. 그분은 땅에 침을 뱉어 흙을 개어서 날 때부터 소경인 사람의 눈에 바르시어, 그가 볼 수 있게 해주셨다.(요한 9:6) 그리고 "그분은 다가가서 상여에 손을 대시었다."(루가 7:14) 그런가 하면 나자로의 무덤 곁에 가시어(요한 11:38) 나오라고 말씀하셨다. 그분은 원하기만 하셔도 이 모든 것을 이루셨을 것이고, 멀리에서 말씀과 몸짓만 해도 이보다 더 위대한 것들도 모두 이루셨을 것이다. 그렇지만 그렇게 하지 않으시고 몸소 다가가 만져주셨다. 전자(前者)는 그분 능력의 확실한 표지였고 후자는 그분 사랑의 표지로서, 그분은 이를 인간에게 보여주시러 이 세상에 오신 것이다.

18. 그리스도께서는 우리를 해방시키심으로써 어떻게 우리의 왕이 되시는가

저승(Hades)의 포로들이 해방될 필요가 있었을 때, 그리스도께서는 천사들이나 대천사들에게 이 일을 맡기지 않으시고 몸소 그곳으로 내려가셨다. 거기에 갇혀 있는 자들이 무상(無償)으로 자유를 얻어서는 안 되고 몸값을 치루어야 했기 때문에, 당신의 피를 흘리심으로써 그들을 해방시켜 주신 것이다. 그때부터 마지막 날까지 그리스도께서는 이런 방법으로 우리를 해방시켜 주시고, 벌을 면하게 해 주시며, 영혼을 더러움에서 씻어주신다.

"그분은 인간의 죄를 깨끗하게 씻어주셨고 지극히 높은 곳에 계신 전능하신 분의 오른편에 앉아 계십니다" (히브리 1:3) 라는 성 바울로의 말을 통하여 알 수 있듯이, 그분 자신이 깨끗하게 씻어주는 도구이시다. 그렇기 때문에 바울로는 그리스도를 종이라 부르고 자기 자신은 그분을 위하여 일하는 사람(로마 15:8-16)이라고 하였으며, 그분은 종이 되라고 성부(聖父)로부터 세상에 보내졌다고 말했던 것이다.(필립비 2:7, 마태오 20:28 참조)

그리스도께서 나타나셔서 나약한 인간의 모습으로 오셨을 때, "세상을 단죄하시려는 것이 아니라"(요한 3:17) 종에게 속한 것을 보여주시고 주인에게 속한 것을 모두 감추신 것은, 현세의 삶에서 뿐만이 아니다. 내세의 삶에서도, 성부의 영광과 왕국을 드러내기 위해 권세를 가지고 오시어 성부의 영광과 함께 나타나실 때, "그분은 띠를 띠고 그들을 식탁에 앉히고 곁에 와서 시중을 들어줄 것이다."(루가 12:37) 그리고 "그분을 통하여 임금들을 옳게 다스리고 고관들은 세상을 바로 다스린다."(잠언 8:15, 16)

이렇게 그리스도께서는 왕위에 충분한 자격을 갖추시고, 순수하고 참된 왕위를 시작하셨다. 그리하여 백성들에게 지도력을 행사하셨는데, 그들에게 친구보다 더 다정하면서도 폭군보다 더 가차없이 요구하시면서, 아버지보다 더 부드럽고 몸의 지체보다 더 일치되어 있으며, 마음보다 더 필수적이고, 그들이 두려움 없이 굴복하게 하고, 신하들을 보상으로 매수하지 않고, 당신 스스로 신하들을 다스리시고 그들을 당신께로 밀착시키는 능력이 되심으로써 그렇게 하셨다. 왜냐하면 두려움으로 지배하거나 보상으로 복종하게 한다는 것은 참으로 지배하는 것이 아니기 때문이며, 따라서 그러한 복종은 기대나 위협에 동기를 둔 것으로 여겨져야만 한다. 그분의 지배권이 그 밖의 다른 곳에서 비롯된다면 바람직하게 지배하는 것이 아니듯이, 우리도 기대나 위협 때문에 하느님께 복종한다면 그분을 참으로 섬기는 것이 아니다.

그리스도께서는 가장 진정한 지배력을 행사하심으로써 왕이 될 필요가 있었기 때문에(다른 방법으로 다스린다는 것은 그분에게 어울리지 않으므로) 그에 합당한 방법을 고안해 내셨는데, 그 방법이 당신의 지위와 어울리지 않는 것이었던 까닭에 그 누구도 예상치 않은 것이 되었다. 그분은 참된 주인이 되시기 위하여 종의 본성을 받아들이셨고 십자가와 죽음에 이르기까지 종들에게 봉사하셨다. 그리하여 그분은 종들의 영혼을 얻으셨고 그들의 의지를 통제하게 되었다. 이런 이유로 바울로는 이러한 봉사가 그분 왕위의 원인이라는 것을 알고 말한다. "그분은 당신 자신을 낮추셔서 죽기까지, 아니 십자가에 달려서 죽기까지 순종하셨습니다. 그러므로 하느님께서도 그분을 높이 올리시고 모든 이름 위에 뛰어난 이름을 주셨습니다."(필립비 2:8-9) 이사야는 말한다. "나는 그로 하여금 민중을 자기 백성으로 삼고 대중을 전리품처럼 차지하게 하리라. 이는 그가 자기 목숨을 내던져 죽은 때문이다. 반역자의 하나처럼 그 속에 끼어 많은 사람의 죄를 짊어지고 그 반역자들을 용서해 달라고 기도한 때문이다."(이사야 53:12, 70인 역)

그리스도께서는 첫 번째 창조로 인해 우리 본성의 주인이 되셨지만, 새로운 창조로는 우리의 의지를 지배할 수 있는 힘을 얻으셨다. 이는 왕으로서 인간을 참으로 지배하는 것이다. 그분은 인간을 인간답게 하는 이성의 권위와 자유의지를 당신에게 종속시키셨기 때문이다. 옛날 세상의 주인이셨던 그분은 무언가 새로운 것을 겪으신 듯이, 여기에 대해 말씀하신다. "나는 하늘과 땅의 모든 권한을 받았다."(마태오 28:18) 사실 "하느님은 만방을 다스리신다"(시편 47:8)고 하는 다윗의 말은, 바울로가 "이방인들도 한 몸의 지체가 되어 하느님께서 약속하신 것을 구세주와 함께 받는 사람들이 된다는 것입니다"(에페소 3:6)라고 말한 그 왕국을 암시한다. 왜냐하면 그분은 우리의 몸, 영혼과 완전히 일치되어 있다는 점에서, 몸만이 아니라 영혼과 의지의 주님이 되셨기 때문이다. 그분은 영혼이 몸을 지배하고 머리가 그 지체를 지배하듯이, 당신 스스로를 도구로 하여 참으로 자급자족할 수 있는 진정한 왕국을 몸소 지배하신다.

이 멍에를 사랑하기로 결심한 사람들은, 마치 자신의 이성으로 살지도 않고 자신의 자유 의지를 사용하지도 않는 듯이 그분의 인도를 받는다. 왜냐하면 성서는 "나는 당신 앞에서 한 마리 짐승이었습니다"(시편 73:22)라고 말하기 때문이다. 이는 새로운 창조가 널리 퍼져 새 아담이 옛 아담을 아주 감추어 버리고, "옛 하늘"(고린토 1서 5:7)이 하나도 남아 있지 않으며, 그 기원이나 생명 혹은 그 끝이 남아 있지 않을 때에, "자기 영혼을 미워하고 자기 목숨을 미워하는 사람"(요한 12:25)이라는 그리고 그것을 잃음으로써 그것을 얻는 사람이라는 뜻이다.

19. 우리의 몸은 어떻게 새로운 생명으로부터 유익을 얻는가

옛 아담은 흙으로 빚어졌지만 새로운 아담은 하느님에게서 태어났다(요한 1:13 참조)고 한다. 각 생명에는 그것을 증거하는 고유한 식탁이 있다. 땅의 자양분은 이전의 생명과 관계가 있는 반면, 하늘의 식탁은 그 고유한 양식으로 새 인간을 먹여준다. 그러므로 그들이 지상의 목적을 향해 내려올 때, 다른 생명은 그것을 거두어 가시는 그리스도께로 가는 동안, 한 생명은 그것이 온 곳으로부터 땅으로 돌아간다.

각 생명은 그것이 존재하게 된 시작에 상응하는 목적을 달성한다. "흙의 인간들은 흙으로 된 그 사람과 같고, 하늘의 인간들은 하늘에 속한 그 인간과 같은데,"(고린토 1서 15:48) 영혼 때문만이 아니라 몸 때문에도 그러하다. 그리고 그것은 다른 생명이 몸, 영혼과 관련지어 땅에 속했듯이, 하늘에도 속한다. 그 영혼은 그야말로, 천상적인 그분 손안에 거주하고 몸은 그 지체이다. 그것은 영혼을 받지는 않지만, 살아 있는 영으로 가득 차 있다. 영혼은 육체의 삶을 마친 후에, 말로 표현할 수 없을 만큼 아름다운 생명과 함께 살아 있다. 왜냐하면 그것은 진정으로 죽은 것이 아니기 때문이다. 솔로몬이 말하듯이 "미련한 자들의 눈에는 그들이 죽은 것 같지만"(지혜서 3:2), 지혜로운 자들의 눈에는 죽지 않았기 때문이다. 왜냐하면 "죽은 자들 가운데서 살아나신 그리스도는 다시는 죽는 일이 없어, 죽음이 다시는 그분을 지배하지 못하듯이"(로마 6:9), 그리스도의 지체들은 죽지 않을 것이기 때문이다. 그들이 항상 살아 있는 '마음(Heart)'에 의존하고 있는데 어떻게 죽음을 맛보겠는가?

눈에는 먼지밖에 보이지 않는다 해도 놀랄 일이 아니다. 왜냐하면 풍요로움은 안에 있기 때문이다. 성서는 말한다. "여러분의 참 생명은 보이지 않습니다."(골로사이 3:3) 그리고 성 바울로가 "하느님께서는 질그릇 같은 우리 속에 이 보화를 담아 주셨습니다"(고린토 2서 4:7)라고 말했듯이, 보물은 진흙으로 만들어진 그릇에 담겨 있다. 그런데 외적인 것만 보는 사람들에게 그것은 진흙에 지나지 않는다.

그러나 바로 이 진흙은 그리스도께서 나타나실 때 그 고유의 아름다움을 보여줄 것이다. 그것은 그 번개의 지체로서 나타날 때(루가 17:24 참조) 태양과 같을 것이고, 태양과 같은 광채를 발할 것이다. 왜냐하면 그분께서 "의인들은 그들의 아버지의 나라에서 해와 같이 빛날 것이다"(마태오 13:43)라고 말씀하셨기 때문이다. 그리스도께서는 사도들 앞에서 빛나는 모습으로 보여주셨던 그 광채를(마태오 17:2) '성부의 왕국'이라 부르신다. 그분 말씀대로 그것은 바로 하느님의 나라로서, 그분을 본 사람들에게 권세(power)를 가지고 올 것이다. 그날 의로운 사람들은 하나의 빛과 영광으로 빛날 것이다. 그들은 그 빛을 받음으로써 빛날 것이고, 그분은 그 빛을 나누어주심으로써 빛날 것이다. 왜냐하면 인간이 이 세상의 삶에서 식탁(곧, 제단)으로 다가와 가져가려고 하는 이 빵, 곧 (그리스도의) 이 몸은 구름 위에서 모든 사람이 보는 앞에서 나타날 것이고(마태오 24:30), 순식간에 번개처럼 하늘 이 끝에서 저 끝까지 번쩍거리게 될 것이기 때문이다.

20. 그리스도 안에서 사는 사람들의 미래의 영광

축복 받은 사람들은 이 광채를 지니고 사는데, 그 빛은 그들이 죽을 때에도 그들을 떠나지 않는다. 의로운 사람들은 끊임없이 빛을 지닌 채 살고, 그 빛을 발하며 새로운 생명으로 나아간다. 최후의 심판 때에 그들은 항상 그들과 함께 있던 그분에게로 달려갈 것이다. 그렇게 되면 다시 살아난 사람들은 몸이 온전히 보존될 것이고, 지체는 머리와 연결될 것이다. 그리고 그런 일은 모든 이의 머리이신 구세주 그리스도에게도 일어날 것이다.

그리하여 그리스도께서 구름 위에 번개처럼 번쩍 비칠 때, 가장 영광스러운 지도자이신 하느님과 함께 사방에서 그 지체들을 받아들이실 것이다. 공중에 떠돌고 있는 몸들이 그들의 결합이 깨지자마자 땅으로 이동하여 즉시 땅의 중심을 찾아가듯이, 성인들의 몸도 부패로 인해 계속해서 고통을 겪을 수밖에 없기 때문에 마찬가지로 땅에 고정된다. 그러므로 성서가 말하듯이 "우리는 육신의 장막 속에서 신음하고 있다."(고린토 2서 5:2) 그런데 자유가 나타날 때 그들은 적절한 장소를 받아들이기 위하여 지체하지 않고 움직여서 그리스도께 달려갈 것이다. 따라서 성 바울로는 이렇게 달려가지 않을 수 없다는 것을 보여주면서, 이를 "황홀경(悅惚境 rapture)"이라고 불렀다. 왜냐하면 그는 "우리를 하느님께서 예수와 함께 생명의 나라로 데려가실 것이다"(테살로니카 1서 4:14)라고 말하고 있기 때문이다.(테살로니카 1서 4:14) 구세주께서는 그들을 당신께로 데려가실 것이라고 말씀하신다. "그때 두 사람이 밭에 있다면 하나는 데려가고 하나는 버려둘 것이다."(마태오 24:40) 이것은 미적거리며 지연(遲延)시킬 만한 인간적인 것은 하나도 없으며, 그들을 데려가실 분은 그리스도라는 사실을 나타낸다. 그리스도께서 친히 그들을 데려가실 텐데, 그분은 시간에 종속되지 않으신다.

처음에 그리스도께서는 인간이 그분을 찾으실 때까지 기다리지 않으시고, 그들이 길을 잃고 헤매는 동안 몸소 찾아 나서셨다. 그리고 그들에게 길을 보여 주신 다음에는, 그들을 안아 올려 어깨 위에 메고 가신다.(루가 15:5) 그들은 걸을 수가 없기 때문이다. 그분은 그들이 넘어졌을 때 일으켜 세워주시고, 태만해졌을 때 바로 세워 주시며, 길을 잃었을 때 불러서 되돌아오게 하신다. 간단히 말해 그들이 구원의 목적지에 다다를 때까지 재촉하시는 것이다. 이와 마찬가지로, 그들이 그분을 향해 마지막 경주를 할 때, 그분은 그들을 일으켜주시고, 그들이 날아갈 수 있도록 날개를 만들어 주실 것이다. 이런 이유로 그분은 우리를 시체에 모여드는 독수리라고 부르신다. "시체가 있는 곳에는 독수리가 모여드는 법이다."(마태오 24:18)

그리하여 그들은 한 식탁에서 다른 식탁으로, 아직 가려져 있는 것에서 이미 드러난 것으로, 빵에서 그분의 몸(Body)으로 옮아가게 될 것이다. 그들이 인간의 삶을 살고 있는 동안 그리스도께서는 그들의 빵이시고, 그들이 여기에서 하늘의 도성으로 옮아갈 때 그들의 (유월절에 희생으로 바치는) 어린양(passover)이시다. 그런데 이사야가 말하듯이 "그들에게 새 힘이 솟아나고 독수리처럼 날개쳐 솟아오를 때"(이사야 40:31), 그들은 드러나는 바로 그 '몸'(Body)에서 자신들의 위치를 차지하게 될 것이다. 성 요한은 선포한다. "우리는 그리스도의 참 모습을 뵙게 될 것입니다."(요한 1서 3:2)

육체 안에 있는 생명이 죽을 때 그리스도께서는 더 이상 우리의 빵이 아니며, 우리 역시 희생양(passover)을 기다리지 않는다. 그분은 당신의 몸에 수난의 흔적을 지니고 계신다. 손에는 상처가, 발에는 못자국이, 옆구리에는 창의 자국이 있는 것이다. 지상에서의 성찬은 우리를 그 '몸'(Body)으로 데려간다. 눈이 뽑힌 사람이 그 빛을 바라볼 수가 없듯이, 성찬이 없이는 그 몸을 받아들일 수 없다. 이 잔치에 참여하지 않는 사람이 스스로 안에 생명을 지니고 있다면, 어떻게 '불멸하시는 분'께서 죽은 지체들의 머리가 되고 그들에게 생명을 주실 수 있겠는가?

오직 한 분만이 식탁의 능력이시고, 두 세계(에서 벌어지는 잔치)의 주인(Host)도 오직 한분이신데, 한 세계는 신랑의 혼인잔치이고, 다른 세계는 혼인잔치의 준비이다. 따라서 성체성혈성사의 선물을 받지 못하고 이 세상을 떠난 사람들은 그 생명을 지니지 못할 것이다. 그렇지만 그 은총을 받아들여 보존할 수 있었던 사람들은 그들 주님의 기쁨에 참여하였고(마태오 25:21), 신랑과 함께 혼인잔치에 들어갔다.(마태오 25:10) 그들은 충분하지는 않지만 이미 잔치의 기쁨을 누렸는데, 그리스도께서 나타나셨을 때 자신들이 가지고 간 것이 무엇인지를 분명히 알게 될 것이다.

따라서 이것이 어떻게 하느님의 나라가 우리 안에 있는가 하는 것에 대한 설명이다.(루가 17:21)

제5권
거룩한 제단의 축성이 이루는 것

1. 제단과 거룩한 신비의 성사들

우리는 거룩한 신비의 성사들과 그 성사들이 제공해 주는 참된 삶에 대한 준비에 대하여 설명하였다. 제단은 모든 성스런 예식들이 진행되는 시작이기 때문에, 성만찬, 견진성사, 신품성사, 세례성사 등 앞서 말한 것에 덧붙여 제단을 세우는 예식에 대해 최선을 다하여 고찰한다면, 이는 지나치거나 부적절한 행동은 아닐 것 같다. 오히려 그 신비의 성사들의 근본이나 뿌리(혹은 다른 무어라고 부르든)에 대해 설명하게 될 터이므로, 그 삶에 대하여 더욱 완전한 설명을 하게 될 것이다.

그러므로 먼저 제단을 세울 때 집전자가 행하는 일을 정해진 순서에 따라 설명하기로 한다. 그리고 나서 각 행위의 숨겨진 의미와 그것이 가리키는 바를 고찰해 보기로 하자.

2. 축성 의식들

먼저 집전자는[14] 흰 제의를 입고 허리띠를 맨다. 그는 하느님 앞에 엎드

---

14) 보통은 주교가 한다. 그렇지 않으면 주교가 특별히 임명한 사람이 하는데, 그는

려 양손과 온몸을 땅에 댄다. 그렇지만 맨바닥에는 아니다. 자신이 노력함으로써 바라는 결과를 얻게 해 달라고 기도한 후 일어나서 예식을 진행한다.

집전자는 땅에 놓여 있는 제단의 상판(上板)을 들어올리고 그것을 그 밑판에 맞추는데, 다른 사람에게 시키지 않고 손수 한다. 제단을 제자리에 놓고는, 그 물이 눈에 보이는 먼지만이 아니라 악마의 공격으로부터도 깨끗해질 수 있는 힘을 가질 수 있게 해달라고 기도한 후에 따뜻한 물로 (제단을) 씻는다.

그리고 나서 포도주와 장미 기름을 약간 거기에 붓는다. 그리고 성유를 부은 다음, 유명한 예언자의 노래(알렐루야)를 하느님께 바치면서, 제단 위에 십자가를 세 번 그리며 도유한다. 그리고 흰 리넨(linen)으로 제단을 덮은 뒤 풍성한 장식으로 장식하고, 그 위에 제단에 한 것처럼 성유로 도유한 다른 리넨(곧, 안티민숀 the antimension))을 펼친다. 마지막으로 이러한 것들 위에 성작과 성반을 올려놓는다.

의식을 거행하고 나서 입고 있던 리넨으로 된 옷을 벗고, 주교가 입는 옷을 입고는 성스러운 건물의 옆에 있는 장소로 들어간다. 거기서 이러한 목적으로 마련된 순교자들의 성해(聖骸)를 가지고 와서, 성체를 놓게 될 제단 위의 성반 중 하나에 올려놓는다. 그리고는 봉헌물을 덮고 있는 베일로 덮고는, 아주 존경하는 태도로 들어올려 머리 위로 들고 옮긴다. 신자들이 횃불과 노래, 그리고 향으로 그의 행렬을 찬미하는 동안, 그것들을 가지고 축성되고 있는 집으로 간다.

밖으로 나온 다음 성전 가까이 왔을 때, 닫혀진 문 앞에 서서, 문안에 서 있는 사람들에게 다윗이 한 말처럼 영광의 왕을 위하여 문을 열라고 명한다.(시편 24:7, 9) 집전자가 안에 있는 사람들로부터, 다윗이 구세주께서 하늘로 오르실 때 천사들이 서로 주고받던 대화를 표현한 말을 듣고, 이어서

어느 정도 간소화된 예식을 행한다.

문이 활짝 열리면, 주교는 베일로 덮인 성반을 머리 위로 든 채 성전에 들어간다.
지성소 안에 들어가 제단 옆에 선 다음 성반을 내려놓고 베일을 벗긴다. 그리고는 안에 담겨 있는 보물(곧, 성해)을 꺼내어 적절한 크기의 성합(聖盒) 안에 넣는다. 이후 성해 위에 성유를 붓고 테이블 아래에 안치(安置)한다.
이러한 것들이 준비되었을 때, 그 집은 기도의 집이 되고, 제단은 희생제사를 위하여 준비되면서 그것(희생제사)에 속하게 되고, 따라서 합당하게 제단이 되는 것이다.

3. 예식들은 어떻게 하느님께 대한 인간의 축성을 나타내는가

이제 이 예식들이 왜 행해지는지, 그리고 사제의 행위로 어떻게 집과 제단이 축성되는지를 설명하기로 한다.
하얀 리넨 옷을 입고 거룩한 예식에 참례하는 주교는 천을 씌운 제단의 모습을 상징하는데, 그것은 인간 자신을 나타내기도 한다. 다윗이 말하듯이 인간이 "모든 사악함을 씻어내고 눈보다 더 희게 되고"(시편 51:9), 마음을 가라앉히고, 몸을 굽혀 부복(俯伏)한다면, 하느님께서 그 영혼 안에 참으로 머무시게 되고 그 마음은 제단이 된다. 예식들은 이러한 것들의 표징이다. 첫 번째는 하얗게 빛나는 주교의 옷에 의해 나타나고, 두 번째는 온전히 마음을 모으고 부복하는 주교에 의해 나타난다. 그리하여 그는 지성소에 들어가기 전에 최대한으로 자신 안에서 제단을 보여준다. 그리고 나서 성스러운 장소에 마지막 손질을 한다. 이렇게 하는 이유는 숙련공 등 모든 장인이 일에 손대기 전에 그 할 일을 명하는 것은 이성이기 때문이다. 이성은 손을 위한 안내로서 계획을 제공해 주는데, 그 손들은 재료를 통하여 계획을 구체적으로 보여준다.

화가가 그림을 그리는 것은 표본에 따라 묘사하는 것인데, 그것은 곧 기억을 사용하고 모델을 찾아 영혼으로 시선을 돌릴 때조차, 예비적인 스케치로부터 자신의 예술작품을 만들어낸다는 것이다. 이는 화가에게만 적용되는 것이 아니라, 조각가, 건축가 등 모든 예술가의 작품활동에서 볼 수 있다. 예술가의 영혼을 눈으로 볼 수 있다면, 재료와는 상관없이 그 안에서 원래의 집이나 조각, 혹은 다른 작품을 볼 수 있게 될 것이다.

4. 정화(淨化)하는 의식의 의미

주교가 제단의 표본이 되는 이유는 주교가 그러한 것들을 만드는 장인이기 때문만이 아니라, 인간 본성(보이는 것들)이 참으로 하느님의 성전이요 제단이 될 수 있다는 데 있다. 왜냐하면 그것은 인간의 손으로 만들어진 것의 형상(image)과 형태(type)를 보존하고 있기 때문이다.

따라서 이같은 유형(pattern)에서 사물이 그 형상에 앞서 나타나고, 현실이 그 형태를 앞설 필요가 있다. 왜냐하면 "너희가 나를 위하여 집을 지어 줄 것이냐?"(사도행전 7:49) 하신 분께서 "나는 그들 가운데 살며 그들 사이에 거닐 것이다"(레위기 26:11-12, 고린토 2서 6:16)라고 말씀하시기 때문이다. 이는 다른 사람에게 도움이 되고자 하는 사람은 먼저 자기 자신을 이롭게 해야 하고, 생명이 없는 대상에 불어넣어질 수 있는, 그렇게 엄청난 능력이 있는 사람은, 먼저 그러한 것들을 자기 자신에게 활용할 수 있어야 적합하다는 것을 의미한다. 그리하여 바울로는 하나의 도시와 그 주위를 이롭게 해주어야 할 주교는, 먼저 자신의 가정에서 시작해야 하고, 자기 가정을 관리할 사람은 먼저 올바른 이성에 따라 자기 자신을 먼저 지배해야 한

다고 생각했던 것이다.(디모테오 1서 3:2-5)

그런데 이 일을 위해서는 하느님이 필요하다. 어느 누구도 하느님의 도움이 없이는 아무 것도 성취할 수 없는데, 모든 것이 전적으로 하느님의 일인 신비의 성사들의 경우에는 더욱 그러하다. 그렇지만 우리 주님께서는 당신의 종들을 위해, 단지 협조자들에 의해서나 혹은 그들을 보살펴줄 사람들을 보냄으로써가 아니라, 당신께서 친히 오시어 우리의 구원에 필요한 것들을 이루어주셨다. 이런 이유로 주교는 자신이 그분의 제자라는 것을 보여주고, 모든 구원의 수단이 우리에게 생겨나는 제단을 자신의 손으로 세우는 것이다.

주교는 "나의 하느님, 나의 임금님, 내가 당신을 높이 받듭니다"(시편 145) 라는 시편을, 하느님께 대한 감사의 행위와 그분의 놀라우신 행위에 대한 기념으로 노래하면서 이 일을 행한다. 바울로가 "모든 일에 감사드리자"(에페소 5:20)라고 명했다면, 우리가 좋은 선물이 집약(集約)되어 있는 것을 다룰 때는 더더욱 그러해야 하지 않겠는가? 그리고 나서 주교는 "주님은 나의 목자, 아쉬울 것 없어라"(시편 23)를 노래한다. 이 말은 인간에 대한 하느님의 사랑을 찬미할 뿐 아니라 문제의 그 은혜를 언급하는 것이다. 왜냐하면 그것은 세례와 견진과 성작(聖爵), 그리고 거룩한 빵이 그 위에 놓여질 제단을 언급하기 때문이다. 그것들은 세례를 "위로의 물", "푸른 풀밭"이라 부르고, 하느님의 보살핌을 제대로 받는 사람은 그분과 함께 영원히 살 것이라고 말한다. 죄가 뻔뻔스러운 사람들에게 걱정거리를 가져다주고 땅을 가시로 가득하게 만들었기 때문에(창세기 3:18), 죄를 쫓아버리는 물은 "위로의 물"이다. "푸른 풀밭"은 마지막 쉼터이다. 왜냐하면 우리는 거기에서 하느님, 곧 우리가 추구하고 그 안에서 쉬는 궁극적인 선을 받아들이기 때문이다. 그것들은 우리 본성의 욕구를 쉬게 해주기 때문에 휴식의 물이기도 하다. "많은 예언자들과 제왕들도 너희가 지금 보는 것을 보려고 했다"(루가 10:24)고 그리스도께서 말씀하실 때 바로 이것을 언급하신 것이다.

그런데 주교가 하느님 앞에 엎드려 기도할 때 성스런 구역 안에 있는 땅을 만지지 않은 이유는 무엇인가? 아직 축성을 받지 않아 성스러운 예식에 적합하지 않기 때문인가? 아직 기도의 집이 되지 않았는데 어떻게 기도하는 사람을 받아들일 수 있겠는가? 모세가 성스러운 땅을 밟을 때는 하느님과 만날 때 아무런 방해를 받지 않도록 신발을 벗은 반면(출애굽기 3:5), 하느님의 백성 히브리인들이 이집트에 있을 때는 신을 신고 땅을 밟아야 했다.(출애굽기 12:11)

주교는 기도를 마친 후 앞으로 나아가 성수(聖水)로 제단을 닦는다. 모든 이의 폭군이 인간을 노예로 만들었을 때, 보이는 것들의 주인인 그는 모든 보이는 것들이 패배한 왕의 궁전이기라도 하듯이 맹렬히 공격하였다. 이런 이유로 각 신비의 성사에서 자연으로부터 얻은 모든 물질을 사용할 때는 악한 것에 대한 정화의 수단을 가질 필요가 있다. 사제가 세례를 줄 때, 세례 받는 사람을 악마의 온갖 공격으로부터 지켜주기 위하여 먼저 기도로써 사용할 물을 정화하듯이, 주교도 먼저 악을 몰아내는 물로 제단을 씻어낸다. 그리하여 그는 우리가 선한 것을 향하여 서둘러 가는 방법, 곧 먼저 악으로부터 돌아서는 것을 지적한다. 이를 위해서 주교는 이 예식들을 행하면서 "정화수를 나에게 뿌리소서. 이 몸이 깨끗해지리이다. 나를 씻어주소서. 눈보다 더 희게 되리이다"(시편 51:7) 하는 죄와 참회에 관한 시편을 노래한다.

그리고 나서 하느님께 감사와 존경을 드리는데, 축성 행위를 할 때마다 이렇게 한다. 왜냐하면 하느님께 영광을 드리기 위해 무슨 일을 할 때, 그리고 특히 신비의 성사를 거행할 때는, 그것들이 다른 어떤 것들보다 유익하고 하느님께만 속해 있기 때문이다.

그리고 하느님 은총의 선물들을 받아들이기 전에는, 정화될 필요가 있을 뿐 아니라 가능한 한 거기에 상응하는 덕을 보여줄 필요가 있다. 그렇지 않으면 그 선물을 주시는 분에게 다가갈 수 없다.(하느님께서는 자고 있는 사람이 아니라 기도하고 있는 사람의 청원을 들어주신다. 그분은 경주에 참여하는 사람에게 기름을 발라 주시고, 최선을 다해서 정결해진 사람에게 정결의 선물을 허락하신다. 간단히 말해 우리는 기도뿐만 아니라 행위에 의해 바람[desire]을 보여줄 필요가 있다.) 그러므로 주교는 제단에 하느님의 선물을 가져다줄 수 있는 성유를 바르기 전, 먼저 향기로운 냄새를 지니고 있는 포도주와 기름을 바른다. 포도주와 기름은 기쁨을 줄뿐이지만 성유는 생명에 유용하다. 이는 생명을 유지하는 데 필요한 것들과 즐거운 것, 즉 우리의 삶을 충만하게 해주는 인간적인 것들을 모두 들여옴으로써, 그(주교)가 그 두 가지 것의 첫 열매를 봉헌한다는 것을 보여주기 위해서이다. 그리스도께서는 "생명을 주고 또 풍성하게 주려고 오셨기 때문에"(요한 10:10), 인간을 들어올리고 자유롭게 해주셨을 뿐 아니라, 순결한 기쁨을 나누어줌으로써 그를 왕으로 삼으셨다. 주교는 여기에다 모든 축성의 능력[15]을 소유하고 또 희생제사로 직접 인도하는 도유(塗油)를 추가한다.

5. 제단에 기름을 바르는 것의 의미

처음에 구세주께서 "빵을 들고 축복하실 때"(마르코 14:22) 두 가지 행위로 희생제사를 완성하셨으므로, 우리도 그 손과 그 목소리를 추구한다. 사제가 말하는 그 목소리, 그것은 마치 "나를 기억하여 이 일을 행하라"(고린토 1서 11:24)고 명하신 분의 목소리처럼 효력이 있다. 그 기름은 그 손의 능력을 지니고 있다. 왜냐하면 디오니시오스가 말하듯이 "바로 그 기름이 예수님을 상징하기" 때문이다. 그런데 사도들은 자신들의 손을 추가했다. 왜냐하면 그 손들도 같은 은총을 지녔기 때문이다. 그들을 승계하는 사람들에게는 말씀의 능력밖에 없었기 때문에, 이 (은총을 전수[傳授]하는) 예식 즉 도유가 필요했다. 첫번째 사제들의 경우 그들의 손은 제단이었지만, 그

---

15). 아마도 견진성사를 언급하는 것 같다.

리스도께서는 그들의 후계자들을 통하여 입문자들을 받아들이는 집들을 지으셨다.

　주교는 제단 위에 기름을 부을 때 전과는 달리 아무 말도 하지 않는다. 그는 히브리 언어 몇 마디로 이루어진 노래, 곧 거룩한 예언자들의 합창대에서 가장 성스러운 영감인 알렐루야를 하느님께 바친다. 하느님을 찬미할 때 긴 말로 그 행적을 묘사하면서 찬미할 때도 있지만, 몇 단어로 된 노래를 통하여 그분을 들어 높일 수도 있다. 그 행위가 이미 이루어졌거나 앞으로 이루어질 것을 찬미하는 데는 첫 번째 방법이 적합하고, 지금 현존하고 또 일어나고 있는 일의 경우에는 두 번째 방법이 적합한데, 그 이유는 사물 그 자체가 그 자리에 있을 때는 그것이 얼마나 즐겁고 놀라운 것인지 보여주려는 것이 아니라면 말이 필요 없기 때문이다. 예언자들도 세례자 요한이 나타나기 전까지만 예언을 했다.(마태오 11:13) 그 이후로는 예언자들이 예언해 오던 분이 실제로 나타나셨으므로 더 이상 예언할 필요가 없어졌고, 그분을 찬미하고 선포하는 일밖에 남지 않았다. 그리하여 그분이 천사들에게 처음으로 나타나셨을 때, 그들은 "하늘 높은 곳에는 하느님께 영광"(루가 2:14)이라고 노래했던 것이다.

　이 원칙에 따라, 주교는 은인으로 불리던 그분을 행위로 인정하고 난 뒤에는, 이전에 기도문에 포함되어 있던 것을 기도하지도 않고 그분 자애의 행위를 말하지도 않는다. 그 행위들을 눈으로 볼 수 있기 때문이다. 단지 신비스러운 노래로 그 행위를 찬미할 따름이다.

6. 신성한 성해(聖骸 relic)들의 적합성

　도유는 제단의 능력이기 때문에 거기에 사용되는 재료가 적절해야 한다. 그렇게 함으로써 불과 빛이 적당한 몸을 통하여 작용하듯이 더욱 효과적이 될 것이기 때문이다. 왜냐하면 우리가 부르면 모든 것을 해줄 수 있는 구세주의 이름이 모든 사람의 입에서 똑같은 방법으로 그 능력을 보여주는 것은 아니기 때문에, 축성자는 도유에 가장 적절할 몸을 찾을 때, 순교자의 유해(遺骸 bones)가 가장 적절하다고 여겼다. 주교가 그 성해에 기름을 바르고 테이블 위에 놓고 나면 제단은 완성된다.

그리스도의 신비의 성사와 유사한 것으로서 순교자를 능가하는 것은 없다. 왜냐하면 그들은 몸과 정신, 죽음의 방법 등 모든 것을 그리스도와 공통으로 지녔기 때문이다. 그리스도께서는 그들이 살아 있을 때에도 그들과 함께 계셨고, 그들이 죽은 후에도 그 죽은 몸을 떠나지 않으셨다. 그분은 그들의 영혼에 아주 밀접하게 일치되어 있기 때문에, 이 말이 없는 먼지와도 어느 정도 함께 현존하고 또 섞여 있다. 그리하여 구세주를 발견할 수 있고 또 그분을 지닐 수 있는 가시적인 사물이 있다면 그것은 바로 이 성해일 것이다.

그러므로 주교는 성전에 들어올 때, 그리스도를 모셔올 때 하는 것과 똑같은 말을 하면서 성해를 위해 문을 열어주고, 거룩한 선물들(Holy Gifts)을 찬미할 때와 같은 행위를 수행한다. 손으로 만든 것은 실물의 모방인 반면, 이 성해는 하느님의 참된 성전이요 제단이다. 따라서 구약의 율법에 신약을 더하는 것과 마찬가지로, 제단에 순교자의 성해를 더하여 제단을 완성시키는 데 사용하는 것은 합당한 일이었다.

7. 다른 거룩한 예식들과 그 의미

축성자는 모든 예식을 마치고 희생제사와 기도를 위한 집을 준비하고는, 제단 위에 있는 등불을 켜고 밖으로 나간다. 그런데 첫째로 이것에 의해서 그는 희생제사가 처음 제정되던 것과 같은 시간을 보여주는 것 같다. 왜냐하면 그것은 저녁 무렵이고 등불을 켜는 시간이었기 때문이다. 그리고 또한 그 등불은 동전을 잃은 여인의 집에 있던 그 등잔을 상기시키며, 그녀가 등잔을 켜고서 마치 저승에 있는 흙 속에 묻혀 있듯이, 흙과 어둠 속에 감추어져 있던 동전을 찾아낸 사실을 생각나게 한다. 온 집안을 뒤진다는 것은, 저승으로 내려가시어 그곳을 빛으로 채우신 분께서 모든 것을 들추어내 빛 가운데로 데려오는 것을 의미한다.

[그리고 주교는, 그 집을 기도의 집으로 삼고 하느님의 이름이 활동하시고 또 우리의 기도를 도와주시도록, 온 집안을 돌아다니면서 도유한다. 왜냐하면 인간이 하느님께 봉사하게 하고 "분향처럼"(시편 141:2) 우리의 기도를 방향지어 주는 것은, "부어진 향유"(아가 1:3), 즉 우리를 변호해 주시고 중보해 주시는 분이 되신 구세주(요한 1서 2:1 참조)이시기 때문이다. 그분은 외아들이시기 때문에 당신의 종들에게 당신 자신을 쏟아 부어 주시어, 마치 우리 안에서 당신의 사랑하는 외아들을 발견하시는 듯, 우리를 자애롭게 내려다보시면서 당신께로 다가가는 사람들에게 다가오시는 성부와 우리를 화해시키셨다.

따라서 우리가 그분을 찾아 뵙고, 기도의 향유가 쏟아 부어지며, 솔로몬의 기도처럼 "그분의 눈이 밤낮으로 보살펴주시는"(열왕기상 8:29) 그 집으로 하느님께서 오셔야만 한다.

그런데 이와는 달리 교회는 하느님의 성전이라 불린다. 교회가 참된 성전이라고 불리고 하느님과 공통점을 지니기 위해서는, 그리스도께서 신성으로 도유되었듯이 기름으로 도유될 필요가 있었다. 하느님의 성전은 그분의 거룩한 몸을 의미한다. 그분 친히 "이 성전을 허물어라"(요한 2:19-21)라고 말씀하심으로써 그렇게 부르셨던 것이다.][16)

---

16). 다른 사람에 의한 비엔나 필사본(Vienna MS)에서의 첨가.

제6권
거룩한 신비의 성사들로부터 받은 은총을 어떻게 보존할 것인가

1. 우리가 받은 은총을 보존해야 할 필요성

이 신비의 성사들은 그리스도 안의 삶에 속하는 것으로서 그리스도를 나타내고, 그리스도 한 분에게만 관계된다.

이 삶이 존재하게 되는 것은 처음부터 그리스도의 손길에 달려 있다. 그런데 일단 존재하게 되면, 그 삶을 보존하고 지속시키는 것은 우리의 노력에 달려 있다. 그리하여 우리가 받은 은총을 손상시키지 않고 끝까지 보존하여 그 보물을 지닌 채 이 세상을 떠나기 위해서는, 우리 편에서 인간적인 노력을 기울일 필요가 있다. 그러므로 그것을 보존할 수 있는 방도(方道)를 고찰해보기로 한다. 왜냐하면 이 또한 그리스도 안의 삶과 관련되기 때문이다.

일상생활에서 이미 받은 삶에 만족한다든지, 마치 모든 것을 소유한 듯이 잠에 빠지는 것은 합당하지도 않고 정상적인 일도 아니다. 우리는 그 삶을 보존할 방법을 찾아야 한다. 이와 마찬가지로 생명에 들어가는 것의 기원과 방법에 관하여 우리가 전에 말한 것들과 체험한 것들에 대한 속편(續篇 sequel)을 덧붙이고, 우리 행복의 조건을 포기하지 않기 위해서는 무엇을 하는 것이 좋은지 설명할 필요가 있다. 올바른 이성에 따르면 이것은 덕스런 삶이다. 그런데 최근 저자들뿐 아니라 옛날 저자들도 이미 거기에 대하여 상세하게 논의한 바 있고 또 거기에 대하여 빠뜨린 것 없이 모두 말하였으므로, 이런 논의를 한다는 것이 괜한 말일 수도 있다. 그렇지만 처음에 우리를 재촉했던 그 동기가 이 문제에 대해서도 말하도록 촉구하고, 또 그렇게 하지 않고는 우리의 이야기가 불완전할 것이기 때문에 할 수 있는 만큼 거기에 대하여 말해야 한다.

우리는 인간 생활의 각기 다른 상황에 적합한 것들은 적절히 생략하고, 우리 모두가 공통으로 지고 있는 하느님께 대한 의무를 고찰하고 있다. 국가를 다스리는 사람들과 사적인 시민으로서 살아가는 사람들, 그리고 세례를 받은 뒤 하느님께 더 이상의 서약을 하지 않는 사람들과 수도 생활을 하며 정결과 가난 서원을 하여 재산도 자기 자신도 포기한 사람들이 모두 같은 덕을 지녀야 한다고 생각하는 사람은 없을 것이다. 그런데 그리스도의 이름으로 부름 받은 사람들에게 공통이 되는 빚은 모든 사람이 갚아야 한다. 연령이나 직업에 관계없이, 가난하든 부자든, 외딴 곳에 살든 고독하든, 시내에 살든 떠들썩한 곳에 살든, 그 누구든 어떠한 이유에서든, 이 빚을 소홀히 할 수도 없고 이 빚에서 면제될 수 없다. 모든 사람에게는 그리스도의 뜻에 반대하지 않고, 그 뜻에서 나오는 율법을 온갖 방법으로 지키고, 그분이 마음에 들어 하시는 대로 자기의 삶을 다스릴 수 있는 능력이 있다. 우리는 이러한 것들이 인간 능력의 한계를 넘어선다고 주장할 수는 없는데, 그 이유는 인간의 한계를 벗어난 경우에는 죄를 지은 사람에게 벌이 없을 것이기 때문이다.

그리스도인들 중에 자신이 그 과제를 떠맡을 의무가 있다는 사실을 모르는 사람은 없다. 모두가 처음에 그분과 일치하고, 모든 것을 통하여 그분을 따르겠다고 맹세하고, 계약으로 자기 자신들을 묶은 후에야 (세례성사라는) 거룩한 예식을 치렀다.

구세주의 명령은 모든 신자들에게 구속력이 있고 또 기꺼이 하고자 하는 사람은 그것을 실천할 수 있기 때문에, 그 명령들은 가장 필수적이다. 구세주의 명령 없이는 그리스도와 일치할 수 없고, 그렇지 않고는 가장 위대하고 고귀한 것인 의지와 목적에 있어서 그분과 일치를 이룰 수 없다. 우리가 그분의 피를 나눈다면 그분의 의지도 나누어야 한다. 우리는 어떤 면에서 그분과 일치하면서 다른 면에서는 그분과 단절될 수 없다. 그리고 어떤 면에서는 그분을 사랑하면서 다른 면으로는 그분에게 적대적일 수 없으며, 그분의 자녀이면서 다른 한편으로는 비난받을 만한 짓을 할 수도 없다. 그리고 그분의 지체인 동시에, 그분에게 접목되어 새로이 태어나는 데 아무 쓸모가 없는 죽은 사람이 될 수도 없다. 이는 잘려나간 가지처럼 밖에 버려져 말라버리고, 그렇게 되면 불에 던져진다.(요한 15:6 참조)

2. 우리는 생명의 원천이신 그리스도와 어떻게 결합해야만 하는가

그러므로 그리스도 안에서 살기로 선택한 사람들은 그 마음과 머리에 일치되어야 한다. 다른 곳에서는 생명을 얻을 수가 없기 때문이다. 그런데 그분이 원하는 것을 원하지 않는 사람에게는 이것이 불가능하다. 인간적으로 가능하다면, 자신의 목적을 바라는 모습에 따라 손질하고, 그리스도의 뜻에 순응시키고, 그분께서 원하시는 것을 원하고 그것을 누릴 수 있도록 자신을 준비시킬 필요가 있다. 왜냐하면 상반된 욕구들을 가지고는 한 마음 한 뜻으로 지속할 수가 없기 때문이다. 그분이 말씀하듯이 "악한 사람은 그 악한 창고에서 악한 것들을 내놓고"(루가 6:45 참조) 선한 사람은 그 선한 창고에서 선한 것을 내놓기 때문이다.

팔레스타인의 신자들은 같은 것들을 원하였기 때문에 "한 마음 한 뜻이었다."(사도행전 4:32) 이와 마찬가지로, 그리스도의 목적을 공유하지 않고 그분이 명하는 것을 거스른다면, 그는 자신의 삶을 그리스도의 마음에 따라 정돈하지 않고 분명히 다른 마음에 의존하는 것이다. 그와 반대로 하느님께서는 다윗이 "나는 당신 계명을 잊지 않았습니다"(시편 119:16, 61 등)라고 말하였기 때문에, 당신의 마음을 따른다고 여기셨다. 우리가 그리스도의 마음에 의존하지 않고는 그리스도 안에 살 수 없고, 그분이 원하시는 것을 원하지 않고는 그분께 의존할 수 없기 때문에, 우리는 어떻게 그리스도께서 사랑하시는 것을 사랑하고 그분이 즐기시는 것을 즐길 것인지 살펴보기로 하자.

3. 그리스도의 사랑은 어떻게 지상의 것들로부터 초연(超然)하도록 이끄는가

모든 행위의 시작은 욕망(desire)이고, 모든 욕망의 시작은 성찰(省察)이다. 그러므로 우리는 무엇보다도 마음을 항상 선한 생각들로 채움으로써, 영혼의 눈을 헛된 것에 돌리지 않도록 해야 한다. 마음을 비운 틈을 타서 사악한 생각이 들어서지 못하도록 하기 위해서이다.

관상(觀想 contemplation)에 필요한 재료, 영혼을 위한 일, 정신을 위한 기쁨과 활동 등을 제공해주는 데 적합한 것들이 많이 있으므로, 신비의 성사들과 거기에서 나오는 풍요로움에 대하여 고찰하는 것이, 말하고 생각하는 데 있어 가장 기쁘고 유익한 것 같다. 우리는 우리가 입문하기 전에 어떤 사람이었고 입문함으로써 어떤 사람이 되었는지, 이전의 노예 상태와 현재의 자유와 고귀한 상태, 이미 주어진 혜택들, 그리고 우리를 기다리고 있는 것들에 대하여도 성찰할 수 있다. 무엇보다도 우리는 이 모든 선물을 주신 분에 대해서, 그분이 얼마나 아름답고 친절하신지, 그분이 인류를 얼마나 사랑하시는지, 그분의 사랑이 얼마나 위대한지를 생각하게 될 것이다.

이렇게 아름답고 매력적인 것들이 마음을 사로잡고 영혼을 제어할 때, 다른 것을 생각하고 바란다는 것은 쉬운 일이 아니다. 그분의 혜택은 너무나 많고 너무나 위대하여 우리를 압도하고, 그런 혜택을 주도록 마음을 움직이는 그분의 애정이 너무나 엄청나서, 인간의 생각으로는 상상조차 할 수 없다.

어떤 사람을 사랑하는 마음이 흘러 넘칠 때 그 사람은 사랑하는 사람을 압도하고 제정신을 잃게 만들듯이, 인간에 대한 하느님의 사랑도 하느님을 비우게 만들었다.(필립비 2:7) 그분은 당신의 처소에 머문 채 노예를 부르지 않으시고 몸소 내려와 그를 찾으신다. 부유하신 그분이 몸소 가난뱅이의 오두막집에 내려오시어, 몸소 그에게 다가가심으로써 당신의 사랑을 보여주신다. 그분은 그 대가로 사랑을 청하시고, 모멸 당할 때도 물러서지 않으신다. 그분은 제대로 대접받지 못한다 해도 화내지 않으시고, 거절당할 때도 문 옆에 앉아 계시며(묵시 3:20), 고통을 겪고 죽음으로 증거하시면서까지 우리를 사랑하신다는 것을 보여주기 위해 온갖 일을 다 하신다.

사랑하는 사람을 보면 다음의 두 가지가 특징적으로 드러난다. 첫째는 온갖 방법을 사용하여 자기 사랑의 대상에게 좋은 일을 해주는 것이고, 둘째는 필요하다면 그 사랑의 대상을 위하여 괴로운 일을 참고 고통도 기꺼이 견디려고 하는 것이다. 이 둘 중 후자가 전자보다 더 위대한 사랑의 증거인 것 같다. 그런데 하느님께서는 고통을 겪을 수가 없으시기 때문에 그렇게 하시는 것이 불가능했었다. 인간에 대한 사랑으로 은혜를 베푸는 일은 가능했지만, 신적 본성으로서 고난을 겪는다는 것은 아주 불가능했던 것이다. 하느님의 사랑은 차고 넘쳤지만 그것을 분명하게 표현할 수 있는 표징은 찾을 수가 없었다.

그분 사랑의 위대함은 감추어져 있으면 안 되고, 그 위대한 사랑의 증거를 보여주고, 사랑의 행위를 통하여 지극한 사랑을 보여주어야만 했다. 그리하여 하느님께서는 이 자기 비움을 계획하고 실행하셨으며, 괴로운 일과 고통을 겪을 수 있는 수단인 그리스도의 인성을 만드셨다. 하느님께서 괴로운 일과 고통을 겪으심으로써 지극한 사랑을 증명하셨을 때, 하느님이 자기를 미워한다고 여기고 그 선하신 분으로부터 달아났던 인간은 그분께로 돌아가게 되었다.

그런데 이는 무엇보다도 놀라운 일이다. 그분께서는 가장 괴로운 고통을 겪고 상처를 입은 채 돌아가셨는데, 다시 살아나 부패를 떨쳐내고 당신의 몸을 일으키고 난 후에도, 여전히 그 상처를 지니고 계셨다. 그분께서는 그 상처를 몸에 지니고 계셨으며 그 상처를 지닌 채 천사들에게 나타나시는데, 그 상처를 장식(裝飾)처럼 여기시면서 당신이 어떻게 그 괴로운 일을 겪으셨는지 보여주기를 좋아하신다. 그분은 육체의 특징을 모두 벗어버리고 무게나 차원 등 육체적 조건이 없는 영적인 몸을 지니셨지만, 그 상처와 흉터를 결코 버리지 않으셨다. 인간에 대한 사랑으로 그 상처를 간직하는 게 합당하다고 여기셨던 것이다. 왜냐하면 그 상처 덕분에 잃었던 인간을 찾으셨고 상처를 입으심으로써 사랑하는 인간을 장악(掌握)하셨기 때문이다. 죽어서 부패하는 몸에서조차 의술이나 자연을 통해 없어질 때가 있는 상처의 흔적을, 불멸의 몸에 지니고 있는 것보다 더 적절한 것이 어디 있겠는가? 그리스도께서는 우리를 위해서 몇 번이고 고통받고 싶어하신 것 같다. 그런데 그분의 몸이 일단 부패로부터 벗어나셨고, 당신께 상처를 가한 인간들을 용서해주신 것을 볼 때, 그것은 불가능한 일이었다. 그리하여 당신의 몸에 죽음의 표시를 보존하시고, 십자가에 못박히실 때 새겨진 상처의 흔적을 항상 지니기로 하셨다. 그리하여 먼 미래에 그분께서 당신의 종들을 위하여 십자가에 못박히시고 옆구리에 창을 찔리셨다는 것, 그리고 휘황찬란한 그분의 광채와 함께 그분의 상처 또한 왕을 위한 장식으로 여기시리라는 사실이 분명해졌다.

그 사랑에 견줄 수 있는 것이 어디 있겠는가? 인간이 그렇게 엄청난 사랑을 한 적이 있는가? 어떤 어미가 그렇게 다정하게 자기 자녀를 사랑했으며(이사야 49:15), 어떤 아비가 그렇게 사랑했는가? 아름다운 것에 대한 사랑에 사로잡혀, 은혜도 모르는 그 대상으로부터 눈길을 돌리지 않으면서, 그 대상에 의하여 기꺼이 상처받을 뿐 아니라, 바로 그 상처를 무엇보다도 높이 평가할 수 있겠는가? 비록 이러한 것들이 그분께서 우리를 사랑하실 뿐 아니라 우리를 엄청나게 존중해 주신다는 사실을 증명하기도 하지만, 그분께서 우리 본성의 나약함조차 부끄러워하지 않으시고, 인간의 나약함 때문에 얻은 흉터를 지닌 채 당신의 고귀한 왕좌에 앉으셨다는 사실은 가장 큰 명예에 속하는 것이다.

그분께서는 우리의 본성을 높이 평가하시면서도 우리를 개별적으로 무시하지도 않으신다. 그분께서는 우리 모두를 당신의 영광으로 부르시고, 우리를 노예 상태에서 해방시켜 주시며, 우리를 자녀로 삼으신다. 그분은 모든 사람에게 하늘나라를 열어주셨고, 우리에게 길을 보여주셨으며, 거기까지 날아갈 수 있는 날개를 주셨다. 그리고 그것도 부족해 길을 안내해 주시고, 우리를 지탱해주시고, 우리가 나태해질 때 격려해 주신다.

그런데 아직도 가장 위대한 것은 언급하지 않았다. 주님께서는 그 정도로 자기의 종들과 더불어 계실 뿐 아니라 당신의 것을 나누어주신다. 그분은 종들을 도와주실 뿐 아니라 당신 자신을 송두리째 내어주셨다. 그리하여 우리는 살아있는 하느님의 성전이고, 우리의 지체는 케루빔이 경배하는 그리스도를 머리로 하는 지체이다. 바로 이 발, 이 손들은 그분의 심장에 의존한다.

4. 그리스도께서는 당신의 사랑 안에서 어떻게 우리와 일치되는가

이러한 것들에 대하여 명상하는 것보다 더 큰 이득과 즐거움을 줄 수 있는 것은 없다. 우리가 이러한 것들에 대하여 고찰하고, 이러한 생각이 우리의 영혼을 지배할 때, 사악한 생각들이 우리 안에 들어오지 못하기 때문이다. 그렇게 되면 우리는 그분께서 우리에게 베푸신 은혜를 알게 되면서, 우리에게 은혜를 베푸는 분을 점점 더 갈망하게 될 것이다. 그리하여 우리가 그분을 사랑할 때, 우리는 그분 계명을 지키게 되고, 그분의 목적에 참여하게 된다. 왜냐하면 그분께서 "너희가 나를 사랑하면 내 계명을 지킬 것"(요한 14:15-21)이라고 말씀하셨기 때문이다.

그리고 우리는 자신의 가치가 얼마나 위대한지 알아볼 때 쉽사리 그것을 저버리지 않을 것이다. 우리는 (하늘의) 왕국이 우리의 것이라는 사실을 알게 되었을 때 도망친 노예의 노예들이 된다는 사실을 견디지 못할 것이다. 성찬(聖餐)과 우리의 혀를 붉게 물들이는 성혈(聖血)을 생각할 때 악한 말은 입에 담지도 못할 것이다. 그렇게 경외(敬畏)로운 신비의 성사들을 누리고 있으면서 어떻게 눈을 적절치 못한 것을 보는 데 사용할 수 있겠는가? 이런 생각이 우리의 영혼에 살아있을 때 우리는 악한 것으로는 한 발자국도 나아가지 않고 손도 내밀지 않을 것이다. 우리는 그리스도의 지체이기 때문에 그분의 피를 담고 있는 약병처럼 성스럽다. 우리는 우리가 입고 있는 옷이나 가지고 태어난 피부 이상으로, 그것을 입고 있는 사람들에게 자신들의 뼈보다 훨씬 더 밀접하게 일치되어 있다는 점에서, 구세주 자신을 전체적으로 입고 있다. 누가 우리의 동의 없이 우리의 지체를 절단할 수는 있지만, 인간이든 악마든 그 누구도 그리스도를 우리에게서 분리시킬 수는 없다. 성 바울로가 말하듯이 "현재의 것도 미래의 것도 능력의 천신들도 높음도 깊음도 그 밖의 어떤 피조물도"(로마 8:38-39), 그 힘이 아무리 세다 하더라도 우리를 그리스도로부터 떼어놓을 수 없다.

악마는 폭군의 손을 이용하여 순교자의 피부를 찢을 수도 있고 그들의 사지(四肢)를 절단할 수도 있으며, 그들의 뼈를 부수거나 내장을 꺼낼 수도 있다. 그렇지만 그 축복 받은 자들에게서 그리스도라는 옷을 빼앗거나 벗겨

낼 수는 없는데, 자기가 그들의 옷을 벗긴다고 생각하는 바로 그 행위로 말미암아 자신도 알지 못하는 사이에 오히려 전보다도 더 그리스도를 입히는 것이다.

5. 우리는 그리스도의 지체로서 우리 자신을 어떻게 생각해야만 하는가

그렇다면 그리스도께서 어느 육체적인 일치보다도 더 밀접하게 일치하여 계신 이 몸보다 더 신성한 것이 어디 있겠는가? 따라서 우리는 그 놀라운 광채를 의식하면서, 그것을 항시 영혼의 눈앞에 두고 볼 때, 그 고귀한 지위를 공경하고 또 보존할 것이다. 우리가 성소(聖所)와 성기물(聖器物) 등 거룩한 것들의 신성함을 알아보고 어떤 상황에서든 거룩하게 보존한다면, 그보다 더욱 위대한 것들을 저버리는 경우는 별로 없을 것이다. 하느님의 본성을 나누어 받은 인간보다 더 신성한 것은 없다. 생각해 보자. "하늘과 땅 위와 땅 아래에 있는 모든 것이"(필립비 2:10) 누구에게 무릎을 꿇겠는가? 비교할 수 없는 광채를 지니고 "하늘에서 구름을 타고 권능을 떨치며 영광에 싸여 오실 분은 누구인가?"(마태오 24:30) 그분은 분명히 하느님과 같은 분이기는 하지만 인간일 것이다. 그렇게 되면 우리 각자는 태양보다 빛나고, 구름 위로 떠올라 하느님의 그 몸을 보고, 그분께 들어올려져 그분께 날아가고, 그분께 다가가서 그분의 호의를 얻게 될 것이다. 왜냐하면 주님께서 나타나실 때 착한 종의 합창대가 그분을 둘러쌀 것이고, 그분이 환히 빛날 때 그들 역시 빛날 것이기 때문이다.

구름 위의 수많은 등불들, 그리고 하느님을 둘러싼 신들의 백성으로 들어올려진 비길 데 없는 인간의 무리를 본다는 것은 얼마나 멋진 광경인가? 아름다운 분을 둘러싸고 있는 아름다운 사람들, 주인을 둘러싸고 있는 종들을 보라! 그분께서는 당신의 종들이 당신의 광채를 함께 누린다 하더라도 그것을 아까워하지도 않으시고, 당신의 왕국을 많은 사람과 함께 나누게 되더라도 당신의 영광이 손상된다고 여기지도 않으신다. 인간 지배자는 신하에게 모든 것을 주는 경우에도 자신의 통치권을 나누어준다는 것은 꿈에도 생각지 않을 것이다. 그렇지만 그리스도께서는 당신의 종들을 노예로 여기지도 않으시고, 그들에게 노예에게나 합당한 대우를 하지도 않으신다. 그분께서는 그들을 친구로 여기신다. 그분은 그들에 대해 처음부터 확립하셨던 우정의 법칙을 지키시고, 당신 자신을 그들과 나누되 당신께서 지니신 부(富)를 한 두 부분 나누는 것이 아니라, 바로 그 왕국, 바로 그 영광을 주신다. 성 바울로가 "그들은 하느님의 상속자로서 그리스도와 함께 상속받을 사람들이다"(로마 8:17)라고 말할 때, 그리고 "그들은 그리스도와 함께 참고 견디며 그분과 함께 다스린다"(디모테오 2서 2:12)고 말할 때, 이것 말고 다른 그 무엇을 이르겠는가?

 축복받은 사람들로 이루어진 합창대, 기뻐하고 있는 군중의 모습과 견줄 수 있는 것이 또 어디 있을까? 땅이 '정의의 태양'에게 다른 해들을 되돌려 주고 모두가 빛으로 가득 차는 동안, 그리스도께서는 번개처럼 하늘에서 땅으로 내려오신다. 자신들의 노력과 인내, 노동과 열망에 의해 그리스도를 향한 갈망을 보여준 사람들이 땅으로부터 온다. 그리스도의 죽음을 본받아 칼과 불에 자신들을 내던진 사람들이, 아직도 빛나는 몸에 입은 상처를 보여주면서, 그 상처들이 승리의 트로피에 새겨진 무늬라도 되는 듯 의기양양하게 땅으로부터 온다. 그들은 상처 때문에 빛나는 승리자들의 무리로서, 죽임을 당하심으로써 승리하시고, 성 바울로가 말하듯이 "죽음의 고통을 당하심으로써 마침내 영광과 영예의 관을 받아쓰신"(히브리 2:9) 왕 옆에 있다.

6. 그리스도의 사랑은 어떻게 참된 회개로 이끄는가

이제 우리는 우리 본성의 존엄성을 알게 되었을 것이고, 하느님의 자애를 분명히 이해하게 되었을 것이다. 이로 인해 우리는 악한 것은 보지 않고, 설사 악에 떨어진다 하더라도 즉시 다시 일어나게 될 것이다.

우리의 구원을 방해하는 것들 중에서 가장 큰 것은, 우리가 어떤 죄를 저질렀을 때 즉시 하느님께로 돌아서서 용서를 청하지 않는 것이다. 우리는 부끄러움과 두려움을 느끼기 때문에, 하느님께로 돌아가는 길은 어려우며, 하느님께서는 화가 나셔서 우리에 대해 심기(心氣)가 좋지 않으시고, 또한 그분께 다가가기 위해서는 많은 준비가 필요하다고 생각한다. 그렇지만 하느님의 자애는 (우리의) 영혼에서 이런 생각을 완전히 쫓아낸다. 그분께서 얼마나 친절한 분이신지, 그리고 성서에서 말하듯이 "네가 부르짖으면 내가 대답해주마"(이사야 58:9, 70인 역)라고 말씀하신 분이라는 것을 아는 사람이라면, 자기가 저지른 죄에 대하여 즉시 용서를 청하기 위하여 다가가지 않을 수 없을 것이다. 대담하고 뻔뻔스럽게 죄를 짓도록 충동해 놓고, 일단 그 끔찍한 짓을 저질렀을 때에는 근거 없는 부끄러움과 두려움을 불어넣는 것은, 우리의 원수가 우리에 대하여 세운 책략이요 음모다. 그리하여 그는 전자(죄를 지음)의 경우에는 인간의 타락을 준비시키고 후자(죄책감)의 경우에는 새로이 일어나지 못하게 하는데, 두 경우 다 인간을 하느님으로부터 멀어지게 하고 또 돌아오지 못하게 하는 것이다. 그리하여 그는 반대되는 길을 통하여 같은 멸망에로 이끈다.

그렇다면 이러한 것들을 아주 조심하고, 또한 죄에 따르는 수치와 두려움 못지않게 죄를 짓기 전의 대담함이나 뻔뻔스러움도 피할 필요가 있다. 그것들은 아무런 이득을 가져다주지 못한다. 왜냐하면 이런 두려움은 우리의 행동을 자극하는 것이 아니라, 영혼을 마비시키기 때문이다. 우리는 치유의 수단을 발견하기 위해서가 아니라, 아담처럼(창세기 3:8) 구세주의 눈을 피하기 위해 우리의 상처에 대해서 부끄러움을 느낀다. 아담은 이 상처 때문에, 죄가 승리하지 못하도록 하기 위해 찾아야 했던 의사(Physician)의 손길을 피해 달아났다. 그리고 자기의 나약한 의지를 은폐할 구실로써 아내에게 책임을 떠넘겼다. 아담 이후로 카인(Cain)도 자기를 숨겨줄 수 있을 것 같은 방법에 의해 숨어 버렸다. 모든 것을 보고 계시는 하느님으로부터 숨어 버린다고 생각했던 것이다!(창세기 4:9)

그런데 두려움과 수치를 느끼고, 영혼을 겸손하게 낮추며, 고행생활을 함으로써 그것으로 하느님께 이른다면 그것은 유익하다. "너희는 그 행위를 보아 그들이 어떤 사람인지 알게 된다."(마태오 7:20) 이제 수치나 두려움보다 쓰라린 고통이 죄에 뒤따르기 때문에, 하느님의 자애를 올바로 이해한 사람들은 이로 인해서는 아무런 해도 입지 않을 것이다. 그들은 자신들이 저지른 잘못에 대하여 죄의식을 느낀다 하더라도, 용서받지 못할 정도로 큰 죄는 없으며 또한 하느님의 다정함을 압도할 수는 있는 죄는 없다는 사실을 알고는 희망을 포기하지 않는다. 그들은 유익한 슬픔은 견디고 그것을 배가시키려고 하지만, 다른 슬픔은 거부한다. 왜냐하면 그런 슬픔은 바람직한 희망을 파괴해 버리기 때문이다.

죄를 지은 경우 두 가지 형태의 고뇌가 따르는데, 하나는 그 죄로 시달리는 사람들을 회복시켜 주지만 다른 하나는 그들을 멸망으로 이끈다. 여기에 대한 분명한 증거로, 성 베드로의 경우는 전자에 속하고 유다의 경우는 후자에 속한다. 베드로의 고뇌는 그가 죄를 짓기 전에 못지않게 (죄를 짓고 나서) 그리스도께 대해 비통하게 울고 난 뒤, 그의 목적을 보전해주고 또 기린다. 반면에 유다의 고뇌는 자살로 이끌었다. 온 세상을 깨끗하게 씻어주는 피가 흘려지고 모든 사람이 해방되고 있을 때, 그는 자신의 죄가 씻어질 수 없다고 절망하며 목을 매었던 것이다.

우리는 거기에 대해 이미 알고 있으므로, 베드로의 고뇌는 환영하고 유다의 고뇌는 피하기로 하자. 그리하여 우리는 베드로가 어떤 유익을 주고 유다가 어떤 해를 끼치는지를 알아보기로 하자.

우리는 죄를 지음으로써 우리 자신과 하느님을 거슬렀으므로, 주님을 거슬러 무모하게 행동한 것에 대하여 슬퍼한다고 해서 결코 해를 입지는 않는다. 오히려 그것은 아주 적절한 행위이다. 그런데 우리가 우리 스스로를 높이 평가할 때, 우리의 의무를 거스른 그 행위로 말미암아 그런 평가들이 반박 당하는 것을 보고는 고통을 느끼고 슬퍼하며, 마치 그렇게 심한 악행을 저지른 사람은 살아갈 가치가 없기라도 한 듯이 쓰라린 죄책감이 심장을 압박한다. 이러한 고뇌는 그만두는 것이 좋다. 그것은 분명히 죽음의 어머니이며 또한 지나친 오만이다.

첫 번째 형태의 고뇌(베드로의 고뇌)는 우리의 주님에 대한 애정에서 나온다. 그것은 우리에게 은혜를 베푸는 분이 누구인지 분명히 알게 해주고, 우리가 그분께 빚지고 있는 것이 무엇인지 알려주며, 또한 우리가 그분께 빚지고 있는 것들 중에서 단 하나도 갚지 못하고 오히려 악으로 보답하였다는 것을 알려준다.

그러므로 교만이 악이듯이, 후자의 고뇌(유다의 고뇌)가 우리의 영혼에 주는 고통도 악이다. 한편 그리스도의 사랑은 모두 찬미할 만한 것이다. 마음씨가 착한 사람에게는 그 사랑에서 나오는 화살(darts) 때문에 고통을 겪고 영혼이 수척해지는 것보다 복된 것은 없다.

7. 우리는 이러한 것들에 대해 어떻게 끊임없이 명상해야 하는가

그리하여 은총으로 가득한 고뇌는 그리스도의 사랑으로부터 나오고, 사랑은 그리스도와 그분의 자애(慈愛)와 관련이 있는 생각에 의존한다. 따라서 이런 생각들을 우리의 기억에 분명히 새겨두고서 계속해서 곰곰이 생각하는 것이 유익한데, 혼자 있을 때에는 거기에 대하여 명상하고 성찰하며, 다른 사람들과 함께 있을 때에는 거기에 대하여 말하고 또한 대화의 주제로 삼는 것이 좋다. 그리고 가능하다면 이렇게 하고 있다는 것을 끊임없이 보여주고, 적어도 살아가는 동안 자주 그렇게 하여서 우리의 마음에 깊이 새기며, 그것을 완전히 소유하는 것이 좋다. 불길이 어떤 사물에 닿았을 때 계속 접촉하고 있지 않으면 거기에 불붙지 않듯이, 성찰도 가끔씩만 하게 되면 영혼에 아무런 애정도 불러일으키지 못한다. 여기에 대해 많이 그리고 지속적으로 생각할 필요가 있다.

아름답고 유쾌한 감각의 대상으로부터 나오는 성찰은 욕망(desire)을 불러일으키는데, 그 이유는 우리의 감각은 처음부터 우리 안에서 활동하고 있으며 우리의 동료요 친구이기 때문이다. 감각에서 우리의 생각이 나오고, 감각이 원하는 것은 무엇이든 우리를 쉽사리 설득한다. 왜냐하면 그것들은 즐겁고 또 오랫동안 우리와 함께 있었기 때문이다. 그렇지만 인생의 말년에 우리가 이해와 그 철학에 도달했을 때에는, 짧은 시간에 선에 익숙해지기 위해 아주 부지런해야 하고 끊임없이 관심을 기울여야 한다. 왜냐하면 그러한 생각들이 즉시 마음을 끄는 경우는 드물며, 다른 많은 것들이 우리의 마음을 채우고 난 뒤에야 뒤늦게 들어오기 때문이다. 우리가 고질적(痼疾的)인 습관을 깨버리고, 겉으로 보이는 것 대신에 실재적인 것, 그저 즐겁기만 한 것 대신에 선한 것을 받아들이기 위해서는, 어려움을 겪음과 함께 열띤 노력이 따라야 한다. 그러므로 모든 경우에 있어서 훌륭한 생각이 악한 생각을 항시 지배하지 못하거나, 이성으로 사는 사람에게 좀더 선한 것들이 악한 것들보다 도움이 덜 된다고 해서 놀랄 필요는 없다.

그렇다면 선한 이성을 갖고 덕스럽기 위해서는 덕에 대하여 설득력 있게 논하는 것을 배우는 것으로는 부족하고, 시간을 내어 거기에 대하여 끊임없이 성찰하고 생각해야 한다. 우리는 배움에 의해서만이 아니라 필요한 행위 안에서 이성을 사용함으로써 올바른 이성을 얻는다. 마치 음식이나 무기,

약, 옷 등을 가까이 지니고 있을 때가 아니라 실제 사용할 때 유용한 것과 마찬가지이다.

그런데 만일 선한 생각을 조금 맛보자마자 그런 생각의 인식에서 달아나는 반면에 사악한 생각은 마음을 점령하여 그것 때문에 마음이 분주해진다면, 사악한 생각이 활동함으로써 영혼을 지배하고, 선한 생각이 활동하지 않음으로써 모두 내쫓기는 일이 벌어진다고 해서 그것이 놀랄 일인가? 건축가가 집을 짓지 않고 의사가 진료를 하지 않는 등 자기에게 이득이 없을 때 일을 하지 않는 것은 하나도 이상한 일이 아니다. 이와 마찬가지로 올바른 이성을 가진 사람이 그것을 사용해서 얻는 이익이 없을 때 그 이성을 사용하지 않는 것은 놀라운 일이 아니다. 인간이 침략자에 대항하여 싸우기 위해 무기를 사용해야 한다면, 그 무기를 효과적으로 다룰 것이며 또한 자기의 기술을 올바르게 사용할 것이다. 그리하여 우리는 선한 생각을 연구하고 거기에 대해 알기 위해서뿐 아니라, 이 지식으로 확신을 얻고 참으로 선한 것을 사랑하기 위해 마음을 사용함으로써 그 가장 선한 생각을 우리의 충고자로 활용한다. 이렇게 하기 위해서는 세심한 배려가 필요하다. 한편 비열한 것들을 알기만 하면 그다지 위험하지 않지만, 거기에 마음이 사로잡히고 몰두하게 되면 영혼이 파멸된다. 그리하여 악에 대해 생각하지 않는 것도 필요하지만, 선한 것에 대해서도 생각하도록 노력해야 한다.

그런데 선한 것을 바라는 데는 대단한 노력이 필요하지 않다. 왜냐하면 사전에 애쓸 필요가 없기 때문이다. 그러나 그것을 장악하고 보유하기 위해서는 노력이 필요하기 때문에, 부지런해야 하고 방법이 필요하다. 어려움을 겪기로 선택하는 것은 쉬운 일이 아니기 때문에, 이 투쟁을 떠맡는 것 또한 쉬운 일이 아니다.

우리가 경기에 참가하기 전에 열심히 연습하는 것은 상을 타고 싶기 때문이다. 우리가 극도로 고통스러울 때도 상을 탈 생각을 하면 기꺼이 고난을 겪을 수 있다. 선에 대한 사랑의 경우, 선에 마음을 돌리고 그 아름다움을 인식하게 되면 선에 대한 사랑이 불붙는다. 이는 예언자가 하느님을 묵상할 때 영혼에 불이 붙은 것과도 같다. "생각할수록 불길이 솟아 나온다." (시편 39:3) 그 예언자는 하느님의 율법이 명상의 주제이고, 거기에 몰두하는 사람은 행복한 사람이라고 말한다. "복되어라, 주님께서 주신 법을 낙으로 삼아 밤낮으로 그 법을 되새기는 사람."(시편 1:1-2)

8. 성령의 법은 사랑의 법이다.

쓰여진 법에 대한 성찰이 이 불을 당길 수 있다면, 성령의 법을 생각할 때 그 효과는 어떠하겠는가? 그것은 하느님의 참된 사랑으로 인간을 격려하고, 역경과 현재의 것이나 미래의 것 등 그 어느 것도 끌 수 없는 불을 붙였다. 이런 이유로 성령이 세상에 올 때 "불혀의 모양으로"(사도행전 2:3) 나타났다고 생각한다. 왜냐하면 그분은 불처럼 무엇이든 무릅쓰(고 대담하게 도전하)는 사랑을 가져왔기 때문이다. 처음 율법을 주신 분을 땅에 모셔 온 것은 사랑이고, 이 법을 주신 분의 몸은 자애의 결실이다. 게다가 그분의 율법은 사랑으로 충만하다. 그분은 당신께서 가지신 모든 것으로 이 사랑을 나타내신다. 그분은 세상에 그 사랑을 가져오시어 그 사랑으로 설득하시며, 마치 당신께서 주신 모든 것에 대해 우리가 드리는 충분한 보상인양 그 사랑을 받아들이신다.

그리하여 그분은 우리가 마치 빚진 노예이기라도 하듯이 명령하시는 것이 아니라, 그분께 오는 사람들이 그 전에 그분을 위해 많은 어려움을 겪었으며 그분과 많은 우정과 친밀감을 나누기라도 한 듯이, 처음부터 당신과의 우정으로 부르신다. 그렇게 그분은 우리를 부르신다. "나는 왕국을 위하여 싸웠고, 많은 노고를 통하여 내 왕관을 만들었다. 그렇지만 너희는 아무런 노고 없이 그것을 받을 것이다. 그 대신 너희가 다른 무엇보다도 나를 사랑해 주기를 바란다."

 이 얼마나 친절하신가? 그분께서는 그렇게 엄청나게 사랑하셨을 뿐 아니라, 우리에게서 사랑 받는 것을 너무나 소중하게 여긴 나머지, 이를 위해서는 뭐든지 하신다. 그분께서 하늘과 땅을 만드시고, 태양을 만드시고, 눈에 보이는 세상과 눈에 보이지 않는 세상의 아름다움을 만드셨으며, 당신의 명령만으로 그것들이 존재하게 하신 이유는 무엇인가? 그분은 우리를 당신께로 돌아서게 하고 당신을 사랑하도록 설득하기 위하여, 그런 것들에서 생겨난 철학을 우리에게 가르쳐주셨다. 간단히 말해, 열렬한 구애자가 그러하듯, 그분께서는 우리에게 당신을 사랑하는 마음을 불러일으키기 위하여, 당신의 지혜, 친절, 기술을 가르쳐 주신다. 게다가 그분은 물질의 원칙을 아주 소중히 여기실 뿐 아니라 아주 가치 있게 여기시기 때문에, 우리의 사랑을 얻기 위하여 당신의 신적인 본성에 어울리는 온갖 노력을 하실 때, 그것만으로 만족하지 않으시고 다른 본성에로 시선을 돌리시어 그 목적을 위해 사용하셨다. 그분께서는 당신이 하느님이시기 때문에 할 수 없는 설득을 하기 위해 인간이 되신 것이다. 그럼으로써 당신에게 고유한 본성과 우리에게서 취하신 본성에 의해 당신 사랑의 대상을 당신께로 돌릴 수 있기를 원하셨다.
 따라서 성령의 법칙은 이성을 가진 우정의 법칙이며 결과적으로 우리를 감사하는 마음 안에서 훈련시킨다.

9. 우리의 마음을 어떻게 이 법에 적용시켜야만 하는가

 이 법을 우리 자신에게 적용하기 위해서 고생할 필요는 없다. 곤란을 겪을 필요도 없고 돈을 쓸 필요도 없으며, 불명예나 수치를 겪을 필요도 없고, 그렇다고 어떤 면으로든 형편이 나빠지지도 않을 것이다. 이 법 때문에 우리의 기술을 사용하지 못하는 일도 없으며, 어떤 일을 하든 장애가 되지는 않을 것이다. 장군은 여전히 명령하는 위치에 있을 것이고, 농부는 땅을 경작하고, 장인은 기술을 힘껏 발휘하는 등 아무도 그 법 때문에 보통 때 하던 일에서 손을 뗄 필요가 없을 것이다. 외딴 곳에서[17] 살 필요도 없고, 입에 맞지 않는 음식을 먹을 필요도 없으며, 특별한 옷을 입을 필요도 없고, 건강을 해칠 필요도 없으며, 무모한 행동을 감행할 필요도 없다. 집에 머물러 있는 사람도 성령의 법에 끊임없이 전념할 수 있고 자신의 재산을 잃을 필요도 없다.

그렇다면 무엇이 우리로 하여금 이렇게 덕을 지닌 인간이 되는 것을 방해하는 것일까? 필요하다면 어떤 덕을 위해 곤경을 견디어 내는 것이 합당한 일인가? 생각할 수 있는 능력을 지닌 사람이 어떻게 해서든 생각할 필요가 있다면, 그들이 가장 좋은 것들에 대하여 생각하지 말아야 할 이유가 어디 있겠는가? 헛되고 가치 없는 것들, 그리고 소용없는 것들에 대하여 생각하는 것이 재산이나 무역, 부, 혹은 생계에 불리한 효과를 가져온다고 여겨지지 않는다면, 선한 생각들이 그러한 효과를 준다고는 더더욱 생각하지 않을 것이며, 선한 것이 어떠한 해악을 가져온다고 비난하지도 않을 것이다.

사실 선한 생각들은 쓸모있는 것과 서로 상충(相衝)되지 않는다. 우리는 그것을 불쾌한 것이 아니라 기쁨과 관련지어서 말할 수 있다. 우리가 가장 좋은 것들 안에서 기쁨을 누릴 수 있다면, -그분께서 탁월하게 구체화시킨 덕들이나 우리에게 유쾌하고 기분 좋은 것보다는 그리스도 자신과 그분의 자애하심에 대하여 생각하는 것이 훨씬 더 나을 것이다. 우리가 아무리 애쓴다 해도 이런 생각들보다 우리에게 더 적절한 것을 찾을 수는 없을 것이

---

[17] 물론 카바실라스는 여기서 자신이 은퇴한 후 선택했던 수도생활을 말하고 있다. 특별히 가장 엄격한 형태, 즉 아토스 산에 있는 은둔자(隱遁者)들과 그 밖의 곳에서 사막 교부들 -특히 신성(神聖 sanctity)의 안내자로서 동방에서 존경을 받던 이들- 의 훌륭한 전통을 따르던 사람들에 대해 말하는 것이다.

다. 앞서 말한 바와 같이, 그리스도께서는 우리 혈연의 친척들뿐 아니라 부모, 심지어는 우리 자신보다도 더 우리와 가까우시다.

그러므로 생각하는 정신에게 그리스도에 대한 생각보다 더 적절한 것은 없다는 결론이 나온다. 그러므로 그리스도와 우리와의 친밀감 그리고 그분과 한 가족이라는 생각은 우리 사고(思考)의 가장 훌륭하고 기분 좋은 주제이며, 세례를 받은 영혼이 몰두하기에 적합한 일이라고 할 수 있다. 이들은 스테파노가 "이교도의 마음과 귀를 가진 완고한 사람들"(사도행전 7:51)이라고 말한 히브리인들과 같이 세례를 받은 후에 지나치게 완고해지지 않은 사람을 의미한다.

이런 것들로 볼 때, 이러한 생각들이 인간의 삶에 해를 끼치는 것이 아니라 오히려 기쁨과 즐거움을 가져다준다는 사실이 분명해졌고, 그 안에 어떤 혜택이 있으며 어떻게 하면 우리에게 가장 도움이 되는지, 그리고 그것들이 무엇보다도 가장 탁월하고 시기적절하다는 것도 분명해졌다. 이는 다음에 좀더 세밀하게 검토함으로 말미암아 더욱 분명히 드러날 것이다.

10. 그리스도를 명상함으로써 얻는 영적인 이득

첫째, 영혼이 선한 생각만을 받아들이게 되면 악한 생각을 하지 않게 된다. 이와 마찬가지로, 그 영혼은 신비의 성사들로부터 나약함이 없는 빛살[광선(光線)]을 받는다. 그것은 우리가 노력하지 않더라도 온갖 풍요로운 축복을 제공해 준다.

그리고 사고(思考) 그 자체가 내포하고 있는 치유책에 의하여 영향을 끼치고, 마음은 가장 좋은 것들로 가득 차도록 해야만 한다. 사악한 생각이 악한 열정을 낳듯이 선한 생각은 덕을 낳는다. 간단히 말해 우리의 목적이 무엇이 되었든 간에, 무엇을 말하고 행하고 겪으려고 하든지 간에, 어떤 선택을 하든지 간에, 우리는 성찰과 추론(推論)에 의하여 설득된다. 이런 식으로 덕의 교사들은 기회가 닿는대로 제자들에게 영감(靈感)을 불어넣는다. 곧, 가장 선한 생각을 하도록 북돋는 것이다. 선한 생각은 사람들로 하여금 해야 할 바를 적극적으로 행하도록 이끄는 반면, 악마들은 악한 인상을 초래하고 가장 부자연스러운 행위를 선동한다.

그리하여 덕을 위해 그리스도의 행위를 활용하는 것, 곧 그리스도와 그분이 우리의 구원을 위하여 사랑 안에서 계획하시는 것들을 생각하는 것은 아주 훌륭한 명상이다. 이는 우리가 추구하는 바로 그 생명을 내포하고 있고 또 모든 면에서 우리로 하여금 축복을 받게 해준다. 여기에 대해 분명히 알기 위해, 그리스도께서 축복 받은 사람이라고 부른 사람들이 충족시킨 조건들을 생각해 보기로 하자. 그들이 이 생각들에 모두 의존하지는 않는다 하더라도 말이다.

11. 그리스도의 지복(至福)에 관하여

그렇다면 그리스도께서 행복하다고 한 사람들은 누구이며, 참으로 복을 받았다고 한 사람들은 누구인가? 그들은 곧, 마음이 가난한 사람들, 슬퍼하는 사람들, 온유한 사람들, 정의에 굶주리고 목말라하는 사람들, 자비로운 사람들, 마음이 깨끗한 사람들, 평화를 이루는 사람들, 정의와 그리스도에 대한 열망으로 온갖 박해와 비난을 참아 견디는 사람들이다. 그들은 복된 삶을 차지한 사람들이다. 그러므로 우리가 이러한 생각들로부터 시작하여, 성인들의 합창이 그 고귀한 모델에 따라 변형되었으며 그들 영예의 관이 이 생각들에 의하여 주름잡혔다는 것을 우리의 고찰(考察)을 통해 발견하게 되면, 이러한 추론들을 연구하고 명상하는 것은 복된 삶에 이르는 확실한 통로이며 거기에 올라가는 사다리라는 것이 모든 사람에게 상당히 분명해질 것이다.

a) 첫 번째 지복 - 마음(spirit)의 가난

"마음의 가난"은 성 바울로가 말하듯이 "자신을 과대평가하지 말고 하느님께서 각자에게 나누어주신 믿음의 정도에 따라 분수에 맞게 생각하는 것이다."(로마 12:3) 그리스도의 가난을 이해하는 사람들만이 마음이 가난한 사람에 속할 수 있다. 그분은 주인이셨지만 종들의 본성과 생활방식을 함께 하셨고, 하느님이셨지만 "사람이 되셨다."(요한 1:14) 부요(富饒)하신 분이 가난을 택하셨고, 영광의 왕이 수치를 견디어 내셨으며, 인간을 해방시켜 주신 분이 사슬에 매인 채 끌려 다니셨다. 그분은 율법을 완성하러 오셨지만 율법을 지키지 않았다는 이유로 기소 당하셨다. 하느님으로부터 모든 권한을 부여받은 분이(요한 5:22), 격노하여 미친 듯이 날뛰는 폭도들을 만족시켜 주는 심판관을 견디어내셨다. 어떠한 자만심도 이러한 것들에 의해서 꺾이지 않을 수는 없을 것이다.

그리고 덕에 있어서 뛰어난 듯이 행동하여 교만해질 때마다 그리스도의 행적을 묵상한 사람은, 자신이 대단한 것을 이룬 것도 아니고, 자신이 포로 상태에서 풀려난 후에 자유를 고스란히 보존한 것은 물론이고 포로 상태에서 풀려나는 데 기여한 것이 아무 것도 없다는 것을 알게 될 것이다. 우리를 당신의 피로 구원해 주시고, 그렇게 엄청난 대가를 치르고 자유를 얻어 우리에게 허락해 주신 분은 그리스도이시다. 그런데 해방된 사람들 가운데 그 받은 자유를 간직하고 있는 사람은 누구인가? 영적인 풍요로움을 손상시키지 않은 채 끝까지 간직하고 있는 사람은 누구인가? 사소한 잘못을 아주 조금만 저지른 사람이 아주 덕이 있다고 여겨지지 않는가? 우리가 죄를 의식하고 있고, 우리의 덕만으로는 우리를 이롭게 해주는 것에 도달하지 못할 때, 우리가 스스로에 대하여 높이 생각할 이유가 어디 있는가? 우리 안에 참된 선이 있다면, 그것은 우리의 노력 없이 하느님께서 심어주신 것이다. 우리는 너무나 하잘것없기 때문에 밖에서 주어진 풍요로움조차도 지킬 수 없다. 아무리 현명한 사람이라도, 새로 태어남, 물에 잠김, 불이 가득한 식탁(table)을 겪은 뒤에도, 덕에 있어서는 아주 나약하기 때문에, 사악함으로 끌려가지 않기 위해서는 성찬과 죄를 씻어주는 피, 그리고 위로부터 오는 도움의 손길이 필요하다.

선을 행하고 덕을 쌓기 위해 온갖 노력을 기울일 각오가 되어 있는 사람이 나중에는 절망적인 악을 감행했다는 증거들이 있다. 그들은 하느님께만 전념하기 위해, 그것들(방해물과 일상생활)이 마치 사악한 질병이라도 되는 듯이 온갖 방해물과 일상 생활에서 도피하여 산으로 갔다. 그리하여 인간이 할 수 있는 가장 높은 덕을 이루었고 하느님을 위하여 가장 위대한 일도 행할 수 있었다. 그런데 하느님에 대한 희망을 갖는다든지 모든 면에서 그분을 신뢰하는 데 조금이라도 나태해지자, 그들은 즉시 수치스런 행위를 감행하고 또 어떠한 악도 피하지 않게 되었다.

그렇다면 우리가 어떻게 교만한 생각을 할 수 있겠는가? 우리의 선한 행위 때문에? 우리는 위대한 일은 하나도 하지 않았다! 공덕(功德) 때문에? 그것은 우리의 몫이 아니다. 우리가 받은 것을 간직하였기 때문에? 우리는 그것을 저버렸다. 우리가 그리스도의 봉인을 지니고 있기 때문에? 이렇게 교만한 생각을 품는 것을 보면 봉인을 지니지 않았다는 것을 알 수 있다. 왜냐하면 교만한 사람은 "마음이 온유하고 겸손한"(마태오 11:29) 그분과는 공통점이 하나도 없기 때문이다. 이러한 생각들로 말미암아 교만은 그 자체로써 붕괴되고 사방에서 정복당한다. 우리는 생각해야 할 것을 생각하든지 또는 그와 달리 교만하게 생각하든지 둘 중의 하나다. 우리가 교만한 생각들로 인해 그리스도로부터 멀어지고 또한 우리 안에 건강한 것이 없다는 것을 자각하게 될 때, 자신이 가치가 없다는 것을 깨닫고 교만한 생각을 품지 않게 된다.

b) 두 번째 지복 – 신성한 슬픔

그리스도의 행위를 명상하는 사람은 슬퍼하며 우는 게 마땅하다. 우리의 구원을 위해서 얼마나 기이한 일이 이루어졌는지, 우리를 지체하게 하는 무관심과 졸음에 어떤 일이 일어날 것인지 생각해 보았는가? 우리가 아주 소중한 것을 잃은 데 대하여 슬퍼하든지, 또는 잃어버린 선에 대한 기억으로 울지 않을 수 없든지간에, 이것은 우리가 얼마나 많은 부를 지녔으며, 그 부를 어떻게 지킬 수 있고, 또한 어떻게 그것을 낭비할 수 있는지 알게 해주는 길이다. 혹은 우리가 그렇게 엄청나게 은혜를 베푸는 분의 은혜를 저버린 데 대하여 양심의 가책을 받고 야위어가게 된다면, 그분이 우리를 얼마나 다정하고 자애롭게 대하셨는지, 우리가 그분을 얼마나 무관심하게 대했는지 분명히 알 수 있게 될 것이다.

첫째, 그리스도께서는 우리를 찾기 위해 하늘에서 내려오셨다. 그분은 우리와 같은 목소리로 말을 거시고, 우리와 같은 얼굴로 나타나셨다. 그분은 우리가 사랑하는 것이 우리와 같은 사람이든 또는 가장 훌륭하신 분이든, 그 둘 다 되기 위해 이렇게 하셨다. 그리하여 그분은 모든 곳에서 사랑을 불러일으키는 그 둘과 당신을 일치시킴으로써, 가장 위대한 사랑을 불러일으키는 도구가 되셨다.

그리고 이 우정을 돈독히 하기 위하여 이것도 덧붙이셨다. 즉, 모든 사람이 자기 자신을 사랑하고 자기의 친척을 사랑하지만, 동료 인간보다는 자기 자신과 더 가깝기 때문에, 이웃보다는 자기 자신을 더 사랑한다. 그리하여 그분은 우리의 사랑을 받아들이기에 가장 좋은 위치에 계실 목적으로, −이는 가장 바람직한 일인데− 그래서 우리가 동료 인간에 대하여 기뻐하는 방법이 아니라 우리가 우리 사랑의 대상이 되는 방법으로 사랑 받기 위하여, 우리의 본성을 나눔으로써 우리와 같이 되는 것으로 만족하지 않으시고, 모든 사람의 사랑을 받을 수 있도록 우리에게 당신의 몸과 피, 그리고 영을 나누어주신 것이다. 그리하여 실제로 그분은, 금언(金言)이 우리 친구들에 대하여 과장하여 말하는 바와 같이, 그분에게 일치하는 모든 사람의 "또 다른 나"(other self)가 되셨다.

그리하여 그분은 우리를 찾으시고 이 우정과 관련된 것은 모두 행하셨다. 그분은 우리에게 은혜를 베푸는 분이요 형제로서 당신을 보여주셨다. 그분은 당신이 하늘을 창조하신 의지나 명령에 의해서만이 아니라, 이마의 땀과 당신께는 전혀 어울리지 않는 노고, 고뇌, 수치와 채찍질, 그리고 마침내는 죽음으로 우리를 대신하셨다. 그런데 우리는 모든 면에서 우리에게 그렇게 선하신 그분에 대하여 감사하는 마음을 잊어버리고, 어떻게 그분께 요구해야 할지 알려고 애쓰지도 않을 뿐 아니라, 아주 나쁜 행동을 하여 그분이 싫어하시는 일에 전념하면서 그분이 외면하시는 일에 매달리고, 그분이 우리에게 권하는 일은 피하여 부자연스러운 사악함을 드러내 보인다. 이는 통탄할 일이다. 우리는 다른 것들은 존중하면서, 마치 그분을 찾는 일은 다른 사람에게나 해당되는 듯이, 또는 말로 표현할 수 없는 그분의 섭리가 우리와 무관한 듯이 구세주와 그분께 속한 것을 소홀히 여긴다.

우리는 자신에게 쓸모 있는 것들에 대해 그것을 합당하게 사용하는 것이 우리의 의무라고 여긴다. 말이나 행위, 기술 등 생활과 관련된 모든 것에 있어서, 농사를 짓든, 군대를 지휘하든, 공적인 일에 관련된 것이든, 사적인 일에 관련된 것이든, 모든 경우에 우리는 적합한 것을 추구하고 올바른 기회를 붙잡는다. 간단히 말해 우리는 모든 곳에서 예로부터 전해져 오는 것과 적합하고, 정의로운 것을 높이 평가한다. 마치 우리가 스스로를 다른 모든 것들보다 열등하다고 여기기라도 하는 듯이, 참으로 우리 것일 경우에만 —어떻게 하면 그것을 합당하게 지킬 수 있는지, 어떤 방법으로 우리 자신에 대해 정의를 행해야만 하는지— 우리는 이러한 것들을 가장 사소한 것으로 여긴다.

이런 이유만으로도 우리는 모든 것을 뒤흔들어놓고 바꾸어놓은 그 진기함에 관심을 돌려야 한다. 그것 때문에 땅의 기초가 하늘 위에 있는 것들을 보았고, 땅이 하늘 위로 올라갔다. 온 세상의 폭군이 포로가 되고, 이전에 갇혀 있던 자들이 그 폭군의 머리를 발아래에 짓밟았다. 하느님은 몸을 입고 계시는 것으로 보였는데, 그 몸은 채찍질 당하고 십자가 위에서 피를 흘리셨다. 그리고 한 인간의 죽은 몸이 땅을 뒤흔들고, 그들 편에서 어떤 노력도 하지 않은 채, 주인을 알아보고 땅에서 일어나 그분을 향하여 하늘을 바라보는 노력만 해도 죽은 자들은 생명을 되돌려 받았다. 그렇다면 이런 일이 일어난 후에도 여전히 죽은 듯이 잠들어 있고 또 천둥소리에 영향을 받지 않는 사람보다 더 비참한 사람이 어디 있겠는가?

그런데 의인은 이 세상의 삶을 모두 슬픔의 계기로 삼는다. 그렇다면 우리는 무엇을 애통해 하는가? 병인가? 우리의 경우에는 그 병이 가장 좋은 몫이 아니던가? 가난인가? 사실 이 점에 있어서 우리는 가난한 사람들보다 더 열악하다. 왜냐하면 영적인 부가 더욱 필요하고 훨씬 더 탁월하기 때문이다. 물질적인 가난은 조만간에 없어지겠지만, 영적인 가난의 공포는 죽음으로도 없애버리지 못하고, 오히려 앞으로 올 세상에서 우리의 수치를 훨씬 증가시킬 뿐이다. 미친다는 것은 비참한 일이다. 그렇다면? 사악한 악마가, 자신이 그렇게 많은 어리석음을 쏟아 부은 그 마음을 괴롭히지 않는가? 친구들을 외면하고 가장 사악한 원수들의 비위를 맞추면서 가파른 언덕에서 칼을 향해 달려 내려가는 것이 미친 사람의 행위라면, 자신을 사랑해 주는 그분으로부터 도망치는 우리도 미친 사람이 아니던가? 그리고 우리는 행동으로 원수의 비위를 맞추고 있지 않는가? 우리는 지옥으로 몰고 가는 행위를 함으로써 그곳으로 서둘러 달려가고 있지는 않은가?

그러므로 우리의 양심에 가장 끔찍한 것들을 지니고 있는 까닭에 우리가 울며 슬퍼하는 것은 마땅한 일이다. 이러한 것들을 알고 자신의 참된 상황을 생각해 본다면 얼마나 좋겠는가? 아무런 노력을 하지 않아도 우리의 것으로 삼을 수 있는 건강과 부(富)와 온전한 정신을 안다면, 우리를 둘러싸고 있는 악을 모른다고 해서 그렇게 비참해져서는 안 된다. 왜냐하면 건강과 부와 온전한 정신을 제공해 주시는 분은 그리스도이시고, 우리는 기꺼이 하려는 마음만 가지면 되기 때문이다. 그런데 행복을 누릴 수 있었던 사람이 비참함을 선택하면 할수록 빛 안에 살 수 있었던 사람은 더욱더 어둠 속에 앉아 견뎌야만 한다는 것은 마음 아픈 일이다.

이러한 일을 보고 마음이 움직여 눈물을 흘릴 사람은 게으른 사람들이 아니라 아주 덕이 있는 사람들이다. 왜냐하면 그들이 그 상실을 가장 예리하게 느끼고 있기 때문이다. 아주 나쁜 잘못을 저지르고 있다는 사실에 자책하고 가장 심한 벌을 받아 마땅하다고 여기는 사람들조차도, 모든 사람이 섬기는 하느님께서 옷이 벗겨져 벌거벗은 몸으로 십자가에서 살해당하셨다는 사실과 그분이 우리에게서 적절한 보답을 요구하신다는 사실을 생각할 때 마음이 움직인다. 그분께서 하느님이시면서도 스스로 인간의 본성을 취하셨으므로, 우리는 인간이 아니라 신이 되어야 하고, 땅을 하늘과, 노예 상태를 왕국과, 익숙해진 명예를 참된 영광과 바꾸어야 한다. 이러한 것들 때문에 하늘의 창조주께서 땅을 입으셨고, 하느님과 본질이 같으신 분이 "종의 신분을 취하셨으며"(필립비 2:6-7), 영광의 왕이 "부끄러움도 상관하지 않고 십자가의 고통을 견디어내신 것이다."(히브리 12:2)

c) 세 번째 지복 : 온유함

구세주께서 세상에 참된 철학을 가져오신 모범 중 가장 위대한 것은, 당신의 행위와 고통을 통하여 보여주신 온유함, 분노의 자제, 당신의 마음을 몹시 아프게 하는 사람들에 대한 참을성 있는 인내 등이다. 예를 들어 그분은 당신의 마음을 아프게 한 사람들을 위하여 살과 피를 나누어주는 데 만족하셨고, 아주 흉악한 죄로 기소할 수도 있던 바로 그 인간을 찾아와 해방시켜 주셨다. 나중에 그분은 우리의 본성을 회복시켜 주신 그 선한 행위 때문에 그들의 손에 의해 치욕(恥辱)을 겪으셨지만, 그들에게 변함없이 잘해 주셨다. 그분은 인간에게서 악마를 내쫓으셨다는 이유로 베엘제불(Beelzebul), 혹은 악마의 대장(마태오 9:34) 등 아주 나쁜 이름으로 불리셨지만, 그럼에도 불구하고 악령들을 내쫓으셨다. 당신을 따라다니는 제자들 중에서 당신을 못마땅해 하는 사람을 내쫓기는커녕, 친구에게 하듯이 그와 함께 대화하셨다. 비록 그분은 잡혀 죄수가 되셨지만 살인자들 그리고 당신의 비밀과 피를 배반한 사람들과 관계를 맺으시고, 마침내는 당신 자신을 내주시어 껴안고 입맞추게 하셨다.

그때에도 그분은 가장 기이한 일을 감행하셨다. 당신이 잘 대해준 사람들을 위하여 돌아가신 것이다. 그분의 혜택을 받은 사람들은 칼을 빼들고, 친구는 살인자들이 살인 행위를 하도록 도왔고, 그 친구의 입맞춤은 배신의 표시였다. 이러한 일을 겪으신 그분께서는 너무나 온유하고 다정하셨기 때문에, 제자 하나가 그 흉포한 사람에게 상처를 가했을 때 그 아픔을 외면하지 않으시고 즉시 손으로 만져 치유해 주셨다. 그분은 당신이 특별한 능력과 지극한 온유함의 표시를 동시에 해주었을 때, 그 능력을 두려워하지도 않고 그 온유함을 존중하지도 않는 사람들을 없애버리지도 않으셨다. 그분은 그 비참한 인간들에게 불비(rain fire)를 내려주지도 않으셨고 천둥번개를 내려치지도 않으셨다. 그들에게는 이것이 합당할 뿐 아니라, 더한 벌을 내림이 마땅한데도 불구하고 말이다.

천사의 무리도 두려움이 없이는 바라볼 수 없던 그분께서 인간들에게 끌려가셨다. 질병의 사슬을 굴복시키고 악마를 쳐부순 그 손이 묶이도록 그분께서는 그냥 내놓으셨다. 그분은 당신의 뺨을 치는 가장 사악하고 구제불능인 종을 죽일 수 있었음에도 불구하고, 가장 온유하고 친절하게 대할 가치가 있다고 여기고 최선을 다해 그의 병든 의지를 고쳐주셨다.

그리고 나서 그분은 당신에게 사형 선고하는 잔혹한 심판관의 선고를 침묵으로 견디어 내셨다. 그 벌을 받아들이고 십자가에 이미 못 박히셨을 때도, 당신을 죽이는 사람들에 대한 애정을 거두어들이지 않으시고, 당신에게 잔인무도하게 행동한 그 사람들을 용서해 주시라고 아버지께 간청하셨다. 그분은 그들을 위하여 중보하셨을 뿐 아니라 그들을 변호해 주셨다. 자비로 흘러넘치는 그분은 말씀하신다. "아버지, 저 사람들을 용서하여 주십시오. 그들은 자기가 하는 일을 모르고 있습니다."(루가 23:34) 아버지가 자식들이 저지른 어리석은 일에 대해 안됐다고 여기듯, 예수님께서도 성부(聖父)께서 그들을 온유하게 대해 주기를 바라셨기 때문에 이렇게 말씀하면서 돌아가셨던 것이다.

그분은 부활하신 후, 위기의 순간에 그들이 당신을 저버리고 도망간 것에 대하여 하나도 서운해 하지 않으시고 축제의 기쁨을 계속해서 함께 나눈 친구들을 받아들이셨다. 그리하여 당신의 제자들을 부르시어 어디에 모여서 당신과 만날 것인지 알려주셨다. 그리고 그들을 만났을 때, 그들이 도망간 사실을 책망하지 않으셨다. 그분이 그러한 일을 기억했다는 사실은 성서 어디에도 나타나지 않는다. 그들은 그분과 죽음을 함께 하고 지독한 고난을 함께 나누기로 하였지만, 그 일이 일어나기도 전에 공포심을 견디어내지 못하고 도망갔던 것이다. 그분은 그들에게 평화와 성령 등 축복을 내려주시고, 온 세상을 돌보라고 맡기셨으며, 온 세상의 지배자로 세우셨다.

그분은 이 모든 일을 그들 동료 모두에게 행하셨다. 당신의 애정을 자주 저버리고, 당신의 사랑을 부인했던 베드로에게 그분은 어떻게 하셨는가? 그가 부인했다는 사실을 드러내려고 하지 않으셨을 뿐 아니라, 자기의 스승이 돌아가실 때 함께 하겠다고 했던 맹세를 저버린 사실, 그렇게 짧은 시간에 깨뜨린 그 맹세도 상기시키지 않으시고, 오히려 다른 사람이 아닌 바로 그 사람에게 당신의 부활을 알려 주심으로써 명예를 안겨주셨다. 그를 만났을 때 친구에게 적합한 태도로 대화를 하셨고, 다른 친구들보다 당신을 더 사랑하는지 물으셨다. 베드로가 사랑한다고 대답하자, 그분은 다시 물으셨고, 그가 "저는 주님을 사랑합니다"(요한 21:16) 하고 말하자, 다시 나를 사랑하느냐고 물으셨다. 베드로가 마음이 울적해져서 더 이상 대답하기를 거절하지 않았더라면, 모든 것을 아시는 분께서 사랑 받는다는 사실을 확인하기 위해 많은 말이 필요하시기라도 한 듯, 여러 번 물으셨을 것이다.

이는 친구를 모르거나 모르는 척하는 사람의 행위가 아니다. 친구를 모르는 경우에는 실수를 한 것이고, 친구를 모르는 척했다면 속임수를 썼을 텐데, 둘 다 그분에게는 불가능한 일이다. 오히려 그분께서는 그가 깨뜨린 과거의 맹세에 대하여 당신이 언짢아하지 않고 있음을 보여주고자 했던 것이다. 왜냐하면 그분은 다른 사람이 아니라 베드로 안에서 곧 꺼져버릴 위험에 있던 애정을 불러일으키셨기 때문이다. 친구에게 그러한 질문을 하고 그러한 대답을 이끌어내는 것은 무엇보다도 우정에 효과적이고, 또한 이렇게 우정의 증거를 기억하고 말하게 되면 우정을 키울 수 있을 뿐 아니라, 우정이 시작되지 않은 곳에서도 우정을 싹트게 할 수도 있기 때문이다.

이렇게 구세주께서 분노를 버리셨다는 것이 그분의 행위로써 드러났다. 백성들을 가르칠 때 그분은 누구보다도 온유하셨다. 누군가에게 화가 나 있으면 우리가 드리는 기도나 제사를 받아들이지 않겠다고 말씀하실 정도이다. 그리스도께서는 우리 모두에게 죄의 용서라는 선물을 주시기 위하여 하늘에서 내려오셨는데, 우리가 용서를 받기 위해 온갖 노력을 다 하더라도, 땀과 눈물을 홍수처럼 흘리더라도, 남을 위하여 불 속에 뛰어든다 하더라도 (고린토 1서 13:3), 서로 원한을 품고 있는 사람들은 절대 용서해 주지 않겠다고 말씀하신다. 그 정도로 그리스도께서는 온유함에 높은 가치를 두고 계시는 것이다.

그리하여 그리스도를 성찰하는 사람은 자기를 언짢게 여기는 사람들에 대하여 온유한 마음을 지녀야 한다. 이 또한 그리스도께서 "나는 마음이 온유하고 겸손하니, 내 멍에를 메고 나에게서 배워라. 그러면 너희 영혼의 안식을 얻을 것이다"(마태오 11:29) 하고 말씀하실 때, "내가 얼마나 온유한지 안다면 너희의 마음도 그렇게 온유해질 것이다"라는 의미로 말씀하신 것이다.

온유함은 그리스도에 대한 묵상의 결과로 나올 수 있다. 이러한 생각 속에서 사는 사람은 성찬에 대한 사랑으로 불타올라야 하지만, 나쁜 뜻을 품고 있을 때는 성찬에서 받아들일 수 없을 것이다. 그러므로 자기의 영혼을 확고하게 지켜 그 영혼이 증오로 물들지 않게 해야 한다. 왜냐하면 먼저 화해를 위해 흘려진 이 피는 분노와 복수의 노예가 된 사람들을 허용하지 않을 것이고, 또 그렇게 하는 것이 마땅하기 때문이다. 그분은 아벨의 피가 흘렀을 때처럼 당신을 죽이는 사람들에 대하여 성부께 목소리를 높이셨지만, 아벨이 자기 형에 대하여 한 것과는 달리 그 살인자들을 고발하지 않으셨고 벌을 청하지도 않으셨다. 오히려 참으로 구원된 이 피와 그분의 목소리는 당신을 살해한 사람들을 용서해 주었다.

d) 네 번째 지복 : 정의에 대한 배고픔과 목마름

그런 생각을 가지고 사는 사람들은 누구보다도 정의를 위하여 일하는 사람들이다. 그들이 보기에는 세상의 지배자가 정의를 너무나 높게 평가한 나머지, 노예들, 단죄 받은 죄인들, 죽음에 처해진 사람들, 죽은 사람들 등 모든 사람들에게 의로운 것을 전해주기 위해 오셨다는 사실이 명백하다. 그분만이 옛날부터 성부에게 합당했던 영광과 복종을 가져다주시고, 폭군에게 사슬, 경멸, 부끄러움 ―그리스도께서 불의한 지배자를 파괴하시고, 권력을 빼앗은 자(usurper)를 내쫓고 그를 심판과 정의로 파멸시킨― 을 주셨다.

e) 다섯 번째 지복 : 연민(憐憫)

이러한 생각에서 자비, 고통받고 있는 사람과 함께 고통을 나누기, 다른 사람의 불행을 자신의 것으로 삼기 등이 나올 수 있다. 그것들로 인하여 우리는 우리 자신을 자비를 받기에 가장 적합하지 않은 사람들로 여기지만,

그 포로됨, 그 노예 살이, 그 속박, 그리고 우리를 노예로 삼았던 자의 광포함에서 해방시켜 줌으로써, 모든 기대를 넘어서 자비를 얻었다. 그 폭군은 우리를 고통스럽게 하던 그 악에 제한을 가하지 않고 점점 더 가혹해지고 사악해졌으며, 우리는 도와줄 사람 하나 없이 사면초가(四面楚歌)가 되었고 또 무기력해졌다. 그는 우리를 거슬러 자신의 목표를 추구할 수 있었고 마치 노예로 산 듯이 우리를 데리고 갔다. 우리에게서나 다른 어디에서도, 우리 위에 있는 사람이나 우리와 동등한 사람들로부터, 우리는 이런 공포에 대한 위로나 치유를 얻지 못하고, 인류에게도 도움이 되지 못하였다. 하늘에 계신 '의사'(Physician)를 분명 염두에 둘 수 없는 사람, 그리고 그분의 도움을 청할 수 없는 사람에게 어떤 치유책을 말할 수 있겠는가?

우리가 그렇게 비참한 상태에 있기 때문에, 심부름꾼이나 천사가 아니라 주님께서 친히 우리를 위하여 싸워주셨다. 우리가 율법을 지키지 않기 때문에 마음이 상하신 그분께서 도리어 모든 이성이나 합리성을 떠나 우리에게 대하여 엄청난 자비심과 함께 연민을 지니셨다. 그분께서는 우리를 악에서 구해주겠다고 마음먹으셨을 뿐 아니라, 우리의 슬픔을 당신의 슬픔으로 여기셨다. 그분께서는 우리가 거룩해지도록 자비에 합당한 태도와 행동을 보여주시기 위하여 우리의 고통을 당신의 고통으로 삼으시고, 그 고통을 당신께서 가지고 가셨다. 성 바울로가 말하듯이, 그분은 "이 세상에 계실 때"(히브리 5:7) 불쌍한 사람들 사이에 계셨고, 불의한 죽음을 죽으실 때에 동정의 대상이 되셨다. 그분이 죽음을 향하여 끌려가실 때, "그들은 예수를 보고 가슴을 치며 통곡"(루가 23:27) 하였던 것이다. 이 말은 그 시대에 살면서 그 수난을 목격(目擊)한 사람들에게만 적용되는 것이 아니다. 몇 백 년 전의 이사야도 이를 미리 내다보고 눈물을 참을 수 없었다. 그는 죽은 사람을 위하여 외로운 애가(哀歌)를 부르는 사람처럼, 연민이 가득한 목소리로 말했다. "늠름한 풍채도, 멋진 모습도 그에게는 없었다. 눈길을 끌 만한 볼품도 없었다. 사람들에게서 멸시를 당하고 퇴박을 맞았다. 그는 고통을 겪

고 병고를 아는 사람, 사람들이 얼굴을 가리우고 피해갈 만큼 멸시만 당하였다."(이사야 53:2-3)

이 연민과 견줄 수 있는 것이 어디 있겠는가? 그분께서는 생각이나 의지에서만이 아니라 바로 행위 안에서 불행한 사람들의 고통을 함께 나누셨다. 그분께서는 불운을 함께 나누는 것으로 그치지 않고, 그 모든 것을 취하여 우리의 죽음을 죽으셨다. 우리가 과거에 어떤 불운을 체험한 것이 계기가 되어, 지금 똑같은 질병을 앓고 있는 사람에 대해 연민을 품은 채 그들의 불행을 우리의 것으로 삼는다면, 견디지 못할 고통이 어디 있겠는가? 우리의 참된 본향(本鄕)을 잃는 것인가? 가난인가, 병고(病苦)인가? 아주 잔인한 속박인가? "하느님의 지극한 자비 덕분으로"(루가 1:79) 우리는 이 모든 것으로부터 해방되었다. 그러므로 어떤 사람이 이런 불운을 겪고 있으면 연민을 느껴야 한다. 그리고 모든 이의 지배자께서 먼저 우리를 향해 가지셨던 그 연민을 동료 종들에게도 보여주어야 한다.(마태오 18:33 참조) 구세주께서는 "너희의 아버지께서 자비로우신 것같이 너희도 자비로운 사람이 되어라"(루가 6:36)라고 말씀하셨는데, 우리가 이러한 하느님의 자애를 생각한다면 참으로 우리의 동료 인간들에게 친절을 베풀어야만 한다.

f) 여섯 번째 지복 : 마음이 깨끗함

마음을 깨끗이 하고 성화(聖化)를 위해 영혼을 단련시키기 위해서는 이러한 생각이나 묵상을 하는 것이 가장 효과적이다. 그런데 이를 신중하게 살펴보면, 그것이 그리스도에 대한 명상의 효과가 아니라 명상 자체의 효과라는 것을 알게 된다.

아주 고귀한 생각에 몰두한다는 것은 사악한 생각을 물리친다는 것을 의미하는데, 이를 위해서는 마음이 깨끗해야만 한다. 우리는 영적인 것과 육적인 것 등 이중(二重))으로 된 것 안에서 태어나고 살아간다. 그 욕망으로 인해 영적인 것은 육적인 것에 대항해 싸우고, 육적인 것은 영적인 것에 저항한다. 서로 상반되는 것들이 평화롭게 어울리고 결합한다는 것은 불가능한 일이기 때문에, 기억을 매개로 하여 둘 중 한 욕망이 사고를 통제하고 다른 욕망을 내쫓는다는 것은 아주 명백한 사실이다. 육체(flesh)에 따른 탄생과 삶에 대한 기억 그리고 그러한 것들에 대한 집중은, 그것이 이끄는 가장 저열(低劣)한 욕망과 그에 따른 부정(不淨)함을 낳는다. 이와 마찬가지로, 영혼이 끊임없는 기억에 의하여 세례의 탄생, 이 탄생에 적합한 하느님의 양식 그리고 새로운 생명에 속한 것들을 지니고 있을 때, 욕망들을 땅에서 하늘로 인도할 수 있다.

g) 일곱 번째 지복 : 평화를 위하여 애씀

그리스도께서는 "우리의 평화이시고, 자신의 몸을 바쳐서 유다인과 이방인이 서로 원수가 되어 갈리게 했던 담을 헐어버리시고, 그들을 화해시켜 하나로 만드신 분이시고"(에페소 2:14), 모든 것을 평화를 위하여 계획한 분이시니, 영혼을 돌보는 일을 소중하게 여기는 사람들과 그리스도의 것을 갈망하는 사람들에게 그 평화보다 더 중요한 것이 어디 있겠는가? 무엇보다도 그들은 "화평하게 지내도록 힘쓸 것이고"(히브리 12:14, 로마 14:19 참조) 이 점에서 다른 사람들의 지도자가 될 것이다. 그들은 평화는 아주 소중한 것으로 하느님께서 친히 인간을 위해 평화를 얻어주기 위하여 땅에 내려오셨다는 것을 알고, 쓸데없는 적대감을 쫓아버리고 싸움에 뛰어드는 사람들을 막을 것이다. 그분은 풍족하셨고 모든 것의 주님이셨지만, 당신의 피를 흘리는 것으로 그 대가를 치르셨다. 그분은 이미 태어난 사람들 중에서 그분이 추구하는 평화와 화해에 상응하는 것을 지닌 사람이 없다는 것을 알고, 당신의 피를 새로이 창조해 내셨다. 그분은 당신의 피를 주심으로써 화해를 이루는 분, 평화의 왕자가 되셨다. 그리하여 그 피를 경배하는 사람들은 그들 자신의 구원을 넘어 화해의 사절로서, 인간을 위한 평화를 얻고자 한다.

그리하여 유일한 구세주의 특징 안에서, 정의 전체인 덕, 그리고 그 혜택이 얼마나 크며 그것이 얼마나 큰 아름다움을 내포하고 있는지 알아볼 수 있다. 그분만이 온갖 덕의 특징을 보여주셨다. 왜냐하면 "그분은 죄를 지으신 일이 없기 때문이다."(베드로 1서 2:22) 그리고 "세상의 지배자"가 왔을 때 사방에서 질투심어린 눈으로 그분을 보면서, 그 영혼을 박해할 만한 것이나 그 아름다움을 흠잡을 만한 것들을 찾지 못했다. 그리스도의 것들을 명상하는 사람들이 그것만으로도 그리스도에 대한 사랑과 덕에 대한 사랑으로 불타오를 수 있다는 것은 분명한 사실이다. 따라서 덕과 구세주의 아름다움을 이해하는 결과를 낳게 되고 또한 (그런 것들을) 이해하는 사람들은 사랑하게 된다. 이해는 항상 사랑으로 귀결(歸結)되기 때문이다. 그 대신 그것은 하와를 압도한 금지된 나무의 매혹적인 열매이다. "그 여자가 그 나무를 쳐다보니 과연 먹음직하고 보기에 탐스러웠다."(창세기 3:6)

h) 여덟 번째 지복 : 그리스도를 위해 치욕(恥辱)을 당하는 것

우리가 그리스도와 덕에 대한 사랑을 받아들였을 때, 그 사랑 때문에 박해를 견디고 필요하다면 이 세상으로부터 도피하고 가장 끔찍한 비난의 대상이 되는 것을 선택해야 하는데, 그것도 기쁜 마음으로 할 수 있어야 한다. 왜냐하면 가장 크고 공정한 보상이 우리의 몫으로 하늘에 쌓일 것이기 때문이다.

상을 주시는 분을 위하여 싸우는 사람들의 사랑은 이것도 이룰 수 있다. 그로 인해 사람들은 아직 보이지도 않는 상을 위해 그분을 신뢰하고, 앞으로 올 것에 대하여 끊임없는 희망을 가지게 된다. 이로 말미암아 그리스도의 것들을 언제나 숙고하고 묵상하는 사람들은 아주 온화해지며, 또한 그들

이 한탄하는 인간의 나약함에 마음을 쓰게 된다. 그들이 한탄하는 그것은 그들을 온유하고 정의로우며, 자비롭고 건전하게 만들어주고, 평화를 위하여 일하는 사람과 화해를 이루는 사람이 되게 해준다. 따라서 그들은 그리스도와 덕에 완전히 밀착하여, 그것들을 위해 모욕을 견딜 뿐 아니라 모욕을 당하는 것에 대해 기뻐하고 또 기꺼이 박해를 받는다. 간단히 말해 이러한 고찰들로 인해 우리는 엄청난 혜택을 누릴 수 있으며, 그로 말미암아 의지를 선함 안에, 고귀한 영혼을 아름다움 안에 간직할 수 있게 되고, 또한 그 고귀한 옷을 더럽히거나 찢지 않으면서 신비의 성사들로부터 나온 풍요로움을 지킬 수 있다.

그러므로 인간의 본성이 정신을 가지고 있으며 이성을 사용하는 것이 합당하듯이, 그리스도의 것들을 관상(觀想)하는 것이 이성의 합당한 기능이라고 여길 필요가 있다. 특히 이는 인간이 자기 스스로 무엇을 하든지 또는 다른 사람들로 하여금 의무를 행하게 하든지 간에 인간이 따라야 할 모범은 그리스도밖에 없기 때문에 더욱 그러하다. 처음에도, 중간에도, 그리고 마지막에도, 개인생활이나 공적 생활에서, 그분은 인간에게 참된 정의를 보여주셨다.

그리고 그리스도께서는 싸우고 있는 사람들이 받게 될 상이요 영예이시다. 그러므로 우리는 그분께 눈을 돌리고 그분께 속한 상을 주의 깊게 살펴보고, 가능한 한 그것들을 이해하여, 그것들을 얻기 위해 얼마나 애써야 하는지 알아야 한다. 경기자들은 상에 의해 경기를 평가하고, 그 상을 얼마나 대단하게 여기냐에 따라 애써 노력하며 또한 참고 견디는 정도도 다르다. 이 모든 것 외에도, 그리스도께서 우리를 위하여 얻어 주신 상이 얼마나 큰지 모르는 사람은 없을 것이다. 그리스도만이 당신의 피로 우리를 사셨고, 그분만이 우리가 섬겨야 할 분이시며, 우리는 그분을 위해 우리의 몸과 영혼을 모두 사용해야 하고, 우리의 모든 사랑, 기억, 정신적 활동도 바쳐야 한다. 성 바울로도 말한다. "여러분의 몸은 여러분 자신의 것이 아닙니다.

하느님께서는 값을 치르고 여러분의 몸을 사셨습니다."(고린토 1서 6:19-20)

12. 우리 완전성의 모범이신 그리스도

인간의 본성이 처음 창조된 것은 새 인간을 위해서였고, 그를 위해서 정신과 욕망(desire)이 준비되었다. 우리는 그리스도를 알기 위해 이성을 부여받았고, 또 그분께 달려가기 위해 욕망을 부여받았으며, 그분을 우리 안에 지니기 위하여 기억을 가지고 있다. 왜냐하면 그분은 우리 창조의 '원형(原型)'이시기 때문이다. 비록 옛 아담이 초래한 부패 때문에 새 아담이 옛 아담을 본 떠서 만들어졌다고 성서에쓰여 있기는 하지만(로마 8:3), 새 아담의 모델은 옛 아담이 아니고, 오히려 새 아담이 옛 아담의 모델이었다. 새 아담은 당신이 가져온 치유책을 가지고 우리 본성의 약점을 없애기 위하여, 그리고 성 바울로가 말하듯이 "죽음이 생명에 삼켜져 없어지게 되도록"(고린토 2서 5:4) 그 부패를 물려받으셨다.

그를 처음 안 사람들에게 옛 아담은 우리의 타락한 본성으로 인해 원형이 된다. 그런데 그들이 존재하기 전에 모든 것을 보신 그분께는 첫 번째 아담이 두 번째 아담의 모방이다. 그가 형성된 것은 새 아담의 모형(pattern)과 모상(image)에 따라서였지만, 그는 그것을 유지하지 못했다. 그는 그분 쪽으로 가기 시작하였지만 그분께 도달하지는 못하였다. 따라서 율법을 받은 사람은 옛 아담이지만, 그것을 완성시킨 분은 새 아담이다. 옛 아담에게 순종이 요구되었는데, 새 아담은 성 바울로가 말하듯이 "죽기까지, 아니 십자가에 달려서 죽기까지 순종하였다."(필립비 2:8) 옛 아담은 율법을 어김으로써, 하느님께서 인간에게 요청한 것들을 충족시키지 못한 사람으로 나타났다. 왜냐하면 법을 어기는 사람이 징벌을 피할 수 없었던 그 법은 본성을 능가하지 못하였기 때문이다. 그런데 두 번째 아담은 "나는 내 아버지의 계명을 지켰다"(요한 15:10)는 말씀에서 볼 수 있듯이 모든 면에서 완벽했다. 옛 아담은 수많은 도움이 필요한 삶 즉, 불완전한 삶을 끌어들였지만, 새 아담은 인간에게 영원한 생명의 아버지가 되셨다. 우리의 본성은 처음부터 영원한 생명을 향하여 가고 있었는데, 그분께서 죽은 자들 가운데서 불멸하는 생명으로 부활하시어 우리 인류를 위한 불멸성(immortality)의 지도자가 되셨을 때, 비로서 구세주의 몸에서 훨씬 뒤늦게야 그 영원한 생명을 얻었다.

요약하자면, 구세주께서 처음으로 그리고 유일하게 우리에게 참된 인간을 보여주셨는데, 그 참된 인간은 인격과 생명, 그리고 다른 모든 측면에서 완전하다.

부패하지 않을 생명이 인간의 진정한 목적이므로, 하느님께서는 이러한 목표를 가지고 인간을 만드셨다. 그것은 인간의 몸이 부패하지 않고 그 의지가 죄를 벗어날 때 가능해졌다. 모든 것의 완성은 여기에 있다. 즉, 조각품의 아름다움이 조각가의 마지막 손길에 의하여 완성되듯이, 장인은 자기가 만들어야 되겠다고 생각하는 것을 만든다. 그런데 첫 번째 아담이 아주 불완전하였으므로 두 번째 아담은 모든 면에서 완전했고, 인간에게 그 완전성을 나누어주어 인류를 당신에게로 적응시키셨다. 그렇다면 두 번째 아담이 첫 번째 아담의 모델이 되지 않을 이유가 어디 있는가? 우리는 그리스도를 원형으로 여겨야 하고 그리스도에게서 첫 번째 아담이 나왔다고 생각해야 한다. 왜냐하면 모든 것 중에서 가장 완벽한 분이 불완전한 것을 향하여 애쓴다든지, 우월한 것이 열등한 것을 모델로 삼는다는 것은, 마치 장님이 눈이 보이는 사람을 인도하는 것처럼 불합리한 일이기 때문이다.

하느님께서 세상을 창조하실 때 인간이 사용할 수 있게 먼저 다른 창조물을 미리 마련하시고, 이 모든 것의 척도인 인간을 가장 나중에 흙으로 창조하셨음을 생각할 때, 불완전한 것이 시기적으로 앞선다는 것은 놀랄 일이 아니다. 반면에 완전한 것이 그 완전성으로 인해 불완전한 것의 첫 번째 원칙이 된다는 것은 합당한 일이다.

그러므로 이런 이유로 해서 모든 것의 목표인 그분의 신성뿐 아니라 그분의 인간적인 본성 때문에, 인간은 본성과 의지와 생각으로 그리스도를 추구한다. 그분은 인간적인 욕망의 쉼터이시며 우리 사고(思考)의 양식(food)이시다. 그분 외에 무엇을 사랑한다든지 거기에 대하여 생각하는 것은 (인간의) 의무에서 명백히 벗어나는 것이고, 또한 우리 본성의 첫 번째 원칙에서 빗나가는 것이다.

13. 명상은 어떻게 지속적인 기도에 기반을 두고 있는가?

우리 성찰의 주체이신 그분께, 우리의 관심을 항상 그분께로 향할 수 있게 해주시고 이 열망을 언제나 지닐 수 있게 해 달라고 항시 청하자. 기도를 하기 위해서는 특별한 형식도 필요 없고, 특별한 장소에 가거나 크게 소리낼 필요도 없다. 그분은 어디에나 계신다. 그분은 우리 가까이 계시지 않을 수가 없고, 그분을 찾는 사람에게는 그들 마음보다 훨씬 가까이 계신다.

그렇다면 우리는 기도에 결실이 있다는 사실을 확고하게 믿어야 한다. 우리의 죄스런 상태 때문에 흔들려서는 안되고 오히려 용기를 가져야 한다. 왜냐하면 우리가 간청하는 그분은 "은혜를 모르는 자들과 악한 자들에게도 인자하시기 때문이다."(루가 6:35) 그분은 당신의 마음을 상하게 해드린 종들의 간청을 외면하지 않으시기 때문에, 그들이 그분께 간청하거나 주의를 기울이기 전에 이미 그들을 부르셨다. 그분이 이 세상에 오신 것을 보면 이를 알 수 있다. 그분은 말씀하신다. "나는 죄인을 부르러 왔다."(마태오 9:13)

그렇다면 당신을 갈망하지도 않는 사람들을 찾으셨던 그분은, 당신을 찾아온 사람을 어떻게 대하시겠는가? 그분이 증오의 대상이셨을 때도 사랑하셨다면, 우리가 그분을 사랑하는데 어떻게 우리를 경멸하시겠는가? 이 점에 있어서 바울로는 분명히 말한다. "우리가 원수였던 때에도 그 아들의 죽음으로 하느님과 화해하게 되었다면, 하물며 그분과 화해가 이루어진 지금에 와서 우리가 살아 계신 그리스도를 통해서 구원받으리라는 것은 더욱 확실한 일이 아니겠습니까?"(로마 5:10)

그리고 우리 청원의 형태를 살펴보기로 하자. 우리는 친구들이 서로 합당하게 요청하고 받는 것들을 청하지 않고, 무엇보다도 심판 받아야 하는 사람들, 주인의 마음을 상하게 한 종들에게 속한 것들을 청하고 받는다. 왜냐하면 우리는 상이나 은혜를 달라고 청하는 것이 아니라, 자비를 베풀어달라고 청하기 때문이다. 그렇다면 인간을 사랑하는 그분께 자비, 용서, 죄의 사함 등을 청하면서 빈손으로 돌아가지 않게 해달라고 말씀드릴 사람은 어떤 사람들이겠는가? 심판을 받고 있는 사람들이다. 왜냐하면 "성한 사람에게는 의사가 필요 없기 때문이다."(마태오 9:12) 인간이 하느님께 목소리를 들어 높일 때에는 자비를 청하는 게 보통이기 때문에, 자비가 필요하도록 행동한 사람들, 죄를 저지른 사람들이 목소리를 높인다.

그리하여 우리는 온갖 죄에 대한 유일한 구제책에 적용될 수 있도록, 목소리, 마음, 생각으로 하느님께 청한다. 왜냐하면 "우리를 구원할 수 있는 이름은 이 이름밖에 없기 때문이다."(사도행전 4:12)

14. 성체성혈을 자주 받아 모심으로써 얻는 유익

이제 "인간의 마음에 힘을 돋구어주고"(시편 104:15) 우리에게 생명을 주면서 하늘로부터 내려온(요한 6:32 – 33 참조) 참된 빵은 모든 것을 충족시켜줄 것이다. 그분은 우리의 열망을 강화시키시고, 타고난 영혼의 게으름을 앗아가신다. 우리는 끊임없이 이 잔치에 참여하여 그분을 먹음으로써 배고픔을 물리치기 위해, 어떤 방법으로든 그분을 찾아야 한다. 우리는 신비의 성사를 받기에 합당하지 않다는 핑계로 성찬에 참여하지 않음으로써, 우리의 영혼을 심각하게 약화시켜서는 안 되며, 사제를 찾아가 고백성사를 하고 나서 정화시켜 주는 성혈을 마셔야 한다.

그런데 이러한 것들을 알고 있다면, 큰 잘못에 대한 죄책감으로 성찬에서 제외되어서는 안 된다. 죽을죄를 짓고 나서도 성찬에 참례하는 것은 신앙심이 없는 것이지만, 그런 죄, 그런 질병으로 고통받고 있지 않은 사람이 그 빵을 받아들이지 않는 것은 옳지 않은 일이다. 그들의 의지가 아직도 죄와 싸우고 있다면, 그리스도와 화해할 때까지 그 불을 조심하고, 그리스도를 그들 안에 받아 모시지 않는 것이 좋다. 의지는 바로 서 있지만 다른 면에서는 병약한 사람들에게는 (그들을) 강하게 만드는 약이 필요하며, 따라서 병 핑계를 대고서 자신들을 치유해 주실 그분을 멀리하기보다는, 영적인 건강을 주시는 그분, 그리고 "우리가 앓을 병을 알아주었으며 우리가 받을 고통을 겪어준"(이사야 53:4) 그분께 전념해야만 한다.

그리스도의 피는 우리 감각의 문을 닫아, 우리에게 해를 끼칠 수 있는 것이 그 문을 통과하지 못하게 한다. 그리스도의 피는 문을 닫음으로써 침략자를 물리치고(출애굽기 12:13 참조), 그것이 흘러 들어가 있는 마음을 하느님의 성전으로 만든다. 그리스도의 피는 "거룩한 곳에 서 있는 황폐의 상징인 흉측한 우상"(마태오 24:15)이 세워지는 것을 막는다는 점에서, 그 피의 예표인 솔로몬의 성벽보다 훌륭하다. 그리스도의 피는 다윗이 말하듯이 마음을 "꿋꿋한 뜻"(시편 51:12, 70인 역)으로 강화시켜 주고, 육체의 마음을 거기에 종속시켜 깊은 평온을 누릴 수 있게 해준다.

이 신비의 성사와 그 효과에 대해서는 상세하게 다루었으므로 더 길게 논할 필요는 없을 것 같다. 우리가 거룩한 전례, 기도, 명상, 성찰을 하면서 그리스도와 함께 있다면, 모든 덕에 있어 영혼이 단련될 것이다. 성 바울로가 명하듯이 우리는 "우리에게 맡겨진 것을 잘 간수하고"(디모테오 1서 6:20), 신비의 성사 덕분에 주어진 은총을 보존해야 한다. 우리를 당신 신비의 성사로 입문시킨 분은 그리스도이시고, 그분 친히 그 성사들의 내용이시다. 그리고 우리 안에 있는 당신의 선물을 보존하시는 분은 그리스도이시다. 우리가 이미 받은 것 안에 머물 수 있도록 해주시는 분은 그리스도밖에 없다. 왜냐하면 그분이 "나를 떠나서는 너희가 아무 것도 할 수 없다"(요한 15:5)고 말씀하시기 때문이다.

제 7 권
입문한 후에 신비의 성사의 은총을 열심히 간직한 사람들은 어떤 사람이 되는가?

1. 덕의 완성은 의지에 달려 있다

지금까지, 입문한 사람들은 어떤 사람이 되며, 신비의 성사를 통해 받은 것을 간직하기 위해서는 어떤 길을 가야 하는지에 대해 말하였다. 이제 신비의 성사의 은총을 간직했을 때는 어떤 사람이 되고, 하느님으로부터 온 것에 자신의 것을 첨가할 때는 어떤 특성을 지닌 사람이 되는지 살펴 보는 것이 좋겠다.

앞에서 우리는 성스러운 예식의 은총 그리고 그 은총을 받은 사람들이 그 선물을 간직하고 싶어하는 열망에 대하여 개별적으로 고찰해 보았다. 이 두 가지는 그리스도 안의 삶에서 결합된다. 이제 우리에게는 그 삶을 온전히 살펴보는 일, 두 부분을 함께 보여주는 일, 그리고 어떻게 인간의 모든 덕이 은총과 일치할 수 있는지 보여주는 일이 남았다.

이에 대해서 알고 싶으면 두 요소를 모두 지니고 있는 사람을 살펴보면 될 것 같다. 이러한 건강의 본질과 그 혜택이 얼마나 큰지를 설명하고 싶으면, 그것을 가장 분명하게 누리는 사람을 생각해 보면 될 것이다. 그렇게 사는 사람을 우리의 눈앞에 두고, 그의 탁월함을 모든 각도에서 살펴봄으로써 그의 건강을 발견해 보자.

우리는 그가 비록 기적을 행하는 것으로 유명하고 또 그러한 은총을 받았다 하더라도, 이렇게 부수적인 장식물은 무시하고서 그 사람에게만 합당한 장식, 곧 그 영혼의 덕만을 살펴볼 것이다. 전자에서는 그가 훌륭한 사람이라는 것을 유추해 내겠지만, 후자만이 그의 가치를 확실히 증거하게 될 것이다. 그의 성격을 검증하게 되면 그 사람 자신을 알게 된다.

사실 자체를 파악할 수 있는데, 왜 추측을 하고 추론을 하겠는가? 기적을 행하는 것도 덕이 많다는 증거는 아니다. 덕이 있는 사람이라고 해서 모두 기적을 행할 수 있는 것도 아니고, 기적을 행할 수 있는 사람들이라고 모두 덕을 실천할 수 있는 것도 아니다. 사실 하느님 앞에서 위대한 것을 성취한 사람들 중에는 그러한 능력을 보여주지 않은 사람도 많은 반면, 사악한 사람들도 그런 능력을 가지고 있을 때가 있었던 것이다. 그리스도께 의지하는 사람에게 불가능한 것이 없는 것은, 그들에게 공덕이 있어서가 아니라 그들이 의지하는 분이 드러나야 하기 때문이다.

그런데 성스러운 예식과 인간의 노력은 덕을 위해 존재하는 것이다. 기적을 행하는 능력으로 말할 것 같으면, 사려분별(思慮分別)이 있는 사람 중에 그것을 얻을 수 있는 방법을 아는 사람은 하나도 없었다. 성인들은 그러한 능력을 가지지 않았지만 그것을 바라지도 않고 추구하지도 않았다. 우리는 그 능력을 가졌다 해서 그것 때문에 기뻐할 필요는 없다. "악령들이 복종한다고 기뻐하기보다는 너희의 이름이 하늘에 기록된 것을 기뻐하여라." (루가 10:20)

이러한 능력이 덕을 만들어 내지도 못하고 그 덕이 있다는 것을 나타내는 것도 아니기 때문에, 그것을 애써 추구할 필요는 없다. 어떤 사람이 "온갖 신비를 환히 꿰뚫어보고 모든 지식을 가졌다 하더라도"(고린토 1서 13:2), 우리는 그에게 관심을 기울이지도 않고 찬미하지도 않을 것이다. 그리스도 안에 사는 사람들에게 그러한 것들이 수반될 때도 있기는 하지만, 그런 것들이 그런 (덕스러운) 삶을 구성하지도 또는 그런 삶을 가져오는 것도 아니다. 그러므로 거기에만 의지한다면, 덕에 있어 앞으로 나아가지 못할 것이다. 이는 성 바울로가 고린토인들에게 편지를 쓸 때 보여준 바이다. "내가 온갖 신비를 환히 꿰뚫어보고 모든 지식을 가졌다 하더라도, 사랑이 없으면 나는 아무 것도 아닙니다. 울리는 징과 요란한 꽹과리와 다를 것이 없습니다."(고린토 1서 13:2, 1)

그렇다면 다른 것들은 제쳐두고 그 영혼의 의지만 보기로 하자. 여기에 한 인간의 선함과 악함, 그의 참된 건강과 병약함, 다시 말해 그의 생명과 죽음이 있다. 여기에 복된 삶이 있다. 이 의지는 선해야 하고 하느님께만 도움이 되어야 한다.

2. 신비의 성사들은 선을 향한 우리 의지에 어떻게 영향을 미치는가

그러므로 신비의 성사들과 명상의 효과는 인간의 의지가 참으로 선하신 하느님께만 속해야 한다는 것이다. 그것만이 인류에 대한 하느님의 보살핌이 목표로 하는 것이다. 거기에 모든 은혜의 약속과 모든 병에 대한 위협이가 닿는다. 하느님께서는 이 목표를 향하여 우리를 위한 세상을 만드셨으며 또한 율법을 만드셨다. 하느님께서는 우리를 당신께로 돌아서게 하고, 그분만을 바라며 사랑하도록 설득하시기 위해 수없이 많은 축복을 내려주시는가 하면, 또 때로는 많은 벌로 (우리를) 막아 주시기도 주셨다. 이는 그분께서 우리가 받은 은혜에 대한 보답으로, 우리가 선을 추구하고 우리의 의도(意圖)에서 덕스러워야만 한다고 요구하신 것을 보면 알 수 있다.

이는 모든 계명, 모든 선한 조언, 다시 말해 인간을 이롭게 해주고 여기로 이끌어주는 모든 말에 의해 입증된다. 그분께서 모든 탐욕을 없애버리시고, 육체의 욕망을 벌하시고, 분노를 억누르고, 과거의 악행에 대한 기억을 쫓아버리시면서 요구하시는 것은 의지의 선함과 온유함밖에 없다. 그리고 그리스도께서는 마음의 가난, 슬픔, 자비, 온유 등을 실행하는 사람들이 축복 받았다고 하시는데, 이러한 것들은 모두 의지의 작용에 지나지 않는다. 게다가 올바른 교리에 동의하고 참되신 하느님에 관해 믿는 것은 올바른 의향(意向 disposition)에 속한다. 간단히 말해 하느님께서는 모든 율법이 사랑을 위하여 주어졌다고 말씀하신다. 그렇지만 사랑은 의지(will)의 덕이다.

그리하여 하느님께서 의지를 훈련시키시고 고려하신 후 우리에게서 그 열매를 요구하실 때, 그분께서는 의지 안에서 모든 것을 심으시고 모든 능력의 기초와 선에 대한 의향을 두셨다는 사실이 분명하다. 이런 이유로 그분은 우리에게 세례를 주시고, 다른 예식에 입문시키시고, 또 우리 안에 선한 의지를 심어주신다. 신비의 성사의 모든 능력과 새로운 생명이 여기에 기여한다.

그렇다면 거룩한 예식이 우리를 위하여 이루어주는 것은 무엇인가? 그것은 앞으로 올 세상을 위하여 우리를 준비시켜 준다. 성 바울로가 말하듯이 그것은 "앞으로 올 세상의 권세"(히브리 6:5)이다. 그런데 우리는 어떻게 준비해야 하는가? 그 방법은 단 하나, 이제부터는 상을 주고 벌을 주실 수 있는 분의 계명을 지키는 것이다. 왜냐하면 이로 인해 하느님께서 우리 안에 머무시기 때문이다. "나를 사랑하는 사람은 내 말을 지킬 것이다. 그러면 내 아버지께서도 그를 사랑하시겠고, 아버지와 나는 그를 찾아가 그와 함께 살 것이다."(요한 14:23)

하느님의 율법을 지키는 것은 모두 의지에 달려 있다. 율법을 주시는 분을 존경하는 사람에게는 상이 쌓일 것이고, 그분을 외면하는 사람에게는 벌이 쌓일 것이다. 이를 행하는 것은, 모든 면에서 책임감 있는 영혼에 속하기 때문에, 자유의지와 관계가 있다. 전적으로 본의(本意)가 아닌 것 때문에 상을 초래하거나 벌을 초래하는 사람은 없다. 그러므로 하느님의 뜻에 따라 사는 사람의 의지를 살펴본다면 그 안에서 복된 삶이 빛나고 있다는 것을 알게 될 것이다.

3. 즐거움과 고통은 의지를 어떻게 시험하는가

몸이 가장 원기 왕성할 때 신체의 강건함을 살펴보듯이, 의지가 충만한 상태일 때 의지가 지니는 모든 능력을 살펴보기로 하자.

즐거울 때나 고통스러울 때 의지가 충만하다. 의지가 무엇인가를 목표로 삼을 때는 즐거움이고 거기에서 돌아설 때는 고통이다. 따라서 이를 통해 사람의 됨됨이를 알 수 있고, 그 사람의 특징을 알 수 있으며, 선한 사람인지 악한 사람인지를 구별할 수 있다. 그리하여 인간의 삶은 두 형태인데, 하나는 악한 형태로서 수치스럽고 헛된 것들을 즐기고, 다른 하나는 선한 형태로서 선한 것들을 즐긴다. 그리고 악한 사람들은 불쾌해 보이는 것에 대해서 고통을 겪는 반면, 선한 사람들은 정말로 나쁜 것 때문에 고통을 겪는다. 선과 악뿐만 아니라 삶의 즐거움이나 고통, 번영과 역경도 이 점에 있어서 다르다.

그렇다면 복된 삶에 대하여 관심이 있는 사람들이 그것에 의하여, 그 삶이 어떠한 것이고 그 행복이 어디에 있는지를 알 수 있을 때, 이러한 것들을 성찰할 필요가 있지 않은가? 기쁨이 슬픔의 열매라는 점에서 슬픔이 기쁨에 앞서므로 -슬퍼하는 사람은 행복하다. 그들은 위로를 받을 것이다"(마태오 5:4)- 우리의 논의를 이것으로 시작하는 것이 합당하다. 그리고 우리가 해야 할 것 때문에 안절부절못하는 것은 악을 피하는 것이고, 올바르게 기뻐하는 것은 선을 추구하는 것이다. 그리하여 시간적으로는 기쁨이 슬픔 뒤에 따라온다. 왜냐하면 "못된 일을 하지 말고 착한 일을 하여라"(시편 34:14, 베드로 1서 3:11)라고 성서에 쓰여 있기 때문이다.

앞에서 우리는 경건한 슬픔에 대하여 말하였고, 우리를 슬프게 하는 것에 대하여 논하였다. 그런데 이러한 고찰들은 다른 측면들을 언급하므로 이 감정 전체를 포괄할 수는 없다. 그러므로 우리는 -하느님께서 우리의 논의를 이끌어주시기를 기원하면서- 덕이 있는 사람에게 고통을 주는 것이 무엇이고, 바람직한 슬픔이 그릇된 슬픔과 어떤 식으로 다른지 관찰해야 한다.

4. 참된 슬픔은 어떻게 죄에 대한 미움으로 이루어지는가?

하느님 안에서 사는 사람은 올바른 것들에 대하여 올바른 방법으로 슬퍼해야 한다. 그런데 어떤 일에 대하여 슬퍼해야 하고 어떤 방법으로 슬퍼해야 하는지 모두가 잘 알고 있는 것이 아니므로, 거기에 대해 살펴보는 것도 괜한 일은 아닐 것이다. 그러므로 슬픔은 혐오(嫌惡)에 좌우되고 혐오는 어떤 것을 악하다고 생각하는 데 좌우된다. 우리는 악하다고 여기는 것을 피하며, 우리가 반대하고 불쾌하게 여기는 것들이 있을 때 고통받는다. 따라서 올바르게 살고 참된 철학을 지니고 있는 사람은, 먼저 참으로 악한 것이 무엇인지, 그리고 무엇을 미워해야 할지를 알며, 우리가 고통 받아 마땅한 것에 의하여 고통을 받는다.

그러므로 인간에게 참으로 악한 것이 무엇인지 생각해 보기로 하자. 세상에는 악이라는 이름을 가지고 있는 게 많은데, 그중 모든 사람에게 골칫거리가 되는 것들도 있고, 일부에게만 골칫거리가 되는 것도 있다. 그런데 악 중에서도 영혼의 사악함이나 의지의 병이 가장 심각한 것이다. 별의 파괴적인 영향, 계절의 무질서, 땅의 황폐함, 대지의 갈라짐, 지진이나 전염병, 그리고 가난과 질병, 학대, 투옥, 재앙 등 그 자체로 나쁜 것들도 있다. 그런데 그것들은 인간에게 전혀 사악한 것이 아니다. 그러한 것들은 인간에게 외적으로만 해를 끼치며, 또한 신체와 재산에만 영향을 미친다. 육체가 병에 걸렸다고 해서 그 사람 전체가 앓을 정도로 육체가 곧 그 사람 자신인 것은 아니다. 몸에 도움이 되는 것들이 없어졌다고 해서 그 인간성이 손상되는 것은 더더욱 아니다. 사실 대다수의 사람이 어떤 사람에 대해 나쁘게 생각한다 해서 그 사람이 정말 나쁜 사람이라고는 말할 수 없다. 이를 가정한다면, 어떤 사람은 행운과 불운을 동시에 겪기도 하고, 선한 동시에 악하기도 하고, 비참하면서 행복할 수도 있다. 왜냐하면 그에 대해서 어떤 의견을 가지고 있는 사람들이 있는가 하면, 그와 반대되는 의견을 가지고 있는 사람들도 있기 때문이다.

그러나 참된 인간성이 의지와 이성 −이는 다른 존재들은 가지고 있지 않은 것들인데− 으로 구성되어 있다면, 덕과 마찬가지로 악을 불러일으키는 것도 이것이다. 역경이나 행운, 질병이나 건강, 고통스런 삶이나 기쁜 삶에서 전자는 올바른 길에서 벗어난 사람들의 몫이고, 후자는 변함없이 의로운 길을 간 사람들의 몫일 것이다.

그러므로 이성의 악용(惡用)은 거짓이고 의지의 악용은 사악함이기 때문에, 우리는 그 각각의 탈선을 알아볼 수 있는 증거가 무엇인지 연구해야 한다.

많은 가능성 중에서 하느님의 판단이 가장 믿을 만한 증거이다. 왜냐하면 그분께서 좋게 보시는 것은 선하고 참된 것이며, 그분이 인정하지 않는 것은 무가치하고 그릇된 것이기 때문이다. 하느님께서 인간이 배우기를 기대하시는 것은 참된 것이고, (어떤 것을) 바라도록 명령하시는 것은 유용한 것인데, 그렇지 않은 것들은 속임수와 사악함에 찬 것이다. 하느님의 신탁(神託 oracles) 중에 인간의 전령을 통하여 온 것도 있지만, 그 밖의 것들은 하느님께서 친히 전하러 내려오셨다. 그분께서 인간의 본성을 입으시고 인간에게 적합한 목소리를 통하여 필요한 것을 알려주신 것이다. 하느님 홀로 선하시고 진리이신데, 그분께서 친히 만들어내시어 몸소 전해주신 교훈이나 가르침보다 더 선하고 참된 것이 어디 있겠는가?

그러므로 본성을 타락시킴으로써 참된 인간에게 고통을 불러일으키는 것들이 무엇인지 알 필요가 있다면, 하느님의 율법에 반기를 들면 된다. 진정 악한 것은 하느님의 뜻에 위배된다. 그것은 악해짐으로써 선한 것을 좋아하는 사람들에게 증오의 대상이 되는데, 선을 싫어하는 사람은 그 선이 없을 때는 나타나지 않기를 바라고, 선이 나타났을 때에는 고통스러워한다. 한편 악은 선한 사람에게 있든(그들이 이성과 작별을 고하지 않는 한!), 그들이 기도해주는 사람과 함께 있든, 있다는 그 자체가 선한 사람을 고통스럽게 만든다. 그들이 하느님의 자애를 향하여 달려가고, 또한 모든 곳에서 빛나는 하느님의 영광을 보기를 바람으로써 모든 사람을 위하여 기도하는 것은 선을 위한 것이다.

그러므로 죄만이 그리스도 안에서 사는 사람을 슬프게 만든다. 왜냐하면 그들의 성향은 덕에 있는데 죄는 악이기 때문이며, 또한 죄는 하느님의 율법을 거스르고, 그들이 일치하고자 하는 하느님의 뜻에 상반되기 때문이다. 또한 올바른 이성에 따라 사는 사람은 고통에서 가장 유용한 열매를 얻어낼 수 있는데, 그 어느 것에서든 헛되게 고통을 당하는 것은 아주 불합리한 일이기 때문이다. 그런가 하면 다른 경우에는 어떤 고통을 겪는가 하는 것도 별 차이가 없으며, 가난, 질병 그리고 이런 다른 것들도 비통해하는 것만으로는 멈춰지지 않는다.

악한 영혼에게 있어 고통은 치유책이다. 그것은 미래의 악을 막아주고, 현재의 악을 멈추게 하며, 우리로 하여금 과거의 악행에 대한 벌에서 벗어나도록 해 줄 수 있다. 이런 것을 보면 처음부터 우리에게는 고통을 겪을 수 있는 능력이 주어진 것 같다. 왜냐하면 다른 것으로는 도움을 받을 수 없기 때문이다.

우리는 아무 이유 없이 감히 죄를 저지르는 경우는 없고, 대체로 어떤 쾌락을 얻기 위하여 영혼의 건강을 팔아버린다. 우리가 영혼의 파멸과 불타오르는 마음을 선택하는 것은 그것 자체를 위해서가 아닌 것이다! 일단 이런 사실을 깨닫고 죄스런 행위를 참회하게 되면, 거기에 대해 고통을 느끼고 거기에서 생기는 쾌락을 무시하게 된다. 우리는 열정을 그와 상반된 것으로 내쫓아버리고, 우리가 받아들인 것을 거절하는 대신에 거절했던 것을 받아들임으로써 이를 보여준다. 한편 고통은 우리가 저지른 죄에 대한 죄값이 되는데, 우리는 고통을 통하여 정화됨으로써 더 이상 벌받지 않아도 된다.

이러한 것들을 수단으로 하여 하느님께서는 처음부터, 아픔과 고통을 통하여 율법을 범한 사람에게 벌을 가하신다는 점에서 당신 율법의 진실성을 옹호하셨다. 그것이 범죄에 반대되는 것이 아니고 심판으로부터 구제할 수 없다면, 그분은 이 벌을 무리하게 요구하는 것이 적합하다고 여기지 않으셨을 것이다. 이는 그분께서 인간이 되어 오셨을 때 마침내 죄에 대하여 사용하신 방법이었다. 우리 인간의 본성에서 죄를 쫓아버릴 필요가 있었기 때문에 그분은 고통을 통하여 내쫓으셨다.

그러므로 몸에 속한 것에 대하여 고통을 겪는 것은 쓸데없는 일일 뿐 아니라 해로운 일이다. 왜냐하면 그것은 하느님 외에 다른 것을 더 좋아한다는 것을 의미하기 때문이다. 그러한 사악함의 마지막 단계는 몇 푼 안 되는 돈 때문에 구세주이신 하느님을 팔고 난 뒤 저지른 유다의 어리석은 행동이다. 이러한 상태에서 하느님에 대한 망각(忘却)이 싹튼다. 하느님 대신에 다른 것을 사랑함으로써 하느님과의 대화에서 제외된다. 이런 악이 자라나고 하느님을 잊어버리게 되면서, 하느님에 대한 사랑이 점점 사라진다. 왜냐하면 하느님에게 반대되는 것을 끊임없이 기억함으로써 그것이 점점 더 커지기 때문이다. 일단 애정이 식게 되면 하느님의 계명을 무시하게 되고, 그분의 율법을 깨뜨리게 된다. 왜냐하면 예수님께서 "너희가 나를 사랑하면 내 계명을 지키게 될 것이다"(요한 14:15 참조)라고 말씀하셨듯이, 하느님의 법을 발아래 짓밟고 있는 사람에게는 무서울 것이 하나도 없기 때문이다. -무언가 얻을 수 있다

면 신앙의 말을 저버리기까지 할 것이다.[18] 성 바올로는 말한다. "어떤 사람들은 양심을 저버렸기 때문에 그들의 믿음은 파산을 당했습니다."(디모테오 1서 1:6-19) 성서는 신앙에 합당한 행동을 하지 않는 사람들에 대하

---

18). 여기서 카바실라스는 터키인들에게 점령당한 지역의 그리스도인들 중에서 특별한 세금을 물지 않기 위해 배교한 그리스도인들을 언급하고 있다.

여 "그런 믿음은 죽은 것이다"(야고보 2:17)라고 말한다. 그리하여 믿음이 쉽사리 파산된다고 해도 그다지 놀랄 일이 아니다.

하느님에 대한 흠숭(欽崇 reverence)을 보전하는 데는 세 가지 요소가 있다. 첫째는 하느님을 섬기지 않는 사람들을 기다리고 있는 불행에 대한 두려움이요, 둘째는 하느님을 섬기는 사람들이 지니고 있는 희망이요, 셋째는 하느님에 대한 사랑과 선에 대한 사랑이다. 이 세 가지 중 어떤 것도 하느님의 법을 지키지 않기로 결정한 사람들의 영혼에는 지속적으로 영향을 미치지 않게 된다. 자신의 삶이 하느님 법을 따르는 사람은 하느님을 점점 더 공경하게 되듯이, 그분의 말씀을 무시하는 사람은 더 이상 그분을 공경하지 않게 되고, 선을 향하여 나아가는 사람들과 아무런 공통점도 지니지 않게 된다. 하느님에 대한 공경심을 잃은 사람들에게서는 악을 억제하기 위하여 사용되던 모든 것이 제거되었다. 선을 끌어들였던 이성이 끊임없이 저지당함으로써 침묵하게 되면, 가장 지독한 악 쪽으로 기울기가 쉽다.

5. 하느님의 성전인 그리스도인

이런 이유로 덕있는 사람들은 이 문제를 잘 살피고 악의 뿌리를 처음부터 근절하였다. 그들은 자신들의 기억을 거룩한 구역(區域 precinct)으로 하느님께 봉헌하면서, 하느님을 위한 마음만 보존하였다. 그들은 대부분의 사람은 거룩한 건물에 손도 대지 않는다는 것, 축성된 그릇이나 장식을 다른 목적에 사용하는 것은 신성모독이라는 것, 그리고 아무리 거룩한 물건이라도 하느님께 봉헌된 영혼에 견줄 수 없다는 것을 알고 있다. 따라서 하느님의 집에는 물건을 사고 파는 사람들이나 환전상 같은 사람들이 드나들지 못하게 할 필요가 있다. 기도의 집이 그러해야 한다면, 기도하는 사람 −방해하는 것들을 제거할 필요가 있는 그 거룩한 장소- 은 더 말할 나위도 없을 것이다.

그런데 이전의 성전에 '기도의 집'이라는 그 이름이 항상 어울리는 것도 아니었고, 또 항상 기도의 집인 것은 아니었다. 왜냐하면 거기서 기도하는 사람이 없을 때도 있었기 때문이다. 그런데 바울로는 그리스도인들에게 항상 하느님의 현존에 스스로를 내맡기라고(일치시키라고) 간청하였다. "늘 기도하십시오."(테살로니카 1서 5:17)

이 점에 대하여 좀더 생각해 보자. 말씀만으로 죄를 쫓아버릴 때도 있던 구세주께서는 이 문제를 얼마나 중요하게 여기시는지 보여주시기 위하여, 말씀과 손, 채찍을 사용하시고 또한 분노를 터뜨리기도 하셨다. 그분이 이렇게 하신 것은 성전 자체를 존중하기 위해서가 아니었다. 왜냐하면 그분은 그 성전이 남김없이 파괴될 것이라고 예언하셨기 때문이다. 오히려 당신께서 함께 머물기로 한 신자들이 불안과 걱정으로부터 해방되기를 얼마나 바라시는지, 당신의 열정이 얼마나 타오르는지, 또한 항구성(恒久性 constancy)과 올바른 이성이 얼마나 필요한지를 보여주기 위해서였다. 무엇보다도 그 문제를 처리하시는 분은 구세주이시다. 그분을 우리 안에 받아들이지 않는다면 방해하는 것을 내쫓아버린다는 것은 불가능한 일이다.

바로 이런 이유 때문에, 모세의 율법은 신성모독은 죽음으로 벌하고 지성소는 천으로 가리워야 한다고 명한 것이다. 우짜(Uzzah)는 하느님의 궤가 떨어지려고 하는 것을 보고 더러운 손을 댔다가 죽음을 당했고(사무엘하 6:6-7), 우찌아(Uzziah)는 성전 본관에 들어가 분향하려다가 문둥병이 생겼다.(역대하 26:16, 19) 이처럼 세례 받은 영혼이 순결하고 거룩한 구역처럼 참된 하느님을 위하여 더럽혀지지 않을 것을 요구하는 것이 많다.

6. 초연(超然)함의 덕

그러므로 그리스도 안에 사는 사람들은 세상 걱정으로 영혼을 더럽히지 말아야 한다. 구세주의 부름을 들었을 때 모든 것을 버리고 그분을 따랐던 베드로처럼, 비록 중요해 보이는 것이 마음에 떠오른다 하더라도 그것 때문에 돌아서서는 안된다. 사실 모든 그리스도인은 은총을 통하여, 신비의 성사들에 의하여 영혼에 새겨진 부름을 끊임없이 듣고 있는데, 그것은 성 바울로가 말하듯이, 하느님께서 "'아빠, 아버지'라고 부를 수 있도록 그들의 마음속에 보내주신 아들의 성령(갈라디아 4:6)"이다.

이렇게 그들은 그리스도를 항상 따르기 위하여 모든 것을 무시한다. 왜냐하면 성서에서 말하듯이 "우리가 하느님의 일을 제쳐놓고 식량배급에만 골몰하는 것은 옳지 못하기 때문이다."(사도행전 6:2) 그들이 이렇게 하는 이유는 첫째, 그들에게 하느님보다 더 나은 것은 없기 때문이고, 둘째, 하느님은 모든 선한 것을 주시는 분이시므로 모든 것을 그분과 함께 발견하기를 기대하는 까닭이다. 사실 하느님의 나라를 먼저 구하는 사람은, 속일 수가 없는 그분으로부터 "다른 모든 것도 곁들여 받게 될 것이다"(마태오 6:33) 라는 약속을 가지고 있다.

이런 이유로 구세주께서는 당신께 매달리는 사람에게서 세상 걱정을 모두 덜어주신다. 그분은 이 법칙을 아주 소중히 여기신다. 왜냐하면 그들이 더 큰 은혜를 빼앗기지 않도록 하기 위해서이고, 또한 그분이 이미 보살펴 주고 계시는 것들에 대한 불안으로 인해 스스로 지친다는 것은 쓸데없는 일이기 때문이다.

이러한 것들에 대하여 걱정하는 것이 해롭다면, 하물며 거기에 대하여 괴로워하는 것은 어떻겠는가? 그것은 영혼이 하느님께 마음을 쓰지 못하도록 막을 뿐 아니라, 어둡게 하고 눈멀게 함으로써 온갖 형태의 파멸을 초래한다. 왜냐하면 의기소침(意氣銷沈)하여 아무 것도 하지 못하게 되었을 때,

이런 것 때문에 당황하여 흔들리고 또 넘어진다면, 그것은 가장 비참한 상태이기 때문이다. 오랫동안 졸음을 참던 사람이 손에 쥐고 있던 것을 저절로 놓게 되듯이, 마음은 고유의 활동과 존엄성, 그리고 본래 지니고 있던 것을 너무 쉽사리 포기한다. 그리고 마치 노예라도 된 듯이 자기가 통제해야 할 열정에 도리어 쉽게 굴복한다. 그리하여 다윗이 말하듯이, "위로부터 그것에 대항하여 싸우는"(시편 56:3, 70인역) 사람들이 많지만 도와줄 수 있는 사람은 아무도 없기 때문에, 그 영혼이 수많은 타격을 받아 죽지 않도록 막아줄 수 있는 것은 하나도 없다. 그러므로 바울로는 "세속적인 상심(傷心 grief)은 죽음을 가져올 뿐이다."(고린토 2서 7:10)라고 말한다. 자기의 영혼이 살아남기를 바라는 사람은 이런 것들을 고려하여 슬픔을 피할 뿐 아니라 쓸데없는 걱정을 하지 않음으로써 악을 멀리에서부터 피한다.

덕이 있는 사람들은 대부분 도시나 국가를 다스려야 하기 때문에 아주 바쁠 수밖에 없었지만, 근심과 걱정에 사로잡히거나 이성을 정도(正道)에서 빗나가게 사용한 사람은 별로 없었다. 우리는 자신이 원하는 것을 얻을 수 있을지 확신하지 못할 때, 그리고 자신이 원하는 것들이나 그것을 얻기 위해 사용하는 수단에 대하여 쓸데없는 걱정이 생길 때 불안해진다. 우리가 무언가 지나친 욕심을 가지고 추구하는데, 그것이 자기 손에 들어올지 잘 모른다면 불안과 긴장을 느끼게 된다. 그런데 우리가 원하는 것이 무엇인지도 모르고 그것을 얻을 가능성도 전혀 보이지 않는다면, 하나도 애석하거나 불안하지 않다. 사랑하는 것을 얻을 수 없음을 확실히 알면서 추구한다면 불안할 여지가 없다. 왜냐하면 불안이 그 한계에 다다른 때에는 걱정이나 두려움이 없지만, 열정은 그저 이미 존재하는 듯한 악에 대한 슬픔의 불안에 지나지 않기 때문이다.

그런데 그리스도 안에 사는 사람들은 보통 사람들이 불안해하는 것 때문에 골치를 앓는 일은 없는 것으로 보아 그들은 불안이라는 악에서 해방되었다고 볼 수 있다. 왜냐하면 그들은 현재의 것에 집착하지 않기 때문이다.

그들이 몸의 필요를 위해서 일할 때는 일의 목적을 어느 정도 알고 있다. 왜냐하면 그들은 자기 노동의 목적이 하느님을 기쁘게 해드릴 수 있게 해 달라고 기도하고, 또한 그들 기도의 영역을 벗어난 것은 쉽사리 속인다는 것을 잘 알고 있기 때문이다.

가난하면서도 사치스러운 것을 원하고, 생활에 꼭 필요한 것 이상을 갖고 싶어 하는 사람, 그리고 돈이 많으면서도 돈에 대하여 걱정을 많이 하는 사람은 불안감을 쉽사리 느낀다. 후자의 경우, 돈이 생기면 그 돈을 갑자기 잃어버리면 어떻게 하나 걱정하고, 심지어 살아가는 데 꼭 필요한 부분에 돈을 지출할 때조차 자기 주머니에서 돈이 나갈까봐 노심초사(勞心焦思)한다. 그들은 그렇게 이해하지 못할 정도로 자기애(自己愛)를 지니기 때문에 그 재물로부터 아무런 혜택도 얻지 못하며, 새로운 수입을 위하여 투자하기보다는 항상 쌓아두기만 하는데, 그 이유는 쓸데없이 돈을 쓰게 될까봐 걱정이 되기 때문이다. 그들은 자기 노동의 결과에 대하여 전혀 확신을 가질 수 없다. 왜냐하면 확고하고 항구한 하느님의 손길에 희망을 두지 못하고, 솔로몬이 "확실하지 않으며 변덕스럽다"(지혜서 9:14)고 말한 자기 자신, 자기 추론, 자기 행위에 온전한 신뢰를 두기 때문이다.

그런데 세속적인 기쁨을 싫어하고 눈에 보이는 것들을 무시하는 사람들은, 하느님의 법을 자기 자신이나 타인을 위한 노력에 대한 빛으로 사용한다. 모든 일을 할 때 하느님에 대한 희망과 또한 자신들에게 이익이 될 것을 받으리라는 희망을 가지고 하는 데 불안할 필요가 어디 있겠는가? 사물이 훌륭한 질서 속에 있다는 것을 이미 알고 있는데, 잠을 못 이루며 뜬눈으로 지샐 필요가 어디 있겠는가? 그들은 자신들의 노력에 따르는 목적뿐 아니라 자신들에게 유용한 것들도 추구하기 때문에, 미래를 불안한 시선으로 바라보지 않으며 또한 자신들이 기도하는 것을 얻게 되리라는 것을 확신하고 있다. 그들은 사랑하는 사람들에게 일어나는 일은 무엇보다도 가장 이롭다는 것, 그리고 그것을 위해 자신들이 기도해왔다고 믿고 있다. 그리고 자신들을 목적지까지 제대로 안내할 수 있는 안내자를 발견한 여행자처럼, 길을 잃을까봐 두려워하지도 않고 밤에 어디서 묵어야 할지 불안해하지도 않을 것이다. 이와 마찬가지로 전지전능하신 하느님께 자신을 내맡긴 사람들은 자신의 모든 걱정에 대하여 작별을 고하였다. 그들은 자신들의 삶이나 걱정을 하느님께만 내맡겼기 때문에 불안에서 자유로워졌다. 그리하여 참으로 선한 것에만 관심을 가지고 있으면서 주님의 것들에 대해서만 걱정할 수 있다. 그리하여 그들은 필요하다면 하느님을 기쁘게 해드릴 수 있는 것에 대해서만 두려워하고 걱정한다.

이렇게 그들은 자신에게 뿐만 아니라 다른 사람들에게도 유용한 사람이 된다. 이 점에 있어서 하느님의 친절하심에 놀라움을 금할 수가 없다. 왜냐하면 병에 걸린 사람이 다른 사람이 대신 약을 먹어준다고 해서 나을 수는 없지만, 다른 사람이 겪는 고통 덕분에 심판에서 자유로워질 수는 있기 때문이다.

7. 우리는 죄에 대하여 마땅히 어떻게 슬퍼해야 하는가

그리스도 안에서 살고자 하는 사람들이 무엇 때문에 괴로워하는지는 앞서 말한 것으로부터 분명히 알게 되었다. 이제 어떤 식으로, 그리고 어떤 이유로 그러한지를 논의해 보기로 하자.

사람들은 각기 다른 이유를 가지고 죄지은 것을 후회한다. 어떤 사람은 허영심 때문에 뉘우치는데, 그 이유는 자기 자신이 아주 좋은 사람이라고 여기고 있는데 그 기대를 저버렸기 때문이다. 그런가 하면 상을 받지 못한 것이 가장 고통스러운 사람도 있다. 그리고 대부분의 사람은 벌에 대한 두려움 때문에 하느님의 법을 어기려고 하지 않는다. 그런데 가장 바람직한 것은 법을 주신 그분에 대한 사랑 때문에 죄를 짓지 않는 것이다.

덕이 있게 살아가는 사람들로서는 재난에 대한 두려움이나 상에 대한 희망에 의해서가 아니라, 하느님의 사랑에 의해서만 덕을 추구하는 것이 바람직하다. 이와 마찬가지로 죄를 짓고 하느님에 대한 사랑 때문에 애통해하는 것도 바람직하다. 다른 사람들은 자기에 대한 사랑 때문에 비통해 하는 반면에 그들은 하느님 때문에 슬퍼하는 것이다. 따라서 동작은 '동인(動因 the Mover)'과 일치해야만 하므로, 이 슬픔은 그 '원인(the Cause)'이 위대하기 때문에 다른 슬픔보다도 우월하다. 이는 마치 활쏘기에 능한 사람들의 손에서 나온 화살이 목표물을 향해 곧장 나아가는 것과도 같다.

이제 우리는 무엇에 대하여, 그리고 어떻게 슬퍼해야 할지뿐만 아니라, 얼마나 슬퍼해야 할지도 알 필요가 있다. 자신이 저지른 죄에 대하여 괴로워할 수도 있지만, 그다지 적절한 태도는 아니다. 지나치게 후회하며 슬픔에 빠지는 것도 바람직하지 않다. 앞서 말한 것들에 의하여, 자신들의 죄에 대해 몹시 슬퍼하는 사람들은 얼마만큼 슬퍼해야 할지 알게 될 것이다.

몸에 병이 걸려 어딘가 이상이 생기게 되면, 피부가 손상되든지, 부자연스럽게 부어오르든지, 균형이 잡히지 않든지 한다. 그런데 그 질서가 자연스럽게 회복되어 병이 낫게 되면, 몸은 즉시 그 균형을 회복하게 되고, 손상된 피부는 적절히 제 모습을 찾게 된다. 이와 같은 일이 영혼의 고통에도 적용될 수 있다. 우리의 잘못에 대한 후회, 고통, 눈물과 같은 것들은, 영혼이 다시 죄를 짓지 않는다거나 잃어버린 선을 회복하는 것을 목적으로 한다. 그리하여 그러한 슬픔은 홀로 건강하신 하느님의 사랑으로부터 나온 것이기 때문에 이성에 적합하다. 그것만이 어느 정도 슬퍼해야 할지를 안다. 이런 경우 인간은 죄를 짓는다 하더라도 다른 곳으로 달아나거나, 그들의 진로(進路)를 바꾸지 않는다. 하느님의 사랑이 그들 안에 머문다면, 그들은 어디로 가야 할지 또는 어디서 쉬어야 할지를 안다.

8. 참으로 거룩한 슬픔은 하느님에 대한 사랑으로부터 솟아 나온다.

하느님을 향해 곧바로 걷는 것은 사랑 안에서 걷는 것이다. 이는 시편 저자가 말하듯이 "마음을 쏟아 하느님을 찾는 사람" (시편 119:2), 그리하여 우리에게 부여(附與)된 욕망(desire)이 어떤 것인지를 보여주는 순결한 사람의 길이다. "하느님의 길만 따라가는 사람"(시편 119:1)은 모든 율법이 의존하고 있는 계명인 사랑(마태오 22:40) 안에서 사는 사람들이다. 그들은 영혼의 시야(視野)를 가리는 죄를 바로 벗어버리기 위해 그렇게 한다. 그렇게 되면 그들이 자신들의 욕망 안에서조차 올바른 이성을 향하고, 어느 정도나 슬퍼해야 할지를 분명하게 아는 데 걸림돌이 되는 것은 하나도 없다.

앞서 말했듯이, 인간 덕의 목적은 하느님의 뜻 안에서 나누는 것이고, 사악함의 목적은 그 반대이다. 전자는 인간이 이 목표에 도달한다는 것을 의미하고, 후자는 거기에 못 미친다는 것을 의미한다.[19] 이성적으로 사는 사람이 보상(報償 reward) 때문에 덕스럽다면 덕 자체를 사랑하기 때문이 아니다. 그들이 덕에 미치지 못해 후회할 때에도 그것 때문에 후회하는 것은 아니다. 그들은 상을 바라기 때문에 덕을 행하고 벌이 무서워서 죄를 피한다. 그리하여 그들이 정말로 미워하는 것은 죄의 실체가 아니며, 죄짓기를 능동적으로 멈출 때조차 그들 의지의 성향이 죄를 진정으로 피하는 것은 아니다. 사악한 사람을 싫어한다고 해서 인류에 대한 혐오자라고 할 수 없듯이, 벌이 두려워 죄를 싫어하는 것은 그것이 하느님의 법과 상충하기 때문이라거나, 사악함 자체를 피하는 것이 아니라 벌로부터 도망가는 것이다. 그런 사람은 죄를 지어도 자신에게 해가 되지 않는다면 악을 피하지 않을 게 분명하다.

그런데 하느님에 대한 사랑으로 자신을 이성적인 삶으로 들어올리는 사

---

19). 그리스어 동사는 "죄를 짓다"와 "목표를 놓치다(빗나가다)" 둘 다를 의미한다.

람은 율법을 존중한다. 왜냐하면 그 율법을 주신 분을 사랑하기 때문이다. 그들이 하느님께 죄를 지었을 때에는 덕에 대한 보상을 빼앗겼기 때문이 아니라, 그들의 의지가 하느님과 조화를 이루지 않았기 때문에 자신을 단죄하고 비난하고 후회한다.

그러므로 전자(前者)가 자신의 잘못을 뉘우친다 해도 영혼 안에 있는 악을 완전히 제거할 수는 없다. 그들은 여전히 자신들의 잘못에 대해 합당한 정도의 비참함과 비탄과 노고를 찾아야만 하는 반면에, 후자는 모든 질병을 내쫓았기 때문에 이 점에 있어서 자족할 수 있다. 한편, 죄는 두 측면을[20] 가지고 있기 때문에 그들은 두 가지를 모두 피한다. 그들은 참회함으로써 죄스런 행위를 그만두었다. 그들 안에는 악한 열정이 존속하지도 않고 죄에 대한 경향도 없다. 왜냐하면 선과 하느님에 대한 그들의 열정이 그들의 영혼과 일치하여 있어, 그런 것들(악한 열정이나 죄에 대한 경향)이 있도록 허용하지 않기 때문이다.

9. 그리스도인의 기쁨

슬픔에 대해서는 그만 논하기로 하자. 우리 사랑의 대상이 우리와 함께 있고, 우리가 그것들을 바라고 있을 때에는 기쁨이라는 말이 우리에게 적합하다. 왜냐하면 사랑과 희망의 대상이 같기 때문에, 바울로가 말하듯이 "우리는 희망을 가지고 기뻐하기 때문이다."(로마 12,12) 그러므로 우리는 사랑하는 만큼 기쁨을 느낀다.

그런데 자신이 선한 성격을 지녔고 다정한 친구들이 보기에도 그러하기 때문에, 자기 자신 안에서 기쁨을 느끼는 사람들이 있다. 그리하여 덕이 있는 사람은 오직 선만이 사랑받을 가치가 있다는 것을 깨닫기 때문에, 그 자

---

20). 즉 행위와 동기

체로서 자기 안에 기쁨을 지니고 있다. 그리고 다른 사람 안에서도, 그들이 비슷한 성격을 지녔기 때문이든 선 안에서 그들을 돕기 때문이든 기쁨을 지니고 있다. 이 외에도 선한 사람은 다른 사람의 선 안에서 기쁨을 누린다. 왜냐하면 다른 사람이 행운을 누리도록 기도하고 바라는 것이 그들의 기도와 바램(desires)의 대상이기 때문이다.

　다른 영혼의 즐거움을 함께 나누는 것, 그리고 단지 자기 자신이나 자기의 이득을 위한 욕망만을 갖지 않고, 또한 자기 것에 대해서만 긍지를 가지거나, 자신이 획득한 것만 사랑하는 것이 아니라, 다른 사람의 승리에 의해서도 보상받는다고 여기는 것은 가장 너그러운 형태의 기쁨이다. 이렇게 하는 가운데 인간은 자기의 본성을 넘어서고, 모든 이에게 공통되는 선(善)이신 하느님을 닮아간다. 그리고 이렇게 인간이 선을 그 자체로서 사랑하고 다른 사람이 선을 지니고 있는 것을 볼 때도 변함없이 기뻐할 때, 그 사람이 선을 사랑하는 것은 자기에게 유용하기 때문이 아니라 그 자체로 사랑하기 때문이라는 사실이 분명해진다.

　그리하여 모든 사람의 선을 바라고 그들이 번영하는 것을 보고 기뻐하는 사람은 선한 사람이다. 이는 그들의 덕이 완전하다는 표시이다. 열매를 보면 그 나무를 알 수 있듯이, 나무가 성숙하기 전에는 열매가 맺히지 않을 것이고, 인간이 먼저 자기 자신에게 쓸모가 있지 않고는 다른 사람에게도 유용(有用)하지 못할 것이다. 그는 다른 사람과 친밀하기 이전에 자기 자신과 친밀하다. 그는 여러 다른 사람들과 친하고 사귀기 전에 자기 자신과 친숙하고 자기 자신과 사귄다. 그리고 자기 자신에게 유익한 것을 바라고 또 그것을 위해서 기도한다. 그렇다면 그가 한편으로 선한 것에 기쁨을 느끼고, 다른 한편으로는 다른 모든 것들에 대하여 그렇게 하듯이 본능적으로 먼저 자기 자신에게로 관심을 돌리며 또한 자기 자신에 대해 먼저 생각한다면, 그가 자기 자신을 먼저 돌보지 않을 이유가 어디 있겠는가? 간단히 말해 그는 무엇보다도 자기 자신을 위해서 존재하고, 또 자기 자신에게 쓸모가 있다. 자기 자신이 되어야 한다는 것은 모든 인간들의 첫째이고 가장 보편적인 욕구(desire)이다.

그러므로 어떤 사람이 다른 사람이 잘되는 것을 좋아하고 또 잘되었을 때 좋아한다면, 그 자신이 잘되지 못했거나 부족한 것이 아니라는 점이 분명하다. 그는 자기 자신, 그리고 자신의 이익과 욕구를 무시함으로써 다른 사람에 대하여 관심을 보여주는 것이 아니다. 어떻게 자기 집에 없는 것을 다른 사람이 가지고 있기를 바랄 수 있겠는가?

선과 덕에 무관심하면서도 덕이 있는 체하고, 덕에 대해서는 하나도 모르면서 다른 사람을 인도하는 사람은 덕이나 선을 위해 노력하는 것이 아니라, 명예와 헛된 영광을 얻기 위해서 노력하는 것이다. 이런 사람들이 완전한 덕을 지닌다는 것은 불가능한 일이다. 완전한 덕은 질투와 악의로부터 자유로워진 사람, 그리고 동료 인간들에게 진정하고 완전한 사랑을 보여준 사람 —이는 지고(至高)한 철학의 완성이다— 에게만 가능하다. 그러므로 현명하고 선한 사람이 이 기쁨에 참여하는 한편, 이 기쁨에 참여하기 위해서는 가장 선하고 현명한 사람이 될 필요가 있다. 결과적으로 선에 참여하는 사람은 영혼 안에 있는 그 선의 본질을 보여주어야 한다. 왜냐하면 선의 본질은 퍼지고 함께 나누어지는 것이기 때문이다. 모든 사물이 선을 목표로 하듯이, 선의 본질은 모든 사물에 퍼져나가는 것이다. 선이 모든 것에 퍼져나가지 않는다면 모든 사물은 선을 얻으려고 하지 않을 것이다. 왜냐하면 가장 일반적인 욕구가 헛되다는 것은 말이 되지 않기 때문이다.

따라서 덕의 이런 원칙은 선한 사람이 자기 자신에게 못지않게 모든 사람에게 자기 자신을 바치는 것과 그의 영혼이 자기 자신의 일 못지않게 다른 사람의 일과 관련지어서 기쁨과 고통 등의 감정들을 체험하는 것을 필요로 한다. 그를 이 기쁨으로 인도하는 것은 하느님에 대한 사랑이다. 왜냐하면 사랑하는 사람은 자신이 사랑하는 그 사람 안에서뿐만 아니라, 자기 사랑의 대상에 기쁨을 주는 것 안에서도 기쁨을 발견해야만 하기 때문이다.

10. 우리 기쁨의 원천은 하느님에 대한 사랑이다

 이제 우리는 가장 완벽하고 순수한 기쁨에 도달했다. 하느님 안에 사는 사람은 무엇보다도 하느님을 사랑하고, 그렇게 엄청난 애정에 알맞은 기쁨을 가지고 기뻐하기 때문에, 우리는 그 본질과 특징에 대하여 좀더 상세하게 고찰해야 한다. 첫째, 그렇게 살고 있는 사람은 자신이 자기 기쁨의 원천이라고 주장하지 않는다. 참으로 하느님을 사랑하는 사람은 그런 생각을 하지 않으나, 자기 자신을 사랑하고 자기 자신을 자기가 하는 모든 일의 목적으로 여기는 사람이 그런 생각을 한다. 그런데 은혜를 아는 사람이라면, 다른 누구보다도 은혜를 베푸신 '그분'을 사랑하지 않을 수 없을 것이다. 의로운 사람이라면 사랑 받을 만한 '그분'을 무엇보다도 사랑할 것이다. 그리고 현명한 사람이라면 그 최종 목표를 다른 무엇보다 사랑할 것이다.
 감사할 줄 아는 사람은 의롭고 현명한 사람이기도 하기 때문에, 그 사람은 하느님을 사랑하며 또한 그분 안에서 가장 완전한 기쁨을 누릴 게 분명하다. 따라서 그의 기쁨은 항구적(恒久的)이고 변함이 없으며, 또한 엄청나고 놀라워야 한다. 그것은 변치 않아야 한다. 왜냐하면 그는 항상 자신이 바라는 그분께 속한 것들, 즉 육체적인 욕구에 도움이 되든지 사고의 주제를 형성하든지간에, 생활하고, 살아가고, 생존하고, 활동에 참여하고, 또 어떤 식으로든 느끼고 활동하는 도구들 가운데 있고, 그것들을 끊임없이 만나기 때문이다. 그는 이 모든 것이 하느님의 작품이며 항상 자신과 함께 있다는 것을 안다. 따라서 그것들로 인해 그는 하느님께 마음을 쓰고, 사랑이 꺼지지 않도록 하며, 또한 모든 것 안에서 기쁨을 느낀다. 그는 자기 자신을 소홀히 하지 않고, 자기 자신을 끊임없이 의식할 것이며, 그 어떤 상황에서도 이 기쁨을 간직할 것이다. 왜냐하면 사랑하는 사람들과 함께 있을 때, 우리는 그들 안에서만 기뻐하는 것이 아니라, 어떤 방법으로든 우리가 그들과 공유하고 있는 것들과 그들의 행동 안에서 기쁨을 누리기 때문이다.

그리고 자기 자신 안에서 많은 기쁨을 이끌어내는 사람도 항구적인 기쁨을 지닐 수 있으며, 또한 홀로 만족을 느낄 수 있다. 많은 기쁨을 지니고 있는 사람은 계속 기뻐할 것이고, 즐거운 것이 그에게 계속 기쁨을 줄 것이다. 그의 기쁨이 그러하다면, 그는 자신의 열정이나 자기 자신을 책망하지 않을 것이다. 왜냐하면 그것은 불합리하다거나 부당하다고 할 수 없고 실제로는 이성과 일치하기 때문이다. 그는 즐거운 것을 지니고 있는데, 그 즐거움을 두려워한다든지, 그것이 "변한다든지, 외면함으로써 그늘 속에 내버려 두는 일"(야고보 1:17)이 있지는 않을까 하고 의혹을 품지도 않는다.

  그 자체가 기쁨을 불러일으키는 것을 바라보게 되면 그 기쁨이 얼마나 큰지 이해할 수 있을 것이다. 왜냐하면 그 기쁨은 그 원천의 크기와 비례할 게 틀림없기 때문이다. 그리하여 하느님과 견줄 수 있는 것은 아무 것도 없기 때문에, 인간에게 가장 큰 기쁨은 그분으로부터 나온 기쁨이다. 왜냐하면 욕망의 힘은 그 대상과 조화를 이루기 때문이다. 바라는 것이 아주 클 때는, 욕망의 능력이 그토록 풍부한 선에 비하여 열등하거나 부족하지 않으며, 도리어 그 무한함과 비례하고 따라서 바라는 마음이 생기게 된다. 우리의 욕망은 인간의 본성에 비례하여 제한 받지만, 모든 것은 그분보다 열등하고 그분 아래 있기 때문에 창조물 중에 그분을 감당할 만한 것은 없다. 우리는 이 세상의 좋은 것을 모두 얻는다 하더라도, 그것들 너머를 바라보고, 자신이 가지고 있는 것은 외면하면서 가지고 있지 않은 것을 추구한다. 창조된 것들 중에는 우리의 욕망을 잠재울 수 있거나, 우리를 완전히 만족시켜 주거나, 기뻐하는 영혼의 능력을 충분히 발휘할 여지를 주는 것은 아무 것도 없다.

  그러므로 인간이 바랄 수 있는 능력은 제한되어 있지만, 그 욕망의 대상처럼 무한히 선하게 창조되어 있다는 사실은 분명하다. 인간의 본성은 제한되어 있지만 그 활동과 욕구에는 제한이 없다. 그리하여 우리는 영혼(soul)의 전체 생명은 한계가 있는 존재에 속하지만, 영혼에는 끝이 없다는 사실을 분명히 안다. 그 이유는 하느님께서 영혼의 생명만이 아니라 그 기쁨 등 우리 것을 모두 그분과 관련지어서 창조하셨기 때문이다. 생명은 영원하기 때문에 우리는 죽음으로써 하느님과 함께 살 수 있고, 그 기쁨은 무한하기 때문에 우리는 완전한 즐거움을 가지고 그분을 누릴 수 있다.

무한한 선과 무한한 욕망의 실현이라는 이 두 가지가 하나로 결합되었으니, 즐거움의 재료는 얼마나 위대한가? 그렇지만 우리는 욕망의 대상을 얻는 것만으로는 그렇게 엄청난 기쁨을 체험할 수 없다. 우리의 기쁨은 그 대상을 얻은 것과 비례할 것이고, 우리의 즐거움은 그것을 얻지 못한 정도에 따라서 제한될 것이다. 사실 우리는 하느님 안에 있는 온갖 축복 때문에 기쁨을 느낀다. 우리가 하느님에 대해 알고 있는 것은 무엇이든 기쁨으로 인도한다. 왜냐하면 우리가 찾고 있는 대상이 우리 자신이 아니라 하느님이기 때문이다. 우리 삶의 목표가 우리 자신만이 아니라면, 우리의 의지는 우리 자신의 선만이 아니라 하느님께도 향할 것이다. 우리는 하느님의 은덕을 누리기 때문만이 아니라, 하느님께서 그 안에 계시기 때문에 좋아한다. 우리는 우리 자신을 뒤에 버려둔 채 온 마음을 다하여 하느님께로 서둘러 달려가고, 우리 자신의 재산은 잊어버리고 열망하는 시선으로 이 풍요로움을 바라본다. 우리는 다른 사람의 행운을 바라볼 때 그것이 마치 우리 것이기라도 한 듯 여겨야 한다. 다른 사람이 행복하다고 해서 우리가 불행하다고 생각할 것은 없고, 오히려 그 때문에 우리가 풍요로워지고 축복 받는다는 것을 알아야 한다.

사랑의 힘은 사랑하는 사람들을 그들이 사랑하는 대상에 속한 것들에 참여시킬 수 있다. 성인(聖人)들은 의지와 욕망의 온갖 능력을 하느님을 위하여 사용하기 때문에, 하느님만이 그들의 고유한 선이라고 여긴다. 육체는 그들을 즐겁게 해줄 수 없고, 영혼도, 그 선한 것도, 천부적이고 본성적인 것도 그렇게 해줄 수 없다. 왜냐하면 그들은 이 모든 것을 그 자체로 사랑할 수 없기 때문이다. 그들은 그야말로 단 한 번 자기 자신에게서 벗어나 자신들의 삶과 모든 욕구를 제거하고, 자기 자신에 대한 지식을 잃어버린 것이다.
　이는 있을 수 있는 일이다. 왜냐하면 인간의 사랑은 자신의 소유와 육체를 경멸하도록 해주기 때문이다. 사랑하는 사람은, 자신은 건강한데 친구가 병으로 고통을 겪고 있는 것을 보면 자기의 건강은 상관하지 않을 것이며, 자신이 병에 걸려 있고 자기 친구들이 건강한 상태에 있을 때에도 자기가 아픈 것은 상관하지 않을 것이다. 그들은 친구들을 돕기 위하여 기꺼이 죽을 수 있을 것이고, 친구가 다치는 것을 보느니 차라리 자신을 희생하려 들 것이다. 하느님을 향한 사랑은 인간을 향한 사랑보다 훨씬 위대하다. 왜냐하면 그 둘 사이에는 엄청난 차이가 있기 때문이다.

11. 하느님에 대한 사랑은 자신을 내어주고 또 포기하게 한다

　하느님을 위해 생명을 다 쓰고 났을 때 남는 것은 무엇인가? 혹은 사랑 때문에 자신의 영혼을 무시하는 것보다 하느님께 더 큰 선물이 어디 있겠는가? 참으로 영혼을 무시하는 사람은, 자기의 육체를 죽이는 사람이 아니라 자기 영혼과 그 선을 포기하는 사람이다. 타락한 사람이 육체의 쾌락을 위하여 자기 자신을 모두 써버리듯이, 하느님을 사랑하는 사람은 하느님께 영혼의 모든 에너지와 욕구를 바침으로써, 자기의 영혼을 위해서는 아무 것도 남기지 않은 채 스스로를 하느님께 내어 드린다. 그는 건강해지기 위해 이성을 사용하기는 하는데, 이는 영혼과 그것의 유익을 구하기 위함이 아니라, 구원을 받기 위해 하느님과 그분의 법을 사랑하기 위함이다. 이는 목수가 마차를 고치기 위해 도구를 사용할 때 도구가 아니라 마차에 관심을 기울이는 것처럼, 일을 하기 위해서 도구를 보살피는 것이나 마찬가지이다.

우리는 무엇 때문에 영혼에 매달리고 또 그토록 영혼을 사랑하는가? 그것은 존재하고자 하는 의지 외에 아무 것도 아니다. 우리는 행복해지기를 원하기 때문에 존재하기를 원한다. 왜냐하면 인간은 비참하게 존재하는 것은 견딜 수 없기 때문이다. 이런 이유로 많은 사람이 자살을 하였고, 구세주께서는 "그는 차라리 세상에 태어나지 않았더라면 더 좋을 뻔했다"(마태오 26:24)라고 말씀하시는 것이다. 진정한 행복은 하느님을 사랑하는 데 있기 때문에, 하느님을 사랑하는 것이 바로 영혼을 사랑하는 것이다. 대부분의 사람들은 어디에서 행복을 얻어야 할지 모르기 때문에 각자 다른 것을 사랑한다. 그들은 목표로 인도하는 지름길을 외면하고 자신들을 불행하게 만드는 것을 선택할 때가 많기 때문에, 영혼을 그에 합당하게 존중하지도 않고 이성에 따라서 무시하지도 않는다.

그렇지만 덕이 있는 사람은 자신의 존재를 어디에서 찾아야 할지, 그리고 어떻게 하면 자기에게 유익한지 알면서, 하느님과의 관계 안에서 자신을 정돈(整頓)한다. 그들은 하느님만을 사랑의 대상으로 여기고, 그분만을 그분 자체로서 사랑하고, 그분만을 위하여 자신의 영혼, 존재 등 모든 것을 사랑한다. 그리하여 영혼을 사랑하되 그것을 궁극적 대상으로 삼지 않고, 영혼을 사랑하는 이유인 하느님을 참된 사랑의 대상으로 삼는다.

우리가 영혼을 아주 소중하게 여기면서 사랑한다면, 영혼보다 구세주가 우리에게 속하게 될 것이다. 일생 동안 여기에 관심을 기울이는 사람은, 구세주가 모든 면에서 그들과 비슷해지고, 구세주 때문에 영혼과 실존 자체가 소중하며 또한 잘 어울린다는 것을 알게 된다. 만일 어떤 사람이 갈등으로 고통을 겪는다면 그는 자신에 대해 불안해하고, 하느님을 찾지 못한다면 평온을 찾을 수 없을 것이다.

덧붙여서, 그리스도 안에 사는 사람들, 곧 우리가 올바른 판단력을 가지고 있다고 여겨야만 하는 사람들은 하느님께 합당한 것을 드린다. 이런 일은 우리가 완전한 선이신 그분을 사랑할 때 생긴다. 우리가 그분 외에 다른 것을 사랑하고 애정을 나눈다면 우리의 사랑은 불완전할 것이다. 왜냐하면 율법이 "네 마음을 다하고 목숨을 다하고 생각을 다하고 힘을 다하여 주님이신 너희 하느님을 사랑하라"(신명기 6:5, 마르코 13:30 참조)고 말하고 있기 때문이다. 그러므로 그리스도 안에 사는 사람들은 자기의 사랑을 모두 하느님께로 돌리고, 다른 것들이나 자기 자신을 위해서는 아무 것도 남겨놓지 않기로 결심하였기 때문에, 자신들의 목적 안에서 자기 자신과 모든 것을 버렸다. 왜냐하면 모든 경우에 함께 결합하는 것은 바로 사랑이기 때문이다. 그리하여 그들은 아무 것도 소유하지 않음으로써 하느님만을 위하여 살고, 하느님만을 사랑하고, 하느님 안에서만 기쁨을 누린다.

12. 자기 포기는 우리를 기쁨으로 이끈다

무엇보다도 우리의 소유물에 대해 말할 것 같으면, 우리는 그것이 우리 것이기 때문이어서가 아니라 그것을 좋아하기 때문에, 그것을 지니며 또한 즐기고 싶어한다. 그렇지 않을 때에는 그저 가지고 있는 것만으로 거기에 집착거나 즐기지는 않는다. 우리는 자신이 가진 것 때문에 괴로워할 때가 많으며 또한 그것 때문에 자책할 때도 있다. 자기 자신이 아주 못마땅해서 (그것으로부터) 달아나 죽고 싶어 하는 사람도 있는데, 실제로 총으로 스스로를 쏘거나 목매달아 자살함으로써 자기들의 때가 되기 전에 세상을 떠나는 사람들도 있다. 따라서 우리가 함께 살고 즐기는 모든 것들과 함께 있도록 하고, 영혼이나 친한 친구들 그리고 우리 자신과 즐기도록 부추기는 것은 사랑임에 틀림없다. 그러므로 어떤 사람이 타인의 선(善)을 바라고 자신의 선 못지않게 타인의 선을 사랑한다면, 그는 의지에 있어서 그들과 하나가 되어야 하며, 또한 자신의 행운을 기뻐하는 것 못지않게 다른 사람의 행운에 대해서도 기뻐해야만 한다.

그러므로 하느님을 사랑하는 사람의 본성이 하느님의 본성으로 변화되지 않았다 하더라도, 그의 의지와 사랑이 자신을 초월하였다면, 마치 자신이 변화되기라도 한 듯이 완전해진 기쁨을 느끼게 된다. 그가 아직 인간의 본성을 지니고 있고 신적인 것들과 아주 자연스럽게 어울려 살지 못한다 하더라도, 자기의 모든 의지를 그것(신적인 것)들로 집중시키는데, 그것들은 그가 기쁨을 발견할 수 있는 방법을 결정하게 하고 또 이런저런 기쁨으로 흘러넘치게 만든다. 자기 자신을 사랑하는 사람은 자기가 소유한 것이 좋다고 여겨지기 때문에 그것을 가지고 행복해하듯이, 하느님만을 사랑하는 사람은 그분의 은혜를 통하여 즐거움을 느낀다. 그들은 하느님의 것들 안에서 풍요로움을 느끼고, 그것들을 자랑으로 여기며, 하느님의 영광에 자부심을 느낀다. 그들은 하느님께서 예배를 받으실 때 보상을 받고, 그분께서 영예롭게 되실 때 드높여진다.

그런데 자기 자신을 위해 사는 사람들은 참으로 선한 것들로부터 기쁨을 얻어낼 때조차 순수한 즐거움을 얻을 수 없다. 그들이 소유하고 있는 선한 것들을 가지고 기뻐하는 동안, 악한 것들이 -존재하든 존재하지 않든- 자연스럽게 그들을 괴롭힌다. 자신의 삶을 하느님께 내맡긴 사람들은 순수한 즐거움을 느끼고 전혀 슬픔을 느끼지 않는다. 그들에게 해를 끼칠 수 있는 것들은 많지만 괴롭히는 것은 하나도 없다. 왜냐하면 하느님과 함께 즐겁지 않은 것은 하나도 없으며, 그들은 하느님을 위하여 살고 있기 때문이다. 현재의 것들 중에 그들을 아프게 할 수 있는 것들이 있기는 하지만 그들은 그것들을 인식하지 않는다. 완전한 사랑의 원칙은 그들이 자기의 것을 추구하는 것을 허용하지 않는다. 성서가 말하듯이 "사랑은 사욕(私慾)을 품지 않기"(고린토 1서 13:5) 때문이다. 오히려 그들은 자신들이 사랑하는 분이 축복 받았기 때문에 사랑하고, 특이하고 특별한 열정으로 사로잡혀 있기 때문에 사랑한다. 그들은 먼지와 흙으로 되어 있지만, 자기 자신의 것을 하느님의 것과 바꾸어 그분처럼 되었다. 마치 가난하고 비참한 인간이 왕궁(王宮)

으로 들어가 자신의 가난함을 모두 벗어버리고, 그 장소에 어울리는 화려한 옷으로 갈아입었을 때와 같이 말이다.

그렇기 때문에 또한 그들은 "(힘으로) 하늘나라를 빼앗으려고 폭행을 쓰는 사람들"(마태오 11:12)이라고 불리는 것 같다. 왜냐하면 그들은 그 나라를 줄 사람이나 자신들을 선택해 줄 사람을 기다리지 않고, 자발적으로 왕위를 차지하며 스스로 왕관을 쓰기 때문이다. 그것을 차지한다 해도, 그것 때문에 운이 좋다고 여기지도 않고 거기에서 즐거움을 느끼지도 않는다. 왕국은 그들이 사랑하는 하느님께 있다는 것을 알기 때문이다. 그들은 하느님의 은혜를 나누어 받았기 때문이 아니라 그분이 그 은혜 안에 있기 때문에 기뻐한다. 왜냐하면 하느님께서 그들과 함께 계시고, 그들은 그분의 자애를 즐기기 때문이다. 그리하여 그들은 하늘나라를 나누어 받지 못했다 하더라도, 그리고 그들 사랑의 대상이 그 축복을 나누어주지 않았다 하더라도, 그분을 지니고 있기 때문에 여전히 행복하며 또한 왕들처럼 다스리면서 상을 받고 그 왕국의 기쁨을 누린다. 따라서 그들이 그 왕국의 기쁨을 누리기 위해 들이닥쳤다는 점에서, 그들을 "강도들", 그리고 하느님의 은혜를 강점(强占)한 사람들이라고 해도 맞을 것이다. 이런 사람들이 바로 성서에서 자기의 영혼을 미워하고 잃은 다음(마태오 16:25), 대신하여 영혼의 주인을 받아들인 사람들이다.

이보다 더 위대하고 더 항구한 기쁨이 어디 있겠는가? 자기 자신 안에서 기쁨을 발견하는 사람은, 자신들을 즐겁게 해주는 것을 잃게 되리라고 예상한다. 왜냐하면 현재의 것들 중에서 영원한 선은 없기 때문이다. 따라서 그들이 누리고 있는 것들에 대하여 느끼는 기쁨은, 그들이 두려워하며 떠는 부(富)에 대해 느끼는 고통보다 크지 않다. 그런데 성인(聖人)들의 경우에는 선한 것들이라는 보물은 침범 당하지 않고, 즐거움은 슬픔으로 더럽혀지지 않으며, 확고하고 안정된 것에 대한 두려움도 없다.

자기 자신 안에서 즐거움을 느끼는 사람은 자신을 너무나 바라보기 때문에 그 기쁨이 오만으로 변하고, 이로 인해 그 즐거움에서 대부분 차단당한 다고 생각되는데 이는 타당한 일이다. 그런데 하느님께 모든 힘을 드리고 그분 안에서 자랑하는 사람은 자신을 되돌아보지 않기 때문에, 전혀 그런 걱정을 하지 않는다. 그들의 기쁨은 인간에게 공통이 되는 인간의 능력에 따른 것일 뿐만 아니라 초자연적이고 신적인 것이기 때문이다. 그것은 지금 살고 있는 집보다 더 나은 집을 구입하고 나서, 이사를 하기도 전에 그 새 집에 대하여 기쁨을 느끼는 것과도 같다. 이와 마찬가지로 그가 현재의 육체를 벗어버리고 좀더 나은 육체를 얻게 된다면, 자기가 사용하게 될 육체가 낫다는 데서 훨씬 큰 기쁨을 발견하게 된다. 그러므로 어떤 사람이 자기의 몸이나 집뿐만 아니라 자기 자신을 내던져버리고 하느님을 그 보상으로 받아들일 때, 하느님은 육체, 영혼, 가정, 친구 등 그가 가지고 있던 모든 것을 대신하여 주실 것이다. 그리하여 이 때문에 느끼는 즐거움은 인간이 느끼는 온갖 즐거움을 능가할 것이고, 그 사람은 거기에서 하느님의 축복에 적합하고 또 그러한 변화에 어울리는 기쁨을 얻게 될 것이다.

그렇기 때문에 축복 받은 사람은 그리스도의 기쁨으로 즐거워한다고 말한다. 왜냐하면 그분이 즐거워하는 것은 그들에게도 기쁨을 주기 때문이다. 그리스도 안에서 기뻐하고, 그리스도의 기쁨을 함께 누릴 수 있는 사람은 그리스도와 같은 정도의 즐거움을 누린다. 이는 당연한 일이다. 여기에 대해서는 추론이나 추측에 의해서만이 아니라, 구세주의 분명한 말씀을 통하여 확실히 알 수 있다. 구세주께서는 사랑의 법을 제정하실 때, 제자들에게 당신에 대한 사랑을 변함없이 끝까지 간직하라고 간청하셨다. "내가 이 말을 한 것은 내 기쁨을 같이 나누어 너희의 마음에 기쁨이 넘치게 하려는 것이다."(요한 15:11) 이 말은 "그러므로 나는 너희에게 사랑하라고 명한다. 내가 사랑 때문에 나의 것을 모두 너희에게 주었을 때, 너희는 내 안에 그리고 나의 것 안에 있는 것과 같은 즐거움을 가지고 기쁨을 누리게 될 것이다" 하는 의미를 지니고 있다. 성서에 "여러분은 이 세상에서는 죽었기 때문에, 여러분의 참된 생명은 그리스도와 함께 하느님 안에 있어서 보이지 않습니다"(골로사이 3:3)라고 쓰여 있다. 이는 기쁨 등 다른 모든 것에도 해당되기 때문에, 그것들 안에는 인간적인 것이 존재하지 않는다.

13. 하느님에 대한 사랑은 자신을 잊도록 한다

성 바울로는 "여러분의 몸은 여러분 자신의 것이 아닙니다. 하느님께서는 값을 치르고 여러분의 몸을 사셨습니다"(고린토 1서 6:19-20) 하는 간단한 말 안에서 모든 것을 분명하게 표현하였다. 팔려간 사람은 자기 자신이 아니라 자기를 산 사람에 대하여 관심을 갖고 그분 뜻에 따라 산다. 인간의 경우 노예는 자기 주인이 원하는 바에 얽매여 있지만, 그것은 몸에 국한된 것이다. 그의 정신과 이성은 자유롭고 또 자기 마음대로 사용할 수 있다. 그런데 그리스도께서 사들인 사람의 경우에 자기 자신의 것이 된다는 것은 불가능한 일이다. 인간이 인간을 완전히 사들인 적은 없고 인간 영혼에 대한 값을 매길 수 없기 때문에, 인간 육신에 관한 것 말고는 풀어주거나 노예 상태로 만들 수 있는 사람은 아무도 없다. 그렇지만 구세주께서는 인간 전체를 사들이셨다. 인간은 노예를 사기 위해서 돈만 지불하면 됐지만 그리스도께서는 당신 스스로를 지불하셨다. 그분은 우리의 자유를 위하여 당신의 몸과 영혼을 내놓으셨는데, 몸은 죽임을 당함으로써 그렇게 하셨다. 그분의 몸은 상처 때문에 고통을 받으셨고, "내 마음이 괴로워 죽을 지경이다"(마태오 26:38)라는 말에서 볼 수 있듯이 영혼은 몸이 죽임을 당할 때뿐 아니라 상처 입기 전에도 괴로움을 겪으셨다.

그리하여 그리스도께서는 당신 자신을 온전히 내어주심으로써 인간 전체를, 특별히 의지(意志 will)를 사들이셨다. 다른 면에서 보면 그분은 우리의 주인이시고 우리의 본성 전체를 통제하시지만, 그분에게서 달아나는 것은 우리의 의지에 의해서이며, 그분은 그 의지를 잡기 위해 온갖 노력을 기울이신다. 그분이 찾고 있는 것이 우리의 의지라는 사실 때문에, 그분은 그것에 폭력을 가하거나 포획(捕獲)하지 않으시고 사들이셨다. 그러므로 (그분께서 사들이신 사람들 가운데 누군가가) 자신을 위해 의지를 사용한다면 그것은 옳은 일이 아니며, 그분 자신의 소유물을 박탈당하심으로써 자신을 사들이신 그분께 불의를 행하는 것이다. 의지를 자기 자신을 위하여 사용하는 것은, 아집과 자기 자신의 것 안에서 즐거워하는 것이다.

그러므로 덕이 있고 의로운 사람은 자기 자신이 아니라 자신을 사들이신 그분만을 사랑한다. 모두 다는 아닐지라도 그분께서 사들이신 사람 중 적어도 몇몇 사람은 그러한 마음가짐을 가지고 있음에 틀림이 없다. 그렇게 놀라운 구매(購買 purchase)가 헛되게 된다면 말이 되지 않는다. 그분만을 사랑하는 사람은 순수한 기쁨을 모두 누려야 한다. 왜냐하면 그들이 사랑하는 그분은 그들의 욕구에 상반되는 일은 하지 않으시기 때문이다. 그들은 아주 위대하고 초자연적인, 신적인 기쁨의 능력에 의하여 움직이고, 이 능력은 온전히 실현되고, 그들을 기쁘게 해주는 것은 온갖 풍요로운 은총을 능가한다.

그리고 인간의 노예가 고통스러울 수밖에 없듯이 그리스도의 노예는 기쁠 수밖에 없다. 왜냐하면 인간의 노예는 자신의 의지에 따라 행동하지 않고 자신을 사들인 사람의 의지에 따라 행동하기 때문에, 자신의 고통과 고뇌에 책임이 있는 그 사람을 따르면서 노고와 고통을 겪기 때문이다. 그러나 그리스도의 노예가 참된 기쁨으로 인도될 때, 어떻게 고통을 겪을 수 있겠는가? 노예를 사기 위해 돈을 지불하는 사람은 그 노예에게 혜택을 주기 위해서가 아니라, 그의 노동을 이용하여 혜택을 얻으려고 돈을 지불한다. 노예는 말 그대로 주인의 이익을 위하여 쓰여지고, 그를 통하여 비참함을 겪는다. 그리고 자기 자신은 언제나 슬픔에 처해 있으면서도 주인을 위해서 즐거움을 마련해 준다.

그런데 그리스도의 노예인 우리의 경우에는 정반대의 일이 일어난다. 왜냐하면 모든 것이 우리를 위하여 이루어졌기 때문이다. 그리스도께서 우리의 몸값을 치러주신 것은 우리를 통하여 무언가 누리기 위해서가 아니라, 그분의 것을 우리에게 주고, 주인인 그분과 그분의 노동이 노예인 우리에게 혜택을 주고, 우리에게 당신을 전적으로 주시기 위해서였다. 그렇기 때문에 이런 노예 상태에서 달아나지 않고 그리스도께 매이는 것을 온갖 형태의 자유보다 더 좋아하는 사람은 기쁨을 느끼게 될 것이다. 왜냐하면 그들은 가난 대신에 부(富)를, 감옥 대신에 왕국을, 치욕 대신에 최고의 영광을 누리게 될 것이기 때문이다. 인간들 사이에서는 주인이 자기 노예에게 합법적으로 할 수 있는 것을, 여기서는 노예들이 자기 주인에게 하는데, 이는 그리스도의 사랑 덕분이다. 인간들 사이에서는 주인이 소유권을 포기하거나 노예를 풀어주기 전에 노예를 다스리는 기준은 법이다. 그렇지만 그리스도의 노예의 경우에는, 주인의 멍에를 사랑하고, 주인이 자신을 사들임으로써 (자신이) 주인의 것이 되었다고 여길 때, 노예들이 그들 자신의 주인을 소유하고, 그분의 것을 상속받는다. 그렇기 때문에 성 바울로는 "주님 안에서 기뻐하시오"(필립비 4:4)라고 말했는데, 여기서 주님은 그들을 사들이신 분을 의미한다.

구세주께서는 "너는 과연 착하고 충성스러운 종이다. 자, 와서 내 주인과 함께 기쁨을 나누어라"(마태오 25:21) 하고 말씀하실 때, 당신의 기쁨을 함께 누리는 사람들을 "착한 종"이라 하시고, 당신을 "주인"이라고 부르시며 우리가 기뻐해야 할 이유를 분명히 제시해 주신다. 이 성서 구절은 "너의 구매증서(購買證書)를 찢어버리지 않았으니, 종으로 남아 너를 사들인 분의 기쁨을 받아들이라"는 것을 의미한다. 이것은 같은 기쁨인데, 그 이유는 기쁘게 하는 것이 똑같아서 만이 아니라, 그것이 같은 종류의 느낌이기 때문에 또한 그러하다. 왜냐하면 그분께서 "당신 좋으실 대로 하지 않으시고"(로마 15:3) 당신의 종들을 위하여 살고 죽으셨으며, 태초에 나셨다가 당신 자신에게로 되돌아가셨고, 우리를 위하여 앉아 계신 성부의 옥좌를 차지하시고, 그분과 함께 영원히 우리를 위해 변호자가 되셨듯이(요한 1서 1:2 참조), 마찬가지로 그분은 자신들의 주인을 자기의 영혼보다도 더 사랑스럽게 여기는 종들, 그리고 자기 자신에게로 돌아서지 않고 그분만을 사랑하는 그 종들에게 속하신다.

14. 그리스도를 아무런 사심(私心) 없이 섬긴 사람들

이에 대한 모범으로 세례자 요한을 들 수 있다. 그리스도께서 나타나심으로써 시험 당하게 되었을 때, 요한은 화내기는커녕 그리스도를 모르는 사람들에게 그분을 선포하였다.(요한 3:29-30 참조) 그는 자기 자신의 영광을 그리스도께 돌리는 말을 하면서 어느 때보다 큰 기쁨을 느꼈다. 그는 그리스도께서 전 인류의 관심을 끌어 지도자가 되시는 것, 그리고 신부가 신랑에게 그러하듯이 모든 사람이 그리스도께 자신의 마음을 돌리는 것이 옳다고 생각했다. 그는 그분 곁에서 말씀을 듣는 것을 더 좋아했으며, 사랑하는 그분의 목소리를 듣고 기쁨이 흘러 넘쳤다.(요한 3:29)

바울로는 그리스도의 것들을 추구하면서 자기 자신을 경멸(輕蔑)하였을 뿐 아니라 포기까지 하였다. 할 수만 있었다면 지옥에라도 뛰어들었을 것이다. 이는 유대인들의 회개를 위해서 이러한 고통을 겪을 수 있게 해달라고 기도한 것을 보면 알 수 있다.(로마 9:3) 그리고 사실상 그것은 수수께끼였다. 그는 그리스도를 무척 사랑하였기 때문에 그분을 위해서는 모든 것을 잃기를 바랐다.(고린토 1서 3:15, 필립비 3:8 참조) 그의 사랑은 지옥 불보다도 더 활활 타올랐을 뿐 아니라, 자신이 사랑하는 사람과 대화하는 가운데서 나오는 기쁨을 압도한 것 같다. 그는 사람들에게 지옥을 중대하게 여기지 말라고 설득한 것과 똑같이, 비록 자신은 이미 분명히 기쁨을 경험하였고 그 아름다움을 맛보았음에도 불구하고, 기꺼이 기쁨을 경시(輕視)하도록 가르쳤다. 그러나 그리스도와 함께 있고, 그리스도와 함께 살고, 그리스도와 함께 다스리는 것은 그리스도와 그분의 영광에 속하는 것이기 때문에, 바울로는 자신의 영광을 추구하지 않고 자신의 영광보다도 그리스도의 영광을 애타게 갈망하였다. 따라서 바울로가 (무엇인가를) 바랄 때 그것은 자기 자신을 위해서가 아니라 그리스도를 위해서였다. 도망갈 필요가 있을 경우에라도 그리스도를 위해서라면 도망갔을 것이다.(사도행전 9:25, 고린토2서 11:33 참조) 그렇다면 그가 유일한 욕구의 '대상'을 위하여 바라는 것이 자기 자신을 위해서가 아니라면, 다른 대상들의 경우에는 어떻게 되는가? 그가 자기 자신을 돌보지 않은 채, 모든 것을 행하고 모든 것을 견디면서 바로 그분(Him)을 찾는다면, 스스로 즐거움을 얻기 위하여 자신이 경멸하는 것들을 추구하지는 않았을 것이다. 따라서 그는 전적으로 자기 자신으로부터 이탈하였고 자신의 의지를 모두 내던졌으며, 그의 의지는 그리스도와 관련해서만 활발하게 움직였다는 것이 분명하다. 그리스도와 함께함으로써 자신의 의지에 바람직하지 않다거나 모순된 것은 하나도 없었기 때문에, 그의 의지는 항상 현존하였고 또한 언제나 살아 있는 놀라운 기쁨이었으며, 그의 영혼은 어떤 불쾌함에도 지배당하지 않았다고 말할 수 있다.

바울로도 진통을 겪고 고뇌한 적이 있긴 했지만 그것이 기쁨을 압도하지도 못했고, 기쁨에 속한 것을 그 어느 것도 쫓아내지 못하였다. 그는 마음이 약한 것 같았지만, 그 마음은 기쁨으로 가득했다. 왜냐하면 슬픔은 사랑과 관용의 열매였기 때문에, 그의 마음에 쓰라리고 난폭하고 비열한 것은 하나도 가져오지 않았기 때문이다. 다른 사람들에게 항상 기뻐하라고 간청한 것으로 보아, 그는 항상 기쁨으로 가득 차 있었음에 틀림없다. "주님과 함께 항상 기뻐하십시오. 거듭 말합니다. 항상 기뻐하십시오."(필립비 4:4) 그는 자신이 먼저 행동으로 보여주지 않은 것을 다른 사람들에게 요구하지 않았을 것이다.

15. 그리스도 안의 삶은 사랑과 기쁨으로 요약된다.

이런 것이 성인(聖人)들의 삶이며, 또한 이런 식으로 축복을 받는다. 우리는 신앙과 희망으로 축복의 열매를 거두는 사람들을 축복 받았다고 한다. 그들이 세상을 떠난다면 그게 더 좋은 일이다. 왜냐하면 실재(實在) 자체에 참여하는 것이 그것을 희망하는 것보다 완전하고, 선(善)을 순수하게 바라보는 것이 그것을 신앙하는 것보다 완전하기 때문이다.

이 세상 삶의 선은, 부분적으로는 하느님의 성령인데, 그 안에서 완전한 사랑이 나오고, 그 사랑 안에서 축복 받은 삶을 산다. 성령은 우리가 그리스도의 신비의 성사들을 받아들이도록 허용해 주고, 성서가 말하듯이 "그분을 믿고 맞아들이는 사람들에게는 하느님의 자녀가 되는 특권을 주셨다."(요한 1:12) "온갖 두려움을 몰아내는"(요한 1서 4:18 참조) 완전한 사랑은 자녀들에게 속한다. 그렇게 사랑하는 사람은 상을 받지 못할까봐 염려하지도 않고 벌을 받을까봐 걱정하지도 않는다. 왜냐하면 후자는 노예에게 속하고 전자는 고용인에게 속하기 때문이다. 자녀들만이 이렇게 순수한 사랑을 할 수 있다.

그러므로 은총은 입문한 사람들의 영혼에 참된 사랑을 심어준다. 알고자 하는 사람은 그 효과가 무엇이고 그것이 가져다주는 체험이 무엇인지 알게 될 것이다. 일반적으로 말하면, 그것은 하느님의 은총을 알아보게 해주고, 위대한 것들에 대한 체험으로 말미암아 더욱 위대한 것들에 대한 희망을 불러일으키고, 이미 있는 것들로부터 아직 도래하지 않은 것들에 대한 신앙을 불러일으킨다.

그 사랑 안에서 참고 견디는 것은 우리의 능력에 달려 있다. 왜냐하면 사랑하고 그 열정을 체험하는 것만으로는 부족하고, 그 안에서 참고 견디며 또한 그 사랑이 존속하도록 장작을 더 넣을 필요가 있기 때문인데, 이것이 사랑 안에 사는 것이다. 모든 축복은 여기에 있다. 사랑 안에 머무는 것은 하느님 안에 머무는 것이다. 그리고 그분 안에 머무는 사람은 그분을 소유한다. 왜냐하면 성서에 "사랑 안에 있는 사람은 하느님 안에 있으며 하느님께서는 그 사람 안에 계십니다"(요한 1서 4:16)라고 쓰여 있기 때문이다. 이러한 일은 우리가 확고한 의지를 지닌 사랑을 하고, 계명을 통하여 거기에 도달하고, 우리가 사랑하는 그분의 율법을 지킬 때 일어난다. 장인(匠人)이 반복하여 실습함으로써 기술을 얻고 배우듯이, 영혼도 행동에 의해 이러저러한 습관을 지니게 되고, 그리하여 선이나 악에 참여하게 된다. 인간의 활동에 적용되며, 그 활동을 하느님만을 향해 결정하고 질서를 잡는 하느님의 법은, 올바르게 행동하는 사람에게 적절한 습관을 나누어주는데, 이는 곧 법을 주신 분을 기쁘게 해드리기를 원하고, 우리의 모든 의지를 그분께로만 종속시키며, 그분과 관계없는 것은 원하지 않는 것이다. 이것만이 합당하게 사랑하는 방법이다. 이런 이유로 구세주께서는 "너희가 내 계명을 지키면 내 사랑 안에 머물게 될 것이다"(요한 15:10) 하고 말씀하신 것이다.

이런 사랑의 효과는 축복 받은 삶이다. 그것은 사방에서 의지를 함께 끌어 모으고, 그 의지를 다른 모든 것으로부터, 바라는 사람에게서조차 멀어지게 하여 그리스도께만 내맡긴다. 몸의 노력이든, 이성의 작용이든, 인간에게 고유한 활동이든, 우리의 것은 모두 의지를 따르고 의지에 의하여 생겨난 곳으로 움직인다. 간단히 말해, 우리에 관한 한, 우리를 인도하고 데려가는 것은 의지이다. 의지가 억제되면 모든 것이 방해받고, 의지가 어떤 것에 사로잡히게 되면 마음 전체가 그것에 의하여 흔들리게 된다.

그러므로 자신의 의지가 온통 그리스도의 의지에 의하여 사로잡히고 온전히 그분께 속한 사람에게, 그리스도는 그가 바라고 사랑하고 추구하는 모든 것이다. 그들의 존재와 삶은 모두 그분과 함께 있다. 왜냐하면 모든 선이 머물고 있는 그리스도 안에 머물지 않는다면 그들의 의지는 살 수 없고 활동할 수 없기 때문이다. 눈은 빛을 통해서만 볼 수 있기 때문에 빛이 없으면 그 기능을 수행할 수 없듯이, 의지도 선을 위해서만 작용할 수 있다. 그리스도께서는 모든 선의 수여자(授與者)이시기 때문에, 우리의 의지를 그분께만 두지 않는다거나 일부 의지가 이 보물에 미치지 않는다면, 그것은 곧 게으르며 죽은 것이다. 왜냐하면 그분께서는 "나를 떠난 사람은 잘려나간 가지처럼 밖에 버려져 말라버린다. 그러면 사람들이 이런 가지들을 모아다가 불에 던져 태워버린다"(요한 15:6)고 말씀하셨기 때문이다.

그리스도를 닮고 그리스도를 따라 사는 것이 그리스도 안에 사는 것이라면, 의지가 하느님의 목적에 순종할 때 이 삶은 그 의지의 효과이다. 그리스도께서는 우리에게 올바른 삶의 모범을 남겨주시기 위하여 당신의 인간적인 의지를 신적인 의지에 종속시키셨듯이, 세상을 위하여 돌아가실 필요가 있었을 때에도 죽음을 거부하지 않으셨다. 그러나 그분은 세상을 떠날 때가 되기 전, 당신이 겪을 일들 때문에 고통스럽다고 하시면서 그런 일이 일어나지 않게 해달라고 기도하셨다. 그렇지만 성 바울로가 말하듯이 "그분은 순종하시어"(필립비 2:8) 십자가를 향해 가셨다. 그분께서는 하나의 의지만 가지시거나 두 의지를 하나로 합성(合成)하신 것이 아니라, 두 가지 의지의 일치를 이루셨다.

그러므로 축복 받은 삶은 무엇보다도 현재 삶에서의 의지의 완성에 있는 것 같다. 인간은 정신과 의지를 지니고 있으므로, 완전하게 축복 받은 사람은 정신에 의해서는 하느님을 순수하게 명상하고, 의지에 있어서는 하느님을 순수하게 사랑함으로써, 이 모든 것에 있어서 하느님과 일치하고 결합해야 한다. 그런데 부패한 몸 안에 살고 있는 사람들로서는 이 두 면에서 모두 행복을 누릴 수는 없고, 부패에서 해방된 삶에서만 그런 행복이 허용된다.

현재의 삶에서, 축복 받은 사람들은 하느님과의 관계 안에서 완전한 사람들인데, 이는 그들의 의지와 관련지어서이지 마음의 활동과 관련지어서는 아직 아니다. 그들 안에 완전한 사랑이 있을 수는 있지만, 하느님에 대한 순수한 관상은 결코 찾아볼 수 없다. 그렇지만 그들이 아직도 육체 안에 살고 있는 동안에 미래의 것이 그들과 함께 존재한다면, 그들은 지속적이거나 완벽하지는 않지만 −왜냐하면 이 세상의 삶은 그것을 허용하지 않기 때문이다− 상(賞)을 이미 체험하고 있는 것이다. 이런 이유로 바울로는 "우리는 희망을 가지고 기뻐한다."(로마 12:12) "우리는 보이는 것으로 살아가지 않고 믿음으로 살아간다."(고린토 2서 5:7) 그리고 "우리가 아는 것은 불완전하다"(고린토 1서 13:9)고 말하는 것이다. 그가 그리스도를 보았다 하더라도(고린토 1서 9:1, 15:8), 이 환상(幻像 vision)을 항시 즐긴 것은 아니다. "항상" 미래를 기대하고, "이렇게 해서 우리는 항상 주님과 함께 있게 될 것입니다"(테살로니카 1서 4:17)라고 말하면서, 그리스도의 현존에 대하여 말할 때 그 자신이 이를 보여주었다. 그러므로 그리스도 안에 있고 영원한 생명을 받아들인 사람은, 자기의 의지를 통하여 그것을 갖고, 사랑을 통하여 말로 표현할 수 없는 기쁨에 도달하게 될 것이다. 신앙이 그를 사랑으로 이끄는 동안 그는 미래에 대비하여 순수한 마음의 환상을 갖는다. 축복 받은 베드로는 "여러분은 그리스도를 본 일이 없으면서도 그분을 사랑하고, 그분을 보지 못하면서도 믿고 있으며, 또 말할 수 없는 영광스러운 기쁨에 넘쳐 있습니다"(베드로 1서 1:8)라고 말하면서 이를 보여준다.

이런 사랑과 기쁨 안에 축복 받은 삶이 있다. 이 삶은 부분적으로는 감추어져 있고, "여러분의 참 생명은 보이지 않습니다"(골로사이 3:3)라고 한 바울로의 말에 따르면 부분적으로는 계시되었다. 주님께서 말씀하셨듯이, "바람은 제가 불고 싶은 대로 분다. 너는 그 소리를 듣고도 어디서 불어와서 어디로 가는지를 모른다. 성령으로 난 사람은 누구든지 이와 마찬가지다."(요한 3:8) 이 삶의 본질과 그것이 재형성되는 방법을 만들어내고 형성하는 바로 그 은총과 관련이 있는 것은 눈에 보이지 않는다. 거기에 참여하는 사람들에게 분명해지는 것은, 하느님에 대한 형언할 수 없는 사랑과 그분 안에 있는 기쁨이다. 이러한 것들은 명백하며 또한 눈에 보이지 않는 은총을 가리킨다. 우선 그것은 그 은총의 열매이다. 왜냐하면 성서에 "성령의 열매는 사랑과 기쁨이다."(갈라디아 5:22) 그리고 "열매를 보아 나무를 알 수 있다"(마태오 12:33)고 쓰여져 있기 때문이다. 그리고 은총은 양자(養子)로 들이시는 성령이기 때문에, 사랑은 하느님의 자녀들에 대한 이 친족관계를 증언한다. 왜냐하면 거기에는 노예의 비굴함이 결코 포함되어 있지 않기 때문이다.

솔로몬은 여인이 살아 있는 아기를 엄청나게 사랑하는 것을 보고 그녀가 그 아이를 낳았다는 사실을 확신하였다. 따라서 이 표시로 살아있는 하느님의 자녀를 알아보는 것은 불합리한 일이 아니다. 살아있는 아이에 대한 애정과 그 아이에 대한 관심을 보고 그녀가 죽은 아이하고는 혈족관계가 없었다는 것을 알 수 있듯이, 하느님 자녀들의 경우에도 살아 있는 하느님에 대한 존중과 그분에 대한 애정을 보면, 그들이 죽은 조상에서 나온 것이 아니라 살아있는 하느님으로부터 나왔다는 사실을 분명히 알 수 있다. 구세주께서는 그렇게 당신 안에서 사는 사람들이 죽은 자들을 묻는 것조차 허용하지 않으셨다. 그분은 "죽은 자들의 장례는 죽은 자들에게 맡겨두어라"(마태오 8:22)라고 말씀하셨던 것이다.

그들이 자녀라는 사실을 확인시켜 주는 것은 사랑한다는 단순한 사실, 하느님께 매달리고 그분을 아버지로서 사랑한다는 사실에서만이 아니라, 사랑을 통하여 그분을 닮아간다는 사실에 의해서이다. 그들은 사랑으로 충만하지만, "하느님은 사랑이시고"(요한 1서 4:16) 그들은 사랑을 위하여 살아간다. 열정이 없는 사람에게는 모든 것이 죽은 것처럼 되듯이, 참으로 살아있는 사람 안에서는 이 고귀한 열정이 자라나고 있다. 그러므로 그들은 하느님의 자녀이므로 자기들의 행위로 성부(聖父)를 찬미한다. 그들은 살아 있음으로써 자기들을 낳아준 살아있는 하느님을 선포한다. 성 바울로의 말에 따르면, 그들은 자신들이 살아가고 있는 "새 생명"(로마 6:4)에 의하여 하느님께 신뢰를 두고 "하늘에 계신 아버지를 찬양한다."(마태오 5:16) 그리하여 그들은 하느님의 자애(慈愛)에 의하여 생겨난다. "하느님은 죽은 이들의 하느님이 아니라 살아있는 이들의 아버지이다."(마태오 22:32) 왜냐하면 하느님께서는 그들과 함께 당신 고유의 영광을 발견하시기 때문이다. 따라서 그분께서는 사악한 사람들에게도 말씀하신다. "나를 주인으로 어렵게 아는 사람이 어디 있느냐?"(말라기 1:6) 다윗은 "주님을 찬양하는 자는 죽은 자가 아니며, 오직 우리가, 살아있는 우리가 주님을 찬양한다"(시편 115:17-18)고 말함으로써 이를 보여주었다.

이것이 그리스도 안에서 감추어진 삶인데, 이는 선한 행위, 곧 사랑의 빛에 의하여 드러난다. 모든 덕의 광채는 사랑에 있고, 인간의 노력이 감추어져 있을 때, 그것은 그리스도 안의 삶을 이룬다. 따라서 그것을 생명이라고 불러도 그릇된 것은 아니다. 왜냐하면 생명은 그리스도와 일치하는 것이기 때문이다. 하느님으로부터 분리되는 것이 죽음이듯이, 이러한 일치는 곧 생명이다. 이런 이유로 "그 명령은 영원한 생명을 준다"(요한 12:50)고 그리스도께서는 말씀하신다. 구세주께서는 사랑에 대하여 말씀하시면서 마찬가지로, "내가 너희에게 한 말은 영적인 것이며 생명이다"(요한 6:63)라고 하신다. 사랑은 그것의 총합(總合)이다. "사랑 안에 있는 사람은 하느님 안에 있으며, 하느님께서는 그 사람 안에 계십니다."(요한 1서 4:16) 이는 생명 안에 사는 것과 같으며, 그분 안에서의 삶과 같다. 왜냐하면 그분께서는 "나는 생명이다"(요한 12:25, 14:6)라고 말씀하시기 때문이다.

살아있는 것들을 움직이는 힘이 생명이라면, 참으로 살아 있는 사람, "죽은 이들의 하느님이 아니라 살아있는 이들의 하느님"(마르코 12:27)을 믿는 사람들을 움직이는 것은 무엇인가? 그들을 인도하고 움직일 뿐만 아니라 기꺼이 그들에게서 나오고, 그리하여 다른 삶보다도 그런 삶이 더 많은 효과를 낼 수 있도록 하는 것은 사랑 밖에 없다. 그것은 인간으로 하여금 덧없는 삶뿐만 아니라 꿋꿋하게 서 있는 삶까지도 경멸하도록 권유한다.

그렇다면 삶을 사랑이라고 부르는 것보다 더 적절한 표현이 어디 있겠는가? 왜냐하면 모든 것을 빼앗겼을 때 홀로 살아남고, 살아있는 사람이 죽지 않도록 해주는 것은 생명이며 또한 그것은 사랑이기 때문이다. 성 바울로가 말하듯이 "앞으로 올 세상에서 모든 것이 사라질 때"(고린토 1서 13:8-10), 사랑은 남고, 그것만이 우리의 주님이신 예수 그리스도 안의 삶을 충족시켜 줄 것이며, 그분께 모든 영광이 있을 것이다. 아멘.